Die strafprozessuale Hauptverhandlung
zwischen inquisitorischem und adversatorischem Modell

Studien des Instituts für Ostrecht München

Begründet von Professor Dr. Reinhart Maurach
Herausgegeben von
Professor Dr. Friedrich-Christian Schroeder,
Dres. h.c., Regensburg

Band 75

PL ACADEMIC RESEARCH

Friedrich-Christian Schroeder/
Manuchehr Kudratov (Hrsg.)

Die strafprozessuale Hauptverhandlung zwischen inquisitorischem und adversatorischem Modell

Eine rechtsvergleichende Analyse am Beispiel des deutschen und des zentralasiatischen Strafprozessrechts

PL ACADEMIC RESEARCH

Bibliografische Information der Deutschen Nationalbibliothek
Die Deutsche Nationalbibliothek verzeichnet diese Publikation in der Deutschen Nationalbibliografie; detaillierte bibliografische Daten sind im Internet über http://dnb.d-nb.de abrufbar.

Umschlaggestaltung:
© Olaf Gloeckler, Atelier Platen, Friedberg

ISSN 0073-8492
ISBN 978-3-631-64961-9 (Print)
E-ISBN 978-3-653-04119-4 (E-Book)
DOI 10.3726/978-3-653-04119-4

PL Academic Research ist ein Imprint der Peter Lang GmbH.

Peter Lang – Frankfurt am Main · Bern · Bruxelles · New York · Oxford · Warszawa · Wien

Dieses Buch erscheint in einer Herausgeberreihe bei PL Academic Research und wurde vor Erscheinen peer reviewed.

www.peterlang.com

Vorwort

Das vorliegende Buch ist die zweite Publikation im Rahmen des Forschungsprojekts „Die Entwicklung des Strafprozesses in den Staaten Zentralasiens“, das von der Volkswagen Stiftung finanziert und vom Institut für Ostrecht München/ Regensburg (www.ostrecht.de) durchgeführt wird. Es beinhaltet die Beiträge und Diskussionspapiere, die in den Konferenzen in Almaty/Kasachstan im Jahr 2011 und Regensburg im Jahr 2012 entstanden sind. Die ersten Ergebnisse des Forschungsprojekts wurden bereits unter dem Titel „Das strafprozessuale Vorverfahren in Zentralasien zwischen inquisitorischem und adversatorischem Modell“ veröffentlicht (Studien des Instituts für Ostrecht München, Bd. 71, Peter Lang Verlag, 2012).

In diesem Band wird zunächst ein kritischer Vergleich der Verfahrensmodelle dargestellt. Anschließend werden der Einfluss der Wahrheitserforschung und der gerichtlichen Kontrolle auf das Strafprozessmodell erörtert. Im Weiteren werden die einzelnen adversatorischen Elemente des Hauptverfahrens untersucht. Die Beiträge von *M. Heger* und *Z. Iskandarov* zeigen den adversatorischen Charakter des Rechtsmittelverfahrens aus deutscher und zentralasiatischer Sicht. Abschließend wird das Verhältnis der Prozessprinzipien wie der Fürsorgepflicht und des Fair Trial zum adversatorischen und zum inquisitorischen Strafprozessmodell in Betracht gezogen.

Die Herausgeber danken der Kasachischen Nationalen Universität, insbesondere Frau Prof. *Rima Jansaraeva*, für die Unterstützung bei der Durchführung der Konferenz in Almaty. Ausführliche Informationen über die weiteren Publikationen aus dem Forschungsprojekt können unter www.cacpl.org abgerufen werden.

Regensburg, im Oktober 2013

Prof. Dr. Dres. h.c. Friedrich-Christian Schroeder

Dr. Manuchehr Kudratov LL.M. (Mainz)

Inhaltsverzeichnis

Rechtsmittelverfahren

Auswirkungen besonderer Prozessprinzipien

Grundlagen

Adversatorische und inquisitorische Verfahrensmodelle: Ein kritischer Vergleich mit Strukturalternativen

Albin Eser

I. Grundtypen des Strafverfahrens

Oberflächlich betrachtet gibt es wohl kaum zwei Rechtsordnungen, in denen das Strafverfahren völlig gleich wäre, weist doch jedes Land der Welt in der prozessualen Gestaltung seines Strafrechts gewisse nationale Besonderheiten auf. Versucht man jedoch auf die jeweilige Grundstruktur des Strafprozesses vorzudringen und sieht man dabei von möglichen nationalen Unterschieden einmal ab, so lässt sich die rechtliche Ausgestaltung des Strafverfahrens im Wesentlichen auf zwei unterschiedliche Modelle zurückführen: auf der einen Seite das als echter Parteienprozess organisierte *adversatorische* Strafverfahrensmodell, wie es ursprünglich vor allem im anglo-amerikanischen Rechtskreis anzutreffen war, und auf der anderen Seite das *inquisitorische* Strafverfahrensmodell, wie es als Grundtypus ursprünglich nahezu allen kontinental-europäischen Strafverfahrensordnungen zugrunde liegt.[1]

Zu diesen beiden Grundtypen des Strafprozesses ist in jüngerer Zeit ein drittes Verfahrensmodell hinzugekommen, das sich als *konsensuales* Verfahren bezeichnen lässt.[2] Ob es sich dabei allerdings um einen völlig eigenständigen Typus handelt, ist fraglich; denn möglicherweise geht es bei dem diesem neuartigen Verfahrensmodell zugrunde liegenden Konsensprinzip lediglich um ein Leitmotiv für die Ausgestaltung der Rechtsstellung der Verfahrensbeteiligten im Strafprozess. Soweit jedoch auf diesem konsensualen Wege insbesondere verfahrensbeendende Absprachen (plea bargaining oder sonstige Verfahrensdeals) ermöglicht werden sollen, bleibt sogleich kritisch anzumerken, dass in solche Abreden oft gerade die eigentlichen Hauptkontrahenten einer Straftat, nämlich der Täter und das Opfer, nicht einbezogen sind.

---

1 Vgl. *Christopher Harding,* Überblick über verschiedene Formen des Strafverfahrens, in: Albin Eser/Christiane Rabenstein (Hrsg.), Strafjustiz im Spannungsfeld von Effizienz und Fairness. Konvergente und divergente Entwicklungen im Strafprozeßrecht, Berlin 2004, S. 10-17 (11).

2 Grundlegend dazu *Edda Weßlau,* Das Konsensprinzip im Strafverfahren – Leitidee für eine Gesamtreform?, Baden-Baden 2002.

Lässt man diese konsensualen Neuartigkeiten einmal außer Acht, so stehen sich als klassische Prozesstypen das „adversatorische“ und das „inquisitorische“ Verfahrensmodell gegenüber. Auch wenn diese kaum noch in jeweiliger Reinkultur auftreten, weil es zahlreiche Übergänge und Mischformen zwischen beiden Modellen gibt, sollte man sich zunächst einmal deren Grundformen vor Augen führen.

1. Das adversatorische Strafverfahren

Kennzeichnend für dieses als Parteiprozess ausgestalteten Verfahrenstypus ist die Zuständigkeit – und damit auch die Verantwortlichkeit - der grundsätzlich einander gegenüber stehenden Parteien: der (in der Regel staatliche) Ankläger und der (den Angeklagten vertretende) Verteidiger (während der Angeklagte und das Opfer in der Regel selbst kaum in Erscheinung treten). Diese miteinander streitenden Parteien sind es, die die jeweils relevanten Tatsachen zu ermitteln, die zu deren Nachweis erforderlichen Beweismittel ausfindig zu machen und diese letztendlich dem Gericht zu präsentieren haben, während diesem selbst während der Beweisaufnahme lediglich eine verfahrensleitende Funktion zukommt. Die Aufklärung des Sachverhalts ist somit Sache der Parteien.

Zudem findet der adversatorische Charakter dieses Verfahrenstypus auch in der Art und Weise Ausdruck, wie die Beweisaufnahme in der Hauptverhandlung geführt wird: Anklage und Verteidigung benennen jeweils ihre Beweismittel, befragen zunächst die von ihnen benannten Zeugen und Sachverständigen, die anschließend jeweils einem Kreuzverhör unterzogen werden, um die Zuverlässigkeit ihrer Aussagen beurteilen zu können. Dabei unterliegen die Art der Befragung von Zeugen wie auch die Präsentation von sonstigen Beweismitteln (wie etwa die Anhörung von Sachverständigen oder die Vorlegung von Dokumenten) meistens bestimmte Verfahrensregeln, deren erfolgreiche Anwendung oft besondere Sachkunde voraussetzt.

Demgegenüber beschränkt sich die Aufgabe des Gerichts im wesentlichen darauf, die Zulässigkeit und Beweiskraft von Beweismitteln, wie insbesondere hinsichtlich der Glaubwürdigkeit von Zeugen und der Glaubhaftigkeit ihrer Aussagen, zu beurteilen. Dabei spielt es für die strukturprägenden Elemente des adversatorischen Verfahrens grundsätzlich auch keine Rolle, ob die Entscheidung über die Schuldfrage Berufsrichtern, einem Laiengremium (jury) oder einer Kombination aus beidem anvertraut ist. In der Regel hat das für die Entscheidung in der Hauptverhandlung zuständige Gericht keine, jedenfalls keine umfassende Kenntnis des bereits in den Stadien vor der Hauptverhandlung von den Parteien ermittelten Verfahrensstoffs.[3]

---

3 Zu weiteren Einzelheiten vgl. *Eser* (oben Fn. 1 (a)), in: Jung-Festschrift, S. 176 ff.

2. Das inquisitorische Verfahrensmodell[4]

Bei diesem Modell liegen die Zuständigkeit und Verantwortung für die Einbringung und Aufklärung der für die Entscheidung wesentlichen Beweise grundsätzlich in der Hand des erkennenden Gerichts. Dieses hat von Amts wegen, d.h. von sich aus, den relevanten Tatsachenstoff zu erheben, und zwar ohne dabei auf entsprechende Beweisinitiativen der Verfahrensbeteiligten angewiesen oder durch diese bei der Sachverhaltsaufklärung begrenzt zu sein. Dies schließt jedoch nicht aus, dass die Parteien ihrerseits Beweisanträge stellen und Beweismittel benennen können. Soweit das Gericht die Vernehmung von Zeugen für zulässig und erforderlich hält, hat es grundsätzlich auch für deren Ladung zur Hauptverhandlung zu sorgen, ebenso für die Präsenz sonstiger benötigter Beweismittel. In der Hauptverhandlung sind dann die Beweise nach den für das jeweilige Beweismittel (etwa Zeugenbeweis, Urkundenbeweis oder Augenscheinseinnahme) geltenden Vorschriften zu erheben.

Die von Amts wegen vorzunehmende und als Pflicht des Gerichts ausgestaltete Sachverhaltsaufklärung wirkt sich auch auf die Art und Weise der Beweisaufnahme in der Hauptverhandlung aus. So kennt das inquisitorische Verfahren keine formale Unterscheidung von Belastungs- und Entlastungszeugen. Dementsprechend existiert keine nach den Parteien getrennte Beweiserhebung wie (etwa zwischen „prosecution case" und „defensive case")[5]. Das Gericht führt vorrangig und eigenständig die Beweiserhebung durch, und zwar in der Weise, dass zunächst das Gericht beispielsweise die Zeugen befragt. Den anderen Verfahrensbeteiligten bleibt dabei lediglich die Möglichkeit, ergänzende Befragungen durchzuführen. Dieser Verfahrensablauf und die mit ihm verbundene Rollenverteilung gilt wiederum unabhängig davon, ob das zur Entscheidung berufene Gericht ausschließlich aus Berufsrichtern besteht oder die Entscheidung der Schuldfrage einem Laiengremium anvertraut ist (so etwa bei den Geschworenengerichten in Österreich) und lediglich die Beweisaufnahme durch die Berufsrichter geführt wird.

---

4 Zu dieser traditionellen Kennzeichnung als „inquisitorisch", wie dies immer wieder auch in polemisch-despektierlicher Weise geschieht, heute aber kaum noch berechtigt ist, vgl. unten zu Fn. 8.

5 Näher dazu *Albin Eser*, The "Adversarial" Procedure: A Model Superior to Other Trial Systems in International Criminal Justice? Reflexions of a Judge, in: Albin Eser, Transnationales Strafrecht / Transnational Criminal Lw. Gesammelte Beiträge / Collected Publications (herausgegeben von Günter Heine/Björn Burkhardt/Walter Gropp), Berlin 2011, S.612-632 (622 f.) = www.freidok.uni-freiburg.de/volltexte/6317, S. 218 ff. Vgl. auch unten III.1.

3. Konvergenzen zwischen adversatorischen und inquisitorischen Modellen

Idealtypisch ist für sogenannte inquisitorische Verfahrensmodelle charakteristisch, dass dem Gericht die Verantwortung für die gerechte - nämlich die dem materiellen Strafrecht entsprechende - Entscheidung über die dem Angeklagten vorgeworfene Tat obliegt. Damit liegt die Verantwortung sowohl für die Beibringung des entscheidungsrelevanten Prozessstoffs als auch die Entscheidung über die Schuld- und die Straffrage einheitlich beim erkennenden Gericht. Demgegenüber ist im adversatorischen Verfahrensmodell die Verantwortung zwischen der Beibringung des Prozessstoffes und der Entscheidung darüber gespalten: Während die Einbringung des Beweisstoffes in den Prozess den Parteien obliegt, bleibt dem Gericht lediglich darüber zu entscheiden, ohne aber bei seinem Verdikt wesentlichen Einfluss auf die Gewinnung des zugrundeliegenden Tatsachenmaterials nehmen zu können.

Keines der beiden Modelle ist allerdings in den Strafverfahrensordnungen der Nationalstaaten - und erst recht nicht in den strafverfahrensrechtlichen Regeln der internationalen Strafgerichtshöfe (ICC, ICTY, ICTR) - in einer reinen Form verwirklicht. Stets finden sich rechtliche Gestaltungen, die dem Ideal des gewählten Ausgangstypus nicht entsprechen, sondern quasi aus dem konkurrierenden Verfahrensmodell importiert sind.

So lässt sich beispielsweise die seit 2009 in der deutschen Strafprozessordnung gesetzlich zugelassene Möglichkeit einer Verständigung der Verfahrensbeteiligten im Strafverfahren (§ 257c StPO) nicht ohne Weiteres mit dem durch die Amtsaufklärungspflicht geprägten deutschen Strafprozess vereinbaren. Denn dabei geht es nicht nur um formale Rollenverteilung zwischen den Prozessbeteiligten, wie sie sich scheinbar leicht verändern ließe. Vielmehr geht es bei der Aufklärungspflicht um ein fundamentales Erfordernis wahrhaftiger Feststellung - oder auch Verneinung - von Unrecht und Schuld. Dieses Schuldprinzip gebietet eine der Einzeltatschuld des Täters entsprechende gerechte Entscheidung über die Schuld- und die Straffrage. Eine solche gerechte Entscheidung wiederum verlangt als notwendige Bedingung die Aufklärung des wahren Sachverhaltes, auf den die Verurteilung des Angeklagten gestützt werden kann.[6] Dem

6 Zur verfassungsrechtlichen Verankerung dieser Wahrheitsermittlungspflicht sowohl in der Garantie der Menschenwürde als auch im Fairnessgrundsatz wird in lapidarer Kürze vom Bundesverfassungsgericht festgestellt: : „Der Strafprozess hat das aus der Würde des Menschen als eigenverantwortlich handelnder Person abgeleitete Prinzip, dass keine Strafe ohne Schuld verhängt werden darf, zu sichern und entsprechende verfahrensrechtliche Vorkehrungen bereitzustellen. Zentrales Anliegen des Strafprozesses ist die Ermittlung des wahren Sachverhalts, ohne den sich das materielle Schuldprinzip nicht verwirklichen lässt. Verfahrensrechtliche Gestaltungen, die der Ermittlung der Wahrheit und somit einem gerechten Urteil entgegenstehen, können [...] jedenfalls den Anspruch

vermag eine zur Urteilsabsprache führende Verständigung der Parteien selbst dann nicht zu genügen, wenn das Gericht daran beteiligt ist, dieses dabei aber auf seine volle Aufklärungspflicht verzichtet hat. Letztlich erweist sich somit die Verfahrensabsprache im deutschen Strafverfahren als eine aus einem anderen, nämlich dem adversatorischen Verfahrenstypus übernommenes Rechtsinstitut.

Umgekehrt enthalten die Verfahrensordnungen solcher Staaten, denen ein im Grundsatz adversatorisches Modell zugrunde liegt, Elemente, die an sich dem konkurrierenden inquisitorischen Verfahrensmodell entstammen. So räumen sowohl das englische Strafverfahrensrecht als auch die Strafrechtsordnungen der Bundesstaaten der USA dem Gericht bzw. dem Richter das Recht ein, in Bezug auf die von den Parteien präsentierten Beweismitteln ergänzende Beweiserhebungen vorzunehmen. In einem „reinen" adversatorischen Verfahren wäre für ein solches Recht kein Raum, weil es dort idealtypisch allein Sache der Parteien ist, diejenigen Tatsachen darzulegen und zu beweisen, für die sie die Darlegungs- und Beweislast tragen.

Schon an diesen wenigen Beispielen ist zu erkennen, dass in der Rechtswirklichkeit weder ein rein adversatorisches Strafverfahren noch ein rein inquisitorisches Strafverfahren existiert und sich die verschiedenen nationalen und internationalen Strafverfahrensordnungen im Grunde lediglich danach unterscheiden lassen, ob und inwieweit ihnen der eine oder der andere Idealtypus als Ausgangsmodell zugrunde liegt. Deshalb ist auch in terminologischer Hinsicht mit der Kennzeichnung als „adversatorisch“ oder „inquisitorisch“ Vorsicht geboten. So ließe sich einerseits der adversatorische Grundtypus im Falle steigender richterliche Einwirkungsmöglichkeiten vielleicht sachgerechter - und weniger Assoziationen aggressiver „Feindlichkeit“ erweckend - als „kontradiktorisch“ bezeichnen. Andererseits könnte man die an grausame Folter erinnernde „inquisitorische“ Vergangenheit dadurch hinter sich lassen, dass man den durch die richterliche Aufklärungspflicht geprägten Verfahrenstypus als „instruktorisch“ benennt; das wäre auch deshalb sachgerechter, weil von der Personenidentität von Ankläger und Richter, wie sie für die geschichtlich vorbelastete „Inquisition“ typisch war, durch die Herausbildung einer eigenen Staatsanwaltschaft für den davon unabhängigen Richter lediglich die Pflicht zur eigenen Instruktion über die von ihm zu beurteilenden Tatsachen übrig geblieben ist.[7]

---

des Beschuldigten auf ein faires Verfahren berühren“ (Entscheidungen des Bundesverfassungsgerichts in Strafsachen (BVerfGE) Bd. 122 (2009), S. 248, 270.). Vgl. auch unten II.3.

7 Vgl. auch *Eser* (oben Fn 1 (b), in: Festschrift für Tiedemann, S. 1456 f.

II. Kritischer Vergleich

Nach diesem theoretischen Überblick über die beiden Grundmodelle und mögliche Konvergenzen von Strafverfahrensordnungen erscheint es angebracht, von einigen praktischen Erfahrungen und Problemen zu berichten, denen ich in meiner Eigenschaft als Richter am Internationalen Strafgerichtshof für das ehemalige Jugoslawien (ICTY) in Den Haag begegnet bin und die vielleicht von Interesse sein könnten, wenn es um Strafprozessreformen geht. Auch wenn sich dabei für die internationale Strafgerichtsbarkeit andere Probleme als für nationale Strafverfahrensordnungen stellen mögen, denke ich, dass prozessuale Mängel, die auf internationaler Ebene auftreten können[8], auch auf nationaler Ebene Beachtung finden sollten.

Zu den nachfolgenden Beobachtungen ist vorauszuschicken, dass es sich bei der vornehmlich durch Richterrecht entwickelten Verfahrenspraxis des ICTY um ein Mischsystem handelt. Auch wenn darin gewisse inquisitorische Elemente kontinentaleuropäischer Tradition zu finden sind, ist das ICTY-Verfahren doch im Wesentlichen durch die adversatorische Grundstruktur des angloamerikanischen Common Law geprägt, was im Übrigen - wenngleich mit gewissen Abstufungen - auch für das ICC-Verfahren festzustellen ist. Nun könnte man zwar durch eine Verbindung von Elementen verschiedener Verfahrensmodelle Schwächen des einen durch Stärken des anderen zu kompensieren versuchen. Das kann aber auch misslingen, und zwar sogar dahingehend, dass die Schwächen des einen Modells durch Schwächen des anderen noch vergrößert werden. Umso wichtiger ist es, sich mögliche Mängel des einen oder anderen Systems bewusst zu sein, um sie künftig vermeiden zu können.

Es versteht sich, dass das in diesem Rahmen nur selektiv, aber immerhin anhand von drei weichenstellenden Kernpunkten demonstriert werden kann, und zwar im Hinblick auf die Rolle der Prozessbeteiligten (1), die Verfahrenseffizienz (2) sowie die Art und den Umfang der Wahrheitserforschung (3).

1. Rolle der Prozessbeteiligten

Wie bereits angedeutet, wird das adversatorische Verfahren als grundsätzlich „party driven" in Gestalt von Ankläger und Verteidiger geradezu augenfällig von den Parteien beherrscht: Diese sind es, die die Beweise ermitteln und präsentieren sowie die Vernehmung von Zeugen und Sachverständigen

8 Eingehend dazu *Albin Eser,* Procedural Structure and Features of International Criminal Justice, in: Bert Swart/Alexander Zahar/Göran Sluiter (Eds.). The Legacy of the International Criminal Tribunal for the Former Yugoslavia, Oxford 2011, S. 108-148 (121 ff.).

durchführen, wobei ihnen auch grundsätzlich überlassen bleibt, welchen Beweisstoff sie einbringen – oder wohlweislich vorenthalten – wollen. Demgegenüber hat der Richter lediglich als „Schiedsrichter" zwischen den Parteien zu fungieren. Dabei wird er in der Regel nur insoweit intervenieren, als es – wie einmal von ICTY-Richter *Patrick L. Robinson* plastisch formuliert - die „Waage der Gerechtigkeit zwischen beiden Seiten gleichzuhalten" gilt.[9] Dementsprechend geht es dabei in erster Linie um die Sicherung formaler Fairness und weniger um die Ermittlung materialer Wahrheit.

Demgegenüber wird das inquisitorisch-instruktorische Strafverfahren kontinental-europäischer Tradition vom Vorsitzenden Richter dominiert: Dieser hat nicht nur über den Umfang der Beweisaufnahme zu entscheiden, vielmehr liegt in der Regel auch die Vernehmung des Angeklagten sowie die von Zeugen und Sachverständigen in seiner Hand. Auch wenn dabei das Beweisantrags- und Fragerecht der Parteien nicht ausgeschlossen, ja diesen sogar auf ihren übereinstimmenden Antrag das Kreuzverhör zu überlassen ist, kommt in der kontinental-europäischen Hauptverhandlung dem Richter zweifellos die verhandlungsbeherrschende Rolle zu.

Vergleicht man diese Rollenunterschiede aus dem Blickwinkel von weniger oder mehr autoritär, bürgernäher oder obrigkeitsstaatlicher, verfahrensdynamischer oder ordnungsstatischer oder durch welche sonstige weltanschaulich-politische Brille auch immer, so bietet das adversatorische Modell auf den ersten Blick zweifellos das sympathischere Erscheinungsbild. Auch erscheint bei einem Richter, der noch keine Aktenkenntnis hat, da er erst in der Hauptverhandlung mittels der Parteien vom Beweismaterial Kenntnis erhält, die Unvoreingenommenheit besser gewährleistet als bei einem Richter, der sich – und sei es auch nur zum Zweck einer prozessökonomischen Verhandlungsleitung – bereits mit Ermittlungsakten und beiderseitigen Beweisanträgen vertraut gemacht hat. Dies ist sicherlich eine nicht zu leugnende Schwachstelle dieses Systems, auch wenn das bei entsprechender Professionalität der Richter keineswegs zum Verlust seiner Unbefangenheit zu führen braucht. Andererseits bleibt aber zu überlegen, ob nicht ihrerseits auch die adversatorische Rollenverteilung mit Nachteilen erkauft ist, die sich durch eine gewisse Verschiebung in instruktorische Richtung im Sinne allseitiger(er) Gerechtigkeit vermeiden ließen. Das betrifft sowohl die Rolle des Richters als auch die des Angeklagten und des Opfers. Dazu müssen hier einige skizzenhafte Bemerkungen genügen.

a) Was die Rolle des Richters betrifft, so ist zwar einerseits zu verstehen, dass er sich aufgrund des Akkusationsprinzips auf die Beweisgewinnung und Beurteilung der Straftaten zu beschränken hat, die von der Verfolgungsbehörde

9 *Patrick L. Robinson*, Rough Edges in the Alignment of Legal Systems in the Proceedings at the ICTY, in: Journal of International Criminal Justice 3 (2005), S. 1037-1058 (1039).

unter Anklage gestellt wurden. Andererseits ist aber nicht einzusehen, dass sich der Richter bei seiner Suche nach Berechtigung der Anklage auf die seitens der Parteien vorgelegten Beweismittel soll beschränken muss. Anklageerhebung (samt Benennung des vorgeworfenen Verbrechens und der diesem zugrunde gelegten Tatsachen) ist die eine, und zwar allein dem Ankläger zustehende Funktion; das Urteil darüber ist die andere, nämlich die dem Gericht zukommende Aufgabe. Kann der Richter bei seiner Urteilsfindung von Seiten der Parteien beschränkt werden, indem ihm von diesen bestimmte Beweismittel vorenthalten oder - beispielsweise - bei Zeugenvernehmungen entscheidungsrelevante Fragen in jeweils gegenläufigem Parteiinteresse nicht gestellt werden, so wird dem Richter eine Entscheidung auf parteilicherseits vorfabrizierter Grundlage zugemutet. Dies lässt sich auch nicht einfach damit rechtfertigen, dass es aufgrund natürlicher Mängel irdischer Justiz ohnehin nur auf „formelle Gerechtigkeit" ankommen könne. Ebenso wenig ist eine Beschneidung richterlicher Urteilsfindung durch mangelhafte Wahrheitsermittlung seitens der Parteien mit Ermittlungslücken gleichzusetzen, wie sie sich aus rechtsstaatlichen Beweisverboten ergeben können; denn über solche Grenzen kann und darf sich natürlich auch das Gericht nicht hinwegsetzen. Was vielmehr im einseitig parteibetriebenen Verfahren geschieht - und dies findet sich in seiner buchstäblich radikalen „Degradierung" des Richters zu einem parteiabhängigen Entscheidungsinstrument bislang kaum erkannt, geschweige ausgesprochen —, das ist die über rechtsstaatliche Vorgaben und Grenzen hinausgehende Einschnürung des Gerichts auf die seitens der Parteien in jeweils einseitigem Belastungs- oder Entlastungsinteresse vorgeführten Beweise. Ohne sich dadurch selbst ein vollständiges und von einseitigen Vorenthaltungen freies Bild von an sich rechtsstaatlich erlangbaren Beweismitteln machen zu können, wird das Gericht im rein adversatorischen Verfahren zu einer Art „Moot Court" herabgewürdigt: Es hat über eine von den Parteien inszenierte Beweispräsentation und damit im Grunde nur hypothetische Tatsachenkonstellation zu entscheiden.

b) Auch die Rolle des Angeklagten ist im adversatorischen Verfahren keineswegs so vorzüglich, wie es für einen – von manchen als selbstverantwortlich ernst genommenen beschriebenen und mit zahlreichen Rechten ausgestatteten - Prozessbeteiligten zu erwarten wäre. Eine derart starke Stellung hat der Angeklagte weder dort, wo er sich selbst verteidigt, noch da, wo er sich eines Verteidigers bedient. Im Unterschied zu reformierten inquisitorischen Strafverfahren, in denen ein Nebeneinander von Selbstverteidigung und Beiziehung eines Verteidigers erlaubt ist, tut man sich nämlich in der adversatorischen Tradition immer noch damit schwer, dem Angeklagten sowohl das Recht auf Selbstverteidigung (unter Aufrechterhaltung seines auf sein Schweigerecht beruhenden Schutzschildes gegen Selbstbezichtigung) als auch das Recht auf Vertretung durch einen Verteidiger zuzugestehen. Deshalb muss dort der Angeklagte eine folgenschwere Wahl treffen[10]:

- Entscheidet sich der Angeklagte für die Selbstverteidigung, so läuft er Gefahr, sein Vorbringen in eigener Sache später gegen sich selbst verwendet zu finden. Auch kann er bei der ihm theoretisch eingeräumten „Waffengleichheit" mit dem Ankläger praktisch leicht den Kürzeren ziehen, wenn ihm die für eine bessere Verteidigung notwendige Vorbildung oder die für eigene Ermittlungen erforderlichen Mittel fehlen, wie dies etwa in der amerikanischen Verfolgungspraxis bekanntlich ja nicht selten der Fall ist.
- Lässt er sich dagegen durch einen Verteidiger vertreten, so begibt sich der Angeklagte, sofern er nicht seines Schweigerechts verlustig gehen will, praktisch jeder eigenen Mitsprache- und Antragsrechte: Ihm verbleibt im Grunde nur noch die Rolle eines „Prozessbeobachters", wobei zwar über seine Taten verhandelt wird, ohne dass ihm aber dazu selbst etwas zu sagen bliebe. Bezeichnenderweise ist ihm dafür nicht selten die letzte Reihe im Verhandlungsraum zugewiesen, getrennt von und hinter seinem Verteidiger, so wie dies beispielsweise in den Verfahren vor dem ICTY zu beobachten ist.

Doch auch beim im 19. Jahrhundert reformierten Inquisitionsmodell, wie es seit dem 19. Jahrhundert durch steigenden Beförderung des Angeklagten vom bloßen „Objekt" zu einem „Subjekt" des Verfahrens wachsende reformiert worden ist[11], steht es um die Stellung des Angeklagten gewiss noch nicht zum Besten. Denn nicht nur, dass er sich bei dem nicht kleinen Katalog von „notwendiger Verteidigung"[12] selbst dann einen - mehr oder weniger willigen und fähigen - Pflichtverteidiger aufdrängen lassen muss, wenn er zu seiner alleinigen Selbstverteidigung befähigt wäre; auch wird ihm oder seinem Verteidiger die Einbringung von eigenen Entlastungsbeweisen weit weniger leicht gemacht, als solches von einem adversatorischen Verteidiger sogar erwartet würde. Andererseits kann in einem vornehmlich vom Richter betriebenen Verfahren gerade ein nicht „waffengleich" verteidigter Angeklagter in den Genuss gerichtlicher

---

10 Näher zu der merkwürdiger Art von Konstruktion dieses entweder-oder (anstelle eines Nebeneinanders) von Selbstverteidigung oder Verteidigung durch einen Defence counsel und damit verbundenen Konsequenzen vgl. *Albin Eser,* Verteidigung in der internationalen Strafgerichtsbarkeit. Eine rechtsvergleichende Analyse, in: Heinz Schöch u. a. (Hrsg.), Strafverteidigung, Revision und die gesamten Strafrechtswissenschaften. Festschrift für Gunter Widmaier, Köln 2008, S. 147-176 (168 ff.) = www.freidok.uni-freiburg.de/volltexte/6276.

11 Beispielsweise zu tiefgreifenden Reformen des deutschen Strafprozessrechts vgl. *Peter Rieß,* Das Ende einer Epoche? Gedanken zum 125. Jahrestag des Inkrafttretens der StPO, in: Jörg Arnold/Björn Burkhardt u.a. (Hrsg.), Menschengerechte Strafjustiz. Festschrift für Albin Eser, München 2005, S. 443-459 (446 ff).

12 Wie etwa im deutschen Recht gemäß § 140 StPO.

Fürsorgepflichten kommen, durch die nicht zuletzt auch soziale Unterschiede aufgefangen werden können. Insofern geht es bei der Rolle des Angeklagten nicht nur um Waffengleichheit mit dem Ankläger im jeweiligen Verfahren, sondern darüber hinaus auch um allgemeine Gewährleistung von Chancengleichheit im Strafprozesssystem als solchem.

c) Was die Rolle des Opfers betrifft, so könnte es nahe liegen zu vermuten, dass dessen Stellung gerade in einem Parteimodell der des Angeklagten gleichwertig sei. Denn sollte es nicht das Opfer sein, das dem Täter als Partei gegenübersteht?

Tatsächlich ist jedoch gerade im adversatorischen Verfahren eher das Gegenteil der Fall. Indem nämlich die Interessen des Opfers gänzlich dem staatlichen Strafinteresse untergeordnet und vom öffentlichen Ankläger vertreten werden, ist für das Opfer in Strafverfahren kein Platz mehr: Während dieses mit seinen Ansprüchen ins Zivilverfahren abgedrängt wird, steigt der staatliche Ankläger zum alleinigen Parteigegner des Angeklagten auf. Und selbst soweit das Opfer als Zeuge der an ihm begangenen Tat mitzuwirken hat, wird es nicht zum Subjekt, sondern bleibt Instrument des Strafverfahrens.

Demgegenüber verfügt im Inquisitionsprozess das Opfer über eine weitaus bessere Stellung als eigenständiges Prozesssubjekt: Nicht nur, dass es als Nebenkläger mit weitgehenden Mitwirkungsrechten ausgestattet ist und dadurch Einfluss auf das Strafverfahren nehmen kann; vielmehr kann ihm in Form eines Adhäsionsverfahrens sogar die Geltendmachung seiner Ersatzansprüche ermöglicht werden.[13] Darin liegt gerade in einer Zeit, in der man sich wieder des konkret Verletzten als Opfer des Verbrechens - und nicht nur des dadurch beeinträchtigten abstrakten Rechtsguts - rückzubesinnen beginnt, eine nicht hoch genug einzuschätzende Zukunftsperspektive „restaurativer Gerechtigkeit“ auch durch das Strafrecht“.[14]

2. Verfahrenseffizienz

Was die Effizienz des Verfahrens im Sinne von Zügigkeit und Kostspieligkeit betrifft, so sind die besseren Noten sicherlich an das Inquisitionsmodell zu ver-

---

13 Rechtsvergleichend dazu *Albin Eser,* Zur Renaissance des Opfers im Strafverfahren. Nationale undInternationale Tendenzen, in: Gerhard Dornseifer u. a. (Hrsg.), Gedächtnisschrift für Armin Kaufmann, Köln 1989, S. 723-747. = www.freidok.uni-freiburg.
de/volltexte/3718

14 Näher dazu *Albin Eser,* Rechtsgut und Opfer: Zur Überhöhung des Einen auf Kosten des Anderen, in: Ulrich Immenga u. a. (Hrsg.), Festschrift für Ernst-Joachim Mestmäcker, Baden-Baden 1996, S. 1005-1024 = www.freidok.uni-freiburg.de/volltexte/
3386.

geben. Dieses ist der den Parteien überlassenen Präsentation der Beweismittel naturgemäß schon dadurch überlegen, dass der Richter zielstrebig auf die für die Urteilsfindung relevanten Punkte hinwirken kann.

Wie bereits an anderer Stelle näher ausgeführt, gibt es zahlreiche Gründe, welche die viel beklagte Überlänge adversatorischer Verfahren zur Folge haben können[15]. Davon seien hier nur zwei Strukturelemente als besonders gravierend hervorgehoben.

Das ist zum einen die Trennung des adversatorischen Verfahrens in „prosecution case" und „defence case".[16] Im Vergleich dazu hat beispielsweise nach der Instruktionsmaxime des deutschen Strafprozessrechts das Gericht „zur Erforschung der Wahrheit die Beweisaufnahme von Amts wegen auf alle Tatsachen und Beweismittel zu erstrecken, die für die Entscheidung von Bedeutung sind" (§ 244 Abs. 2 StPO). Dazu sind zum Beweise der einzelnen relevanten Punkte – und das ist von besonderer praktischer Wichtigkeit - jeweils im gleichen Zug sowohl die belastenden als auch die entlastenden Tatsachen und Beweismittel einzuführen, sodass bereits dabei Beweislücken zutage treten können. Demgegenüber hat im adversatorischen Verfahren zunächst der Ankläger sein gesamtes Belastungsmaterial einzuführen. Da er aber dabei noch nicht wissen kann, was er nach dem Abschluss seines gesamten „prosecution case" im anschließenden „defence case" von Seiten der Verteidigung als Entlastungsmaterial zu gewärtigen hat und ihm das Nachschieben von zusätzlichem Beweismaterial nur noch unter strengen Bedingungen möglich sein wird, tut der Ankläger gut daran, von vorneherein alles möglicherweise entscheidungserhebliche Beweismaterial einzubringen. Vielleicht mag ein solcher umfassender Präsentationszwang im „Normalfall" eines Betrugs oder Mordes noch hingehen. In typischerweise komplexen internationalstrafrechtlichen Verfahren hingegen kann die Aufteilung des Beweisstoffes in eine Anklage- und eine Verteidigungsphase dazu führen, dass die Präsentation von Belastungs- und Entlastungsbeweismaterial zum selben Tatgeschehen Monate auseinanderliegt und eine Partei die Beweisführung jeweils so umfangreich wie möglich angelegt haben.

Zum anderen wird diese Expansionsdynamik verfahrenstypisch noch dadurch verstärkt, dass die Parteien - mangels einer gerichtlichen Relevanzprüfung des zu präsentierenden Beweisstoffes - im Ungewissen darüber sein können, was in den Augen der Richter rechtlich entscheidungserheblich und dementsprechend beweisbedürftig sein könnte. Auch bei solcher Unsicherheit können die Parteien gut beraten sein, ihre Beweispräsentation so umfassend wie möglich - selbst wenn letztlich überflüssig - anzulegen. Demgegenüber kann in einem ins-

---

15 Näher zu solchen prozessverlängernden Nachteilen des adversatorischen Verfahrensmodells vgl. *Eser* (oben Fn. 9), in: *Swart/Zahar/Sluiter*, S. 138 ff.

16 Vgl. oben zu Fn. 4.

truktorischen Verfahren der Richter die Beweisaufnahme zielstrebig wie auch zeit- und kostensparend auf die entscheidungsrelevanten Punkte hinlenken.[17]

3. Wahrheitsermittlung

Diese unterschiedlichen Strukturelemente haben überdies eine Folgewirkung, der vielleicht sogar die größte Bedeutung beizumessen ist: die ungleiche Gewähr für die Erforschung der Wahrheit.

Gewiss bleibt zunächst einmal zu jeder Art von irdischer Strafjustiz einzuräumen, dass es schon wegen menschlichen Versagens, zudem aber auch in Respektierung fundamentaler Menschenrechte des Betroffenen, insbesondere des Angeklagten, „keine Wahrheitsermittlung um jeden Preis" geben kann[18]. Auch aus sonstigen Gründen, wie insbesondere zur Gewährleistung von Fairness des Verfahrens, wird in der Regel nicht mehr als eine nur „prozedurale Wahrheit" zu gewinnen sein. Gleichwohl stehen Wahrheit und Gerechtigkeit in derart inniger Verbindung miteinander, dass ein Urteil nur dann als „gerecht" zu akzeptieren ist, wenn es zumindest von ernsthaftem Bemühen um Wahrheitsfindung bestimmt ist. Insofern geht es um die Ermittlung der Wahrheit als Vorbedingung von - gleichermaßen echter wie buchstäblich wahrer - Gerechtigkeit.[19] Auch wenn sich dieser Zielsetzung beide der hier in Frage stehenden Verfahrensmodelle verpflichtet sehen mögen, sind in der praktischen Gewährleistung - wie ich aus eigener Praxis in der deutschen und in der internationalen Strafjustiz glaube bemerken zu dürfen - signifikante Unterschiede nicht zu verkennen.

So wird einerseits von sich adversatorisch gegenüberstehenden Parteien ein Interesse an umfassender und allseitiger Wahrheitsermittlung schon deshalb schwerlich zu erwarten sein, weil es ihnen in erster Linie darum geht, jeweils „ihren" Fall zu gewinnen[20] und dementsprechend einseitig die Beweispräsentation auszurichten. Zudem ist es dabei üblich, dass eine Partei

---

17 Vgl. *Eser* (oben Fn. 6), in: Transnationales Strafrecht, S. 617 f. = www.freidok.uni-freiburg.de/volltexte/6317, S. 212 ff.

18 Wie namentlich vom deutschen *Bundesgerichtshof* bereits in einer Entscheidung von 1960 proklamiert: Entscheidungen des Bundesgerichtshofs in Strafsachen (BGHSt) 14, S. 358 (365).

19 Zu diesem Verhältnis von Gerechtigkeit und Wahrheit vgl. - neben dem bereits oben in Fn. 7 angeführten Zitat aus BVerfGE 122, 270 - auch *Henning Radtke,* Konzeptionen für ein gerechteres Strafverfahren, in: Johannes Goldenstein (Hrsg.). Mir Gerechtigkeit. Aufbruch zu einem besseren Strafverfahren, Loccumer Prottokolle 09/11, S. 131-165 (132 ff.) mit weiteren Nachweisen.

20 Dieser Einschätzung scheint zwar die Forderung des US Supreme Court (in Berger v. US, 295 U.S. 78 (1935), 88 zu widersprechen, Pflicht des US Anklagebörde sei „not that it shall win a case, but that justice shall be done"; dabei ist jedoch weder von „truth" die Rede noch wird damit auch die Verteidigung in Pflicht genommen.

„ihre" Zeugen danach auswählt, welche gewinnbringenden Aussagen für die eigene Sache zu erwarten sind, dass des weiteren durch Vorgespräche die Zeugen entsprechend „präpariert" werden und dass schließlich auch noch auf möglicherweise nachteilige Fragen verzichtet wird. Das kann zur Folge haben, dass unmittelbare Tatzeugen, weil jede Partei möglicherweise nachteilige Aussagen befürchtet, schon gar nicht präsentiert oder in einer Weise vernommen werden, dass der Gegenpartei mittels eines ohnehin recht komplizierten Beweisregelformalismus Infragestellungen verunmöglicht werden. Nimmt man dann noch das im adversatorischen System vorherrschende Verständnis des Verfahrens als „the parties' case" hinzu, für dessen Erfolg oder Misserfolg die jeweilige Partei - und nicht das Gericht - verantwortlich sei, so ist eine gleichermaßen zuverlässige, umfassende und nicht zuletzt auch überparteiliche Wahrheitsermittlung schwerlich zu gewährleisten.

Auch im reformierten Inquisitionsmodell mag die Grundeinstellung zur Wahrheitsermittlung seitens des Anklägers und des Verteidigers nicht wesentlich anders als bei ihrer adversatorischen Kollegenschaft beschaffen sein, und zwar selbst dann nicht, wenn beide Kontrahenten - nämlich wie im deutschen Recht auch die Verteidigung - als „Organe der Rechtspflege" verstanden werden und die Staatsanwaltschaft auch zu entlastender Objektivität verpflichtet ist. Umso mehr gibt es jedoch im inquisitorischen Verfahrensmodell ein Korrektiv durch die amtliche Wahrheitsermittlungspflicht des Gerichts. Und selbst wenn dieses den Parteien das Kreuzverhör überlassen hat, wird damit das Gericht nicht von seiner darüberstehenden eigenen Instruktionspflicht entbunden. Vielmehr wird es Beweislücken und offenen Fragen - und dies natürlich auch in entlastender Richtung - insoweit nachzugehen haben, als es im rechtsstaatlichen Rahmen möglich ist. Dabei ist das Gericht weder an Behauptungen der Prozessbeteiligten gebunden noch auf deren Beweisanträge beschränkt, vielmehr muss das Gericht erforderlichenfalls von Amts wegen andere - weder von Seiten der Staatsanwaltschaft noch der Verteidigung verlangte - Beweismittel beiziehen. Demzufolge wäre es beispielsweise nach deutschem Recht ein gravierender Verfahrensfehler, wenn sich das Gericht mit den erkennbar unvollständigen Aussagen von mittelbaren Zeugen begnügen würde, ohne den - von den Parteien wegen möglicherweise unwillkommener Aussagen gemiedenen - unmittelbaren Tatzeugen zu rufen oder bei parteilicherseits erkennbar vermiedenen Fragen nicht seinerseits nachzuhaken.[21]

Nun sind zwar Nachfragen des Richters – ebenso wie auch die gerichtliche Anordnung der Vorlegung von weiteren Dokumenten durch die Parteien - auch dem adversatorischen Prozessmodell nicht völlig fremd. Von solchen das Parteivorbringen ergänzenden Ermittlungsrechten des Gerichts wird jedoch in der

---

21 Vgl. zum Ganzen *Jan Zopfs,* Der Grundsatz „in dubio pro reo", Baden-Baden 1099, S. 272 ff.

Praxis nationaler Gerichte offenbar nur wenig Gebrauch gemacht[22]. Zwar mag eine solche Beschränkung des Richters auf bloße Verfahrenskontrolle in einem reinen Jury-System, in dem als „fact finder" allein die Geschworenen fungieren und dabei nicht vom Richter beeinflusst werden sollen, bis zu einem gewissen Grade noch verständlich sein[23]; in einem berufsrichterlichen System hingegen erscheinen solche Vorbehalte schwerlich angebracht. Deshalb ist es weniger ein Systembruch als vielmehr konsequent, bei einem reinen Berufsgericht wie dem des ICTY den Richtern in den Rules of Procedure and Evidence (RPE) das Recht einzuräumen, (1) in jedem Stadium des Verfahrens einem Zeugen Fragen zu stellen[24], (2) die Untersuchung weiterer Gegenstände zuzulassen[25] sowie (3) eine Partei anzuweisen, weitere Beweise vorzulegen bzw. von Amts wegen Zeugen zu laden und ihre Mitwirkung anzuordnen[26]. Doch trotz dieser dem ICTY eingeräumten Chancen, in Ergänzung der Beweispräsentation durch die Parteien auf volle Wahrheitsermittlung hinzuwirken, tut man sich in der Praxis dieses Gerichts offensichtlich schwer, über die richterliche „Nichteinmischungseinstellung" adversatorischer Tradition hinwegzukommen.[27]

III. Strukturreformen

Es wäre nicht verwunderlich, wenn die vorangehende Kritik am adversatorischen Grundmodell als Plädoyer für eine inquisitorische Alternative verstanden würde. Diese Schlussfolgerung wäre jedoch voreilig; denn bestimmte Strukturen und Auswirkungen der Adversarität für problematisch zu erklären, heißt nicht, stattdessen schlankweg das inquisitorische Grundmodell akzeptabel zu finden. Vielmehr scheint mir eine Verfahrensoptimierung aus Elementen beider Modelle angebracht. Ohne dies hier im Einzelnen entfalten, geschweige eine detaillierte Verfahrensordnung entwerfen zu können, seien wenigstens drei Leitlinien angedeutet.

---

22 Vgl. *Walter Perron*, Das Beweisantragsrecht des Beschuldigten im deutschen Strafprozess (unter rechtsvergleichender Berücksichtigung des adversatorischen Prozessmodells), Freiburg 1995, S. 394 f.

23 Zu diesem sicherlich nicht unwesentlichen Zu diesem wesentlichen Unterschied in der Rolle des Richters bei einem jury trial einerseits und einem berufsrichterlichen Verfahren andererseits vgl. näher *Christoph S. M. Safferling,* Towards an International Criminal Procedure, Oxford 2003, S. 371 f.

24 Rule 85 (B) ICTY-RPE.

25 Rule 90 (A) (ii) ICTY-RPE

26 Rule 98 ICTY-RPE.

27 Vgl. *Eser (*oben Fn, 1 (b)), in: Festschrift für Tiedemann, S. 1466 Fn. 51.

1. Leitlinie: „Akkusatorisch-instruktorische" Gewaltenteilung

Dazu gehört von Grund auf das Ernstnehmen der Grenzziehung zwischen dem Akkusationsprinzip und der Instruktionsmaxime, da dies sowohl für die Rolle der Prozessbeteiligten als auch für das Verfahrensziel wesentlich ist. Statt diese Strukturelemente kurzerhand mit adversatorisch und inquisitorisch gleich- und dann einander entgegen zu setzen, wie dies immer wieder geschieht, wäre - trotz teilweise überlappender Gemeinsamkeiten - deren jeweiliger Eigengehalt klarer auseinanderzuhalten.

Grob vereinfachend und manche Nuance vernachlässigend ausgedrückt, ist einerseits mit „adversatorisch" das Betreiben des Verfahrens durch die sich als Anklage und Verteidigung gegenüberstehenden Parteien zu verstehen, wobei sich das Gericht auf eine moderierende Verfahrensleitung beschränkt und mit den von den Parteien präsentierten Beweismitteln begnügt. Andererseits ist für die „inquisitorische" Tradition charakteristisch, dass die Verfahrensherrschaft beim Gericht konzentriert ist, und zwar nicht nur, dass in dessen Hand die auf bestmögliche Wahrheitsermittlung gerichtete Auswahl und Präsentation der selbst angeordneten oder seitens der Parteien beantragten Beweiserhebungen liegt, sondern dass ursprünglich der Richter zugleich als Ankläger fungierte und insoweit bereits die Anklage von ihm abhing oder gar ausging. Demgegenüber ist mit der Einführung des „Akkusationsprinzips" und der damit verbundenen Ausbildung einer vom Gericht zu unterscheidenden Anklagebehörde im Wesentlichen nicht mehr gemeint, als dass für die Ingangsetzung von Ermittlungen und die Erhebung der Anklage ein - vom Gericht zu unterscheidender - Ankläger zuständig ist und die von ihm erhobene Anklage seitens des Gerichts allenfalls eingeschränkt (wie etwa mangels rechtlicher Zulässigkeit oder unzureichend erscheinender Beweistauglichkeit), nicht aber eigenmächtig erweitert werden darf.[28]

Nachdem somit die ursprüngliche Rollenidentität von ermittelndem, anklagendem und urteilendem Richter überwunden ist, wird nach richtigem Verständnis von „akkusatorisch" damit einerseits weder die über die Anklage hinausgehende verfahrensbeherrschende „adversatorische" Rolle der Parteien erfasst noch ist damit andererseits eine amtlichen Wahrheitsermittlungspflicht des Gerichts unvereinbar. Und nicht mehr als Letzteres ist mit „instruktorisch" gemeint, wenn sich das Gericht - im Rahmen der ihm vorgegebenen Anklage - nicht einfach mit der Beweispräsentation der Parteien soll zufrieden geben müssen, sondern selbst - im Rahmen des rechtlich Zulässigen - auf die volle Ermittlung der Wahrheit soll hinzuwirken dürfen.

---

28 Vgl. oben zu Fn. 4.

Für einen derart „akkusatorisch-instruktorisches" Prozesssystem würde dies ein Zweifaches bedeuten:

- Zunächst hat nach dem Akkusationsprinzip die Ermittlung, die Erhebung und die Umgrenzung der Anklage durch die Verfolgungsbehörde zu erfolgen, und zwar sowohl durch Benennung der vorgeworfenen Straftaten als auch durch Beschreibung des zugrunde liegenden Tatgeschehens und durch Anführung der den Tatvorwurf stützenden Beweismittel. Auf diese Weise ist dem Angeklagten (und seinem Verteidiger) Klarheit darüber zu verschaffen, wogegen er sich zu verteidigen hat. In Respektierung dieser Akkusationsgewalt der Verfolgungsbehörde ist in dieser Verfahrensphase das Gericht darauf beschränkt, auf eine etwa erforderliche Klarstellung der Anklage hinzuwirken, rechtlich unzulässige Anklagepunkte oder Beweismittel auszuschließen, auf unschlüssig erscheinende Tatsachenbehauptungen der Beweisführung hinzuweisen und damit - wenn auch nur mittelbar - die Einführung weiterer Beweismittel anzuregen. Hingegen kann es darüber hinaus, weil nicht mehr vom Akkusationsprinzip gedeckt, nicht unter die Entscheidungsmacht des Gerichts fallen, von sich aus die Anklage zu erweitern oder ohne Zustimmung der Verfolgungsbehörde einzuschränken.
- Sobald durch die Anklage der Verfahrensstoff umschrieben ist, muss nach der Instruktionsmaxime das Gericht das Recht und die Pflicht haben, das dem Tatvorwurf zugrunde liegende Geschehen so klar und umfassend aufzuklären, dass ein auf (das Bemühen um) Wahrheit begründetes Urteil gefällt werden kann, das sich nicht nur parteilich verabredetem Schein verdankt. Dementsprechend darf sich im Rahmen der Anklage der Richter weder auf die von den Parteien präsentierten Beweismittel noch auf die von ihnen gestellten Fragen beschränken lassen, sondern muss sich erforderlichenfalls auch zur Beiziehung zusätzlicher - insbesondere aus parteilichem Eigeninteresse vorenthaltener - Beweismittel sowie zu weiterer Aufklärung dienlicher Nachfragen verpflichtet sehen.

Um hier gleich möglichen Missverständnissen vorzubeugen: Mit dieser Zuständigkeitszuweisung und Machtverteilung zwischen dem (anklägerbezogenen) Akkusationsprinzip und der (gerichtsbezogenen) Instruktionsmaxime soll weder prozessökonomischen Absprachen noch versöhnungsförderlichen Schiedssprüchen das Wasser abgegraben werden. Worauf es vielmehr - im Interesse der Glaubwürdigkeit von Strafgerechtigkeit - ankommt und was gerade durch das jeweilige Ernstnehmen jener beiden Verfahrensgrundsätze erleichtert werden kann, ist Folgendes:

- Wenn schon Absprachen sein müssen, dann sollte die Anklage entweder schon von vorneherein entsprechend beschränkt oder nachträglich dahingehend eingeschränkt werden, dass das Gericht darüber gar nicht (mehr) zu befinden hat. Soweit jedoch Anklage erhoben ist (und diese aufrechterhalten wird), darf dem Gericht kein durch parteiliche Beweiseinschränkungen vorfabriziertes „Scheinurteil" zugemutet werden. Vielmehr muss es in dem durch die (verbleibende) Anklage gezogenen Rahmen alle rechtlich und tatsächlich verfügbaren Beweismittel beiziehen und ausschöpfen können, damit sein (verurteilendes oder freisprechendes) „Verdikt" als ein sowohl gerechter wie echter „Wahrspruch" Anerkennung finden kann.

- Auch soweit Versöhnung anzustreben ist und diesem Bemühen ein rückwärtsgewandtes Insistieren auf totale Aufklärung entgegenstehen könnte, ist nicht einfach der Wahrheitsanspruch aufzugeben oder volle Wahrheitsermittlung vorzuspielen. Vielmehr wird solchen Konflikten zugunsten einer zukunftsorientierte Entscheidung dadurch am besten gerecht zu werden sein, dass die Anklage in versöhnungsdienlichem Sinne zurückgenommen oder eingeschränkt und der darin liegende Verzicht auf volle Aufklärung offen gelegt wird (wie auch immer dies im Einzelnen verfahrenstechnisch zu konstruieren wäre).

2. Leitlinie: „Kontradiktorisch-instruktorische" Wahrheitserforschung

Ähnlich wie „akkusatorisch" und „adversatorisch" oft als gleichbedeutend dem „inquisitorischen" Prozessmodell gegenüber gestellt wird, wird auch die „kontradiktorische" Beweisaufnahme, wie sie in der dramatischen Form von Hauptverhör und Kreuzverhör besonders augenfällig zum Ausdruck kommt, offenbar als derart charakteristisch für das „adversatorische" Verfahren empfunden, dass sie als unvereinbar mit dem „inquisitorischen" erscheint. Doch ebenso wenig wie sich die Akkusationsgewalt des Anklägers und die Instruktionsmaxime des Gerichts gegenseitig ausschließen, steht auch eine kontradiktorische Beweispräsentation durch die Parteien einer richterlichen Instruktionsmaxime keineswegs unvereinbar gegenüber. Denn abweichend vom traditionellen adversatorischen Verfahren mögen lediglich der Ablauf und die erweiterten Richterrechte des instruktorischen Verfahrens gestaltet sein. Das hat im Wesentlichen Folgendes zu bedeuten:

- Auch wenn nach der Instruktionsmaxime die Letztverantwortung für die Wahrheitserforschung beim Gericht liegt, schließt dies nicht aus, die Präsentation der Beweise zunächst den Parteien zu überlassen. Im Gegenteil sehe ich eine der wichtigsten Erfahrungen, die ich am ICTY in einem grundsätzlich adversatorisch geführten Verfahren machen konnte, gerade darin, dass sich die Richter erst einmal völlig zurückhalten, mit einer aufmerksamen Beobachterrolle begnügen und mit etwaigen Nachfragen abwarten können, bis die Parteien mit ihrer im Wege des Kreuzverhörs durchgeführten Vernehmung zum Abschluss gekommen sind. Auf diese

Weise wird auf Seiten der Parteien das für eine beiderseitige Ausleuchtung der Aussagen und eine kritische Glaubwürdigkeitsprüfung als wesentlich angesehene kontradiktorische Element gewährleistet, während die Richter dem Anschein von Voreingenommenheit entgehen können, wie er bei inquisitorischer Vernehmung naheliegen kann. Deshalb liegt mir auch sehr daran, von allen Vorbehalten, die gegen das adversatorische System sprechen mögen, jedenfalls die kontradiktorische Beweispräsentation durch die Parteien nicht infrage gestellt zu sehen.

- Doch wie wesentlich auch immer das kontradiktorische Parteielement einzuschätzen ist, kann es gleichwohl nicht das einzige und letzte Ermittlungsprinzip bleiben: Diese Rolle gebührt der richterlichen Instruktionsmaxime. Dementsprechend muss das Gericht - vornehmlich durch den Vorsitzenden Richter, zudem aber auch unter Mitgestaltung etwaiger beisitzender Richter - das Recht und die Pflicht haben, im Rahmen der Anklage zur Erforschung der Wahrheit zusätzliche Fragen zu stellen und die Vorlegung weiterer Beweismittel anzuordnen.

3. Leitlinie: „Zeugen des Gerichts" (und nicht der Parteien)

Noch in einem weiteren Punkt ist die „Adversarität" des Verfahrens zurückzunehmen: beim traditionellen Common Law-Verständnis der Zeugen und Sachverständigen als „prosecution witness" und „defence witness". So können sich vor allem Zeugen durch Zuordnung zu der einen oder anderen Partei von vorneherein in eine einseitige Rolle gedrängt fühlen. Doch auch der Ankläger und der Verteidiger können aufgrund der jeweils einseitigen Zuordnung von Zeugen und der damit naheliegende Vorstellung einer parteilichen „ownership of witnesses" leicht der Verführung erliegen, „ihre" Zeugen in Form eines sogenannten „witness proofing" jeweils auf ihre Aussage in der Hauptverhandlung vorzubereiten, wobei die kaum von einer neutralen Instanz überwachbare Grenze zwischen rein formalem „preparing" und inhaltlichem „coaching" von Zeugen fließend ist[29]. Trotz richterlicher Ermahnung zur Unparteilichkeit wird sich ein einseitig präparierter Zeuge normalerweise nicht so leicht aus einem nun einmal eingenommenen Rollenverständnis herausnehmen können.

Auch in dieser Hinsicht ist gegenüber adversatorischer Parteienrivalität der überparteilichen Wahrheitssuche der Vorrang einzuräumen. Anstatt die Zeugen der einen oder anderen gegnerischen Partei zuzuordnen und entsprechend zu etikettieren, sollten sie sich als „witness of the court" bezeichnet finden und demgemäß als „Zeugen der Wahrheit" verstehen können.

29 Näher dazu vgl. *Eser* (oben Fn. 6), in: Swart/Zahar/Sluiter, S. 126 ff.

Eine solche „Entparteilichung" der Zeugen wäre gerade bei Verfahren wegen Völkerrechtsverbrechen, denen typischerweise politisch-ethnische Konflikte zugrunde liegen, von nicht zu unterschätzender Bedeutung, wäre doch damit leichter zu vermeiden, dass diese Frontstellungen durch gleichgerichtete Zeugenrollen in den Gerichtssaal hinein verlängert und aufgrund der öffentlichen Fernsehübermittlungen in die wachsamen Konfliktgruppen des Heimatlandes rückübertragen werden. Im gleichen Sinne könnte vielleicht auch von einem weniger „adversarischen" Umgang mit Opfer-Zeugen ein Beitrag zur Förderung von Aussöhnung erhofft werden.

IV. Schlussbemerkung

Wie nicht zu verkennen ist, konnten vorangehend nur einige der für eine Prozessreform notwendigen Punkte aufgegriffen werden. Wenn daraus eine Grundtendenz sichtbar geworden ist, so ist es der Versuch, dem Richter eine stärkere proaktive Rolle zuzuweisen, als sie im traditionellen adversatorischen Strafverfahren eingeräumt wird. Die damit verbundene Abschwächung der Rolle der Parteien mag Bestrebungen entgegen laufen, wie sie derzeit in manchen vormals sozialistischen Strafprozesssystemen zu beobachten sind: nämlich gerade umgekehrt die Parteien - und dabei insbesondere die Rolle der Verteidigung - zu verstärken. Das ist rechtspolitisch vor allem dort verständlich, wo die Richter unter starkem Einfluss der Staatsanwaltschaft standen und damit kaum von „Waffengleichheit" der Verteidigung die Rede sein konnte. Um einem solchen Übergewicht des Staates entgegenzuwirken, erscheint die Einführung eines adversatorischen Strafprozesssystems nahe liegend. Dieses lässt jedoch nur dann den gewünschten Erfolg erhoffen, wenn es eine starke und unabhängige Rechtsanwaltschaft gibt, die der etwaigen Übermacht der staatlichen Anklagebehörde Paroli bieten kann. Selbst dann werden aber die strukturellen Mängel, wie sie vorangehend in primär adversatorischen Verfahren aufzuzeigen waren, nicht zu übersehen sein.

Anstatt also Prozessmängel der Vergangenheit durch die Einführung eines rein adversatorischen Verfahrenssystems überwinden zu wollen, erscheint es mir – jedenfalls langfristig – besser, auf die verstärkte Unabhängigkeit und Unparteilichkeit der Richterschaft hinzuwirken und eine gut ausbalancierte Verbindung von kontradiktorischer Beweispräsentation durch die Parteien mit instruktorischer Aufklärungspflicht des Richters anzustreben.

Adversatorische und inquisitorische Elemente im gegenwärtigen Strafprozess der zentralasiatischen Staaten

Alexandr Smirnov

In den Gesetzen (Verfassungen, Strafprozessordnungen) fast aller zentralasiatischen Staaten – den früheren Sowjetrepubliken der UdSSR (Kasachstan, Kirgisistan, Tadschikistan, Turkmenistan) – werden die Adversarität des Prozesses und die Gleichberechtigung der Parteien deklariert, jedoch zeigt eine Analyse einzelner Vorschriften und Institute des Strafprozesses, dass diese Anforderungen in Wirklichkeit nicht immer konsequent erfüllt werden. Die Einschränkungen der Adversarität treten im Vorverfahren besonders deutlich zutage. Das findet seinen Ausdruck im Folgenden:

a) Das Diktat des Staatsanwalts, welcher manchmal als ein Organ der Aufsicht über die Gerichtstätigkeit (StPO Tadschikistans) oder wenigstens über gerichtliche Entscheidungen (Art. 62 Abs. 1 StPO Kasachstans) verstanden wird: Überall bleibt der Staatsanwalt der alleinige Leiter und „Herr" des Vorverfahrens. In erster Linie ist aber der Staatsanwalt ein Strafverfolger, deshalb lässt es sich nicht vermeiden, dass dieser wichtige Teil des Strafprozesses eine Anklageneigung behält.

b) In den meisten Strafprozessordnungen (beispielsweise in den Strafprozessordnungen Turkmenistans und Tadschikistans) fehlt eine Einbeziehung des Gerichts während des Vorverfahrens praktisch völlig oder sie wird beschränkt. Gemäß Art. 29 Abs.1 StPO der Republik Usbekistan gehören zu den Befugnissen des Gerichts die Prüfung von Anträgen, Beschwerden und Einsprüchen [des Staatsanwalts] bezüglich der Fragen, die mit der Sanktionierung solcher Maßregeln wie Festnahme oder Haftverlängerung verbunden sind. Eine möglichst umfassende Gerichtskontrolle wird allerdings in der StPO der Republik Kasachstan vorgesehen (Art. 59, 109-110). Die StPO der Kirgisischen Republik lässt die Anfechtung vor Gericht nur begrenzt zu, nämlich bei einer Anfechtung der Beschlüsse oder anderen Entscheidungen über Absehen von der Verfolgung oder über die Einstellung des Strafverfahrens, über die Sanktionierung einer Durchsuchung oder Beschlagnahme, über die Anordnung der Festnahme durch den Untersuchungsführer oder den Staatsanwalt (Artikel 131, 132^1). Die geltende StPO Turkmenistans wurde um die Möglichkeit der gerichtlichen Prüfung hinsichtlich der Rechtmäßigkeit und Begründetheit der Festnahme oder Haftverlängerung ergänzt (Art. 221.2). Im Entwurf der StPO Turkmenistans wurde ein interessantes außergerichtliches Verfahren für die Anordnung einer Festnahme vorgesehen, nämlich nur mit Genehmigung eines besonderen öffentlichen Organs: der Kommission zur Sicherstellung der Rechtsmäßigkeit bei der Ausübung einzelner prozessualer Handlungen, was eine entfernte Ähnlichkeit mit der Beteiligung der Geschworenen an der Entscheidung über die Festnahme von Bürgern hätte. Diese Novelle wurde jedoch in die verabschiedete und geltende StPO nicht aufgenommen, und das Festnahmeverfahren ist nach wie vor inquisitorisch geblieben – es erfordert eine Sanktionierung durch den Staatsanwalt (Artikel 154 turkmenische StPO).

c) Einschränkung der Befugnisse des Verteidigers. Gemäß der StPO der Republik Usbekistan ist das erste Treffen des Verteidigers mit dem Beschuldigten erst nach dem Verhör des letzteren möglich (Art. 48, 111), und in der StPO der Republik Turkmenistan (Art. 81 Abs. 1) und der StPO der Kirgisischen Republik (Art. 44 Abs. 3) – während („ab dem Zeitpunkt“) des ersten Verhörs. Eine Ausnahme bildet hier die tatsächliche Festnahme (Freiheitseinschränkung gegen den Willen der betroffenen Person): ab diesem Zeitpunkt darf der Verteidiger den Beschuldigten besuchen und daher mit ihm unter vier Augen sprechen, also auch vor dem ersten Verhör des Beschuldigten. Vom Standpunkt der Wahrung der Strafverfolgungsinteressen aus kann sich aber die Einschränkung des ersten Besuchs vor dem Verhör des Beschuldigten als wenig effektiv erweisen, weil sie durch das Recht auf Selbstbelastungsfreiheit beseitigt wird. Gleichzeitig ist das international anerkannte Recht des Beschuldigten oder Angeklagten zu berücksichtigen, hinreichend Zeit und Gelegenheit zur Vorbereitung seiner Verteidigung zu haben (Internationaler Pakt über bürgerliche und politische Rechte, Art. 14, Abs. 3 lit. b – im Folgenden IPbpR) und sich selbst zu verteidigen oder durch einen Verteidiger seiner Wahl verteidigen zu lassen (ibid. lit. d). Die genannten Vorschriften der Prozessordnungen Turkmenistans und Kirgisiens über die Zulassung eines Verteidigers ab dem Zeitpunkt des ersten Verhörs bedeuten also nicht, dass dem Verteidiger vor dem Verhör keine Zeit für den Besuch seines Mandanten und ein Gespräch unter vier Augen zu gewähren ist.

Nach unserer Ansicht lässt sich derselbe Schluss sinngemäß auch aus Art. 84Abs. 3 der StPO Turkmenistans ziehen, laut welchem der Verteidiger ab dem Zeitpunkt seiner Zulassung zur Beteiligung am Strafverfahren berechtigt ist, den festgenommenen bzw. inhaftierten Beschuldigten oder Angeklagten zu besuchen und mit ihm vertraulich unter vier Augen zu sprechen, ohne dass die Anzahl und Dauer der Besuche begrenzt werden.

Auf eine fortschrittlichere Weise ist diese Frage in der StPO der Republik Kasachstan gelöst, in der vorgesehen ist, dass der Tatverdächtige bzw. Beschuldigte, falls gegen ihn eine Maßnahme vor Erhebung der Anklage verhängt wird, spätestens mit Ablauf von 24 Stunden nach der Festnahme oder Ergreifung der Maßregel unter Wahrung seines Rechts auf einen Besuch und ein vertrauliches Gespräch unter vier Augen mit einem Verteidiger seiner Wahl zu verhören ist. Die Vorschrift über die Zulassung des Verteidigers bereits vor Beginn der Ermittlung unter Mitwirkung des Beschuldigten beinhaltet die StPO Tadschikistans seit 1993: „Die Wahrnehmung seiner Rechte vom zugelassenen Verteidiger kann nicht vom vorläufigen Verhör des Beschuldigten oder des Angeklagten oder von der Vornahme sonstiger Untersuchungshandlungen abhängig gemacht werden, es sei denn, dass die vorliegende Strafprozessordnung etwas anderes regelt" (Art. 53).[1]

In Turkmenistan und in Tadschikistan hängt es immer noch von der Zustimmung des Untersuchungsführers ab, ob die vom Verteidiger gesammelten Beweise Teil der Akte werden. Die Beweiserhebung obliegt hier nur den staatlichen Organen, die das Strafverfahren durchführen: dem Gericht, Untersuchungsführer, Staatsanwalt, Ermittlungsorgan. De facto ist hier der Verteidiger nur berechtigt, „Angaben" (die manchmal zu optimistisch als „Beweise" bezeichnet werden) zu sammeln, ob sie aber als Beweise zu den Akten kommen, entscheidet generell der Untersuchungsführer.

Die Situation in Kasachstan und in Kirgisistan beginnt sich jedoch ernsthaft in Richtung der Stärkung des Grundsatzes der Parteiengleichheit zu ändern. In Kirgisistan ist der Verteidiger berechtigt, selbstständig oder unter Beiziehung eines Privatdetektivs „Materialien" zugunsten des Beschuldigten, Angeschuldigten, Angeklagten oder Zeugen zu sammeln, schriftliche Aussagen und Erklärungen der Zeugen einzuholen und eigene Protokolle der Tatortbesichtigung aufzusetzen (Art. 48 Abs. 3, P. 1 und 2). In der StPO der Republik Kasachstan ist das Recht des Verteidigers auf das Sammeln von Beweisen (und nicht einfach von irgendwelchen „Materialien" oder „Angaben") u.a. in Art. 125 Abs. 3 P. 2-4 gründlich geregelt, in denen festgesetzt wird, dass der Verteidiger das Recht hat, ein gerichtliches Sachverständigengutachten auf vertraglicher Basis gemäß Art. 242 Abs. 4-6 der vorliegenden Strafprozessordnung zu initiieren, einen Fachmann auf vertraglicher Basis beizuziehen und Personen, die vermutlich über die einschlägigen Informationen verfügen, zu befragen.

An der Ermittlung der Fälle, die nicht unbedingt ein Ermittlungsverfahren erfordern, wird der Verteidiger nicht beteiligt. Anträge des Verteidigers sind manchmal erst nach Abschluss der Ermittlungen zulässig, wenn der Untersuchungsführer diesen Anträgen nur sehr ungern stattgibt und wenn es schon zu spät ist.

d) Das Gericht ist nicht nur verpflichtet, die Unvoreingenommenheit und Vollkommenheit der Ermittlungen sicherzustellen: In einigen Strafprozessordnungen ist es vorgesehen, dass es das Strafverfahren einleitet (Art. 273, 416, 417 StPO der Republik Usbekistan, Art. 362 der StPO Turkmenistans), was dem adversatorischen System völlig widerspricht, nach welchem das Gericht kein Strafverfolgungsorgan ist und weder die Anklage- noch die Verteidigungsseite einnehmen darf.

e) In allen hier angesprochenen Strafprozessordnungen ist eine Verhandlung in Abwesenheit zulässig, und nach der StPO der Republik Kasachstan ist hierfür

---

1 Erlass des Präsidiums des Obersten Sowjets Tadschikistans vom 06. Juni 1993.

eine ausdrücklich inquisitorische Möglichkeit vorgesehen, das Vorverfahren abzuschließen, ohne die Anklage dem Angeschuldigten persönlich bekanntzugeben. Dabei ist eine Abwesenheitsanklage in folgender Form zulässig: „Falls sich der Angeschuldigte außerhalb der Republik Kasachstan befindet und sich den Ermittlungsorganen nicht freiwillig stellt, vermerkt der Untersuchungsführer – und der Verteidiger, falls dieser erschienen ist – auf dem Beschluss über die Heranziehung der betroffenen Person zur Strafverantwortung als einen Angeklagten, dass ihr wegen ihres Aufenthalts außerhalb der Republik Kasachstan und des Nichterscheinens vor den Ermittlungsorganen die Anklage nicht bekannt gegeben werden kann. Ist aber der Aufenthaltsort des Angeschuldigten dem Ermittlungsorgan bekannt, so ist ihm eine Kopie des Beschlusses über seine Heranziehung zur Strafverantwortung als Angeklagter unter Nutzung verschiedener Kommunikationsmittel, u.a. auch per Post zuzustellen. Im Notfall darf das Ermittlungsorgan eine Mitteilung über die Heranziehung der Person zur Strafverantwortung als Angeklagter in den inländischen Massenmedien, in den Massenmedien am Aufenthaltsort des Angeklagten sowie in den allgemein zugänglichen Telekommunikationsnetzen veröffentlichen (Art. 209 Abs. 8 StPO Kasachstans).

Man sollte jedoch im Auge behalten, dass gemäß der allgemein anerkannten völkerrechtlichen Vorschrift des Internationales Paktes über die bürgerlichen und politischen Rechte (IPbpR) vom 16. Dezember 1966, die den adversatorischen Grundsatz der Durchführung des Verfahrens in unmittelbarer Anwesenheit des Angeklagten verankert, jeder das Recht hat, „unverzüglich und im Einzelnen in einer ihm verständlichen Sprache über Art und Grund der gegen ihn erhobenen Anklage“ unterrichtet zu werden (Art. 14 Abs. 3 lit. a), was eine Übergabe des Straffalls an ein Gericht ohne Anklageerhebung ausschließt. Auch bei der Zustellung der Benachrichtigung über die erhobene Anklage oder bei der Veröffentlichung in den Massenmedien kann man nicht davon ausgehen, dass die betroffene Person darüber tatsächlich unterrichtet sein wird. Eine Garantie dafür kann nur durch Erhebung der Anklage in Anwesenheit des Angeklagten geleistet werden – widrigenfalls ist die Gerichtsverhandlung auszusetzen.

Aber auch in den gerichtlichen Phasen des Strafverfahrens der erwähnten Staaten erfährt das adversatorische System wesentliche Einschränkungen, nämlich:

a) Das Zwischenverfahren ist fast überall durch einen inquisitorischen gerichtlichen Revisionscharakter geprägt, wenn das erkennende Gericht nach seinem Ermessen entscheidet, ob die Beweismittel für Eröffnung des Hauptverfahrens ausreichen und es dabei teilweise die Position der Strafverfolgung einnimmt. Das ist aber bedrohlich, weil das Gericht zu einer voreingenommenen Meinung über die Schuld des Angeklagten kommen kann (obiter dictum), d.h. zu einer Meinung, die sich bereits vor dem Erkenntnisverfahren und ausschließlich anhand der Schriftstücke im Vorverfahren herausgebildet hat.

Diese vorläufige Meinung kann das Gericht in einer Weise binden, dass es sich während der Gerichtsverhandlung an der Anklage orientieren, soweit der Angeklagte vor Gericht durch ein „Verdächtigungsmal" gekennzeichnet ist.

Jedoch gibt es auch Abweichungen von dieser Regel. So ist in der StPO der Republik Kasachstan für das Zwischenverfahren unmittelbar der Staatsanwalt zuständig (Art. 197), wo das Gericht, ohne die Beweise in Bezug auf ihre Belastbarkeit auszuwerten, eine Gerichtsverhandlung anzuberaumen hat, natürlich erst, wenn die formalen Voraussetzungen für das Erkenntnisverfahren erfüllt sind (Art. 302). Dasselbe gilt auch für die StPO der Kirgisischen Republik (Art. 245). Das ist eben nichts anderes, als eine Anklageart des Zwischenverfahrens, die bereits im römischen Recht bekannt war und den adversatorischen Charakter des Strafverfahrens widerspiegelt.

b) In allen oben genannten Staaten ist auf die eine oder andere Art das Institut der Zurückverweisung zur Nachuntersuchung durch die Staatsanwaltschaft und den Untersuchungsführer auf die Initiative desselben Staatsanwalts bzw. Untersuchungsführers oder auch des Gerichts selbst erhalten geblieben. Es hat unterschiedliche Bezeichnungen: „Zurückverweisung zur Nachuntersuchung" (Art. 303 StPO der Republik Kasachstan,[2] Art. 419 StPO der Republik Usbekistan), „Ausgleich der Ermittlungsmängel", „Übergabe des Falls zur Vornahme von Untersuchungshandlungen" (Art. 264 Abs. 3 StPO der Kirgisischen Republik) u.a. Im Großen und Ganzen lässt sich jedoch dieses Institut kaum auf den adversatorischen Prozessgrundsatz anpassen, weil das Gericht, indem es der Strafverfolgung eine zusätzliche Möglichkeit zur Vorlage neuer Beweise gewährt, sich gewollt oder ungewollt auf die Seite der Anklage stellt. Vom Standpunkt der Rechtspflege aus kann man eine solche Situation wohl kaum für vernünftig halten, wenn die Partei, die ihre prozessualen Pflichten schuldhaft verletzt und die Anklage nicht in einer gesetzlich festgesetzten Form bewiesen hat, statt dafür bestraft zu werden, vom Gericht die Chance bekommt, den missratenen Versuch immer wieder zu wiederholen. Es sei daran erinnert, dass laut Gesetz gerade die Anklagepartei die Beweislast trägt, mithin die Last der ungünstigen Folgen der unbewiesenen Schuld! Wo bleiben denn aber diese ungünstigen Folgen, wenn das Gericht einen untüchtigen Ankläger wie einen Schüler zur „Wiederholungsprüfung" kommen lässt, bis er schließlich in der Strafverfolgung Fortschritte macht, obwohl seine Leistungen nur mit „ausreichend" beurteilt werden können? Es ist auch darauf hinzuweisen, dass die überwiegende Mehrheit der demokratischen Staaten ohne ein Inquisitionsinstitut der Nachuntersuchung auskommt.

---

2 Gem. der StPO der Republik Kasachstan ist eine Nachuntersuchung nur wegen der Erhebung einer anderen Anklage gegen den Angeklagten vorgesehen oder wenn es erforderlich ist, die in der Anklageschrift erhobene Anklage durch eine Anklage wegen einer schwereren Tat oder durch eine sich wesentlich von der ursprünglichen Anklage unterscheidende Anklage zu ersetzen.

Andererseits ist aber zuzugestehen, dass dieses Problem hier wirklich besteht, weil die Verfahrens- und materiell-rechtliche Mängel des Vorverfahrens vor Gericht oft nicht ausgeglichen werden können. Besonders akut wird dieses Problem, wenn im Erkenntnisverfahren unwiderlegbar bewiesen ist, dass der Beschuldigte eine schwerere als die im Ermittlungsverfahren vorgeworfene Tat begangen hat. Ein vollständiges Verbot der Beseitigung dieses Mangels würde ein Urteil nach der ursprünglichen, durch die gerichtliche Beweisaufnahme schon widerlegte Anklage bedeuten; das Urteil wird jedoch dadurch unrechtmäßig. Aber auch eine durch das Gericht oder den Ankläger initiierte Zurückverweisung zur Nachuntersuchung erscheint uns unakzeptabel, weil dann der Angeklagte wieder unter der Last des Ermittlungsverfahrens, insbesondere einer langen Untersuchungshaft leidet, und dies nicht durch eigenes Verschulden, sondern durch die Schuld eines untüchtigen Untersuchungsführers bzw. Staatsanwalts.

Nach unserer Ansicht bietet sich ein anderer, nämlich ein adversatorischer Ausweg aus dieser Krise, der jedoch einer gesetzgebenden Novelle bedarf: Die Verhandlung sollte um eine angemessene Frist verschoben und der Verteidigungspartei die erforderliche Zeit für die Einsicht in die geänderte Anklage eingeräumt werden, insbesondere bei der Änderung der Anklage zuungunsten des Angeklagten. Dabei sind auch zusätzliche gerichtliche Untersuchungshandlungen zur Unterstützung der Verteidigung möglich sowie (in Analogie zum französischen Gerichtsverfahren) die Einführung des Instituts einzelner Gerichtsaufträge an Untersuchungs- und Ermittlungsorgane (wiederum auf Initiative oder mit Zustimmung der Verteidigungspartei), wodurch man – ohne den Fall zur Nachuntersuchung zurückzuverweisen – Informationen über tatsächliche Umstände erhalten könnte, die zur Sicherstellung des Rechts des Angeklagten auf Verteidigung bei der Erhebung einer neuen Anklage vor Gericht erforderlich sind. Und erst in dem Fall, wenn der Verteidiger direkt vor Gericht von vornherein erklärt, er sei mit der jeweiligen Änderung der Anklage zuungunsten des Angeklagten nicht einverstanden, könnte der Fall zur Nachuntersuchung zwecks Erhebung einer neuen Anklage zurückverwiesen werden – faktisch auf Initiative dieser Verteidigungspartei.

b) Die Reihenfolge während der Beweisaufnahme wird fast in allen genannten Strafprozessordnungen nicht durch die Parteien, sondern durch das Gericht bestimmt. Das widerspricht dem adversatorischen Grundsatz, weil es die Möglichkeiten der Parteien bei der Wahl der Taktik ihrer Beweisführung unbegründet beschränkt.

Eine Ausnahme bildet hier die StPO Turkmenistans, in der vorgesehen ist, dass im Erkenntnisverfahren zuerst die von der Anklagepartei vorgelegten Beweise zu erheben sind und erst anschließend die von der Verteidigungspartei und diejenigen, die nach Ermessen des Gerichts angefordert worden sind (Art. 389). Die Reihenfolge der Beweisaufnahme wird dabei durch die Parteien selbst bestimmt, die das Recht auf die sog. „Kreuzbeweisaufnahme“ hinsichtlich der von der anderen Partei vorgelegten Beweise haben. Das Gericht erhebt diese Beweise erst anschließend. Auch nach der StPO der Republik Kasachstan werden zuerst die Beweise der Anklagepartei erhoben; die Reihenfolge der Beweisaufnahme wird dabei durch das Gericht festgelegt, obgleich in Abstimmung mit den Parteien. (Art. 347, Abs. 2).

d) Es ist der allgemein anerkannte völkerrechtliche Grundsatz zu beachten: Der Angeklagte darf Fragen an die Belastungszeugen stellen oder in seinem Beisein stellen lassen (IPbpR Art. 14 Abs. 3 lit. e). In allen hier angesprochenen Strafprozessordnungen gibt es jedoch Abweichungen von diesem allgemein anerkannten Recht, weil es zulässig ist, die früher gemachten Aussagen der nicht vor Gericht erschienenen Zeugen und Geschädigten (d.h. der Protokolle ihrer Aussagen) zu verlesen. In der StPO der Republik Usbekistan wird die Möglichkeit einer solchen Verlesung durch keine Voraussetzungen beschränkt (Art. 443 Abs. 1). In den anderen Strafprozessordnungen ist eine solche Verlesung zulässig, wenn der Geschädigte bzw. der Zeuge aus Gründen, die ihm die Möglichkeit seines Erscheinens vor Gericht verschließen, im Gerichtstermin abwesend ist (Art. 353 StPO der Republik Kasachstan, Art. 294 StPO der Kirgisischen Republik, Art. 289 StPO der Republik Tadschikistan). Es erübrigt sich zu sagen, dass in der Gerichtspraxis als „Unmöglichkeit des Erscheinens“ in der Regel die Mitteilung des Staatsanwalts gilt, die Fahndung nach dem nicht vor Gericht erschienenen Zeugen sei erfolglos geblieben.

e) Fast in allen oben genannten Strafprozessordnungen fehlt das unabdingbare Recht der Parteien, die von ihnen geladenen und vor Gericht erschienenen Zeugen und Experten zu vernehmen, was die Gleichberechtigung der Parteien als ein wichtiges Prinzip des adversatorischen Strafprozesses wesentlich beschränkt. Für die Verteidigungspartei sowie für den Geschädigten führt es zur Unmöglichkeit des Beweises der für sie maßgeblichen Sachverhalte, wenn ihnen während des Vorverfahrens und vor Gericht die Stellung eines Antrags auf Vernehmung der genannten Personen verweigert wird. Eine Ausnahme bildet nur die StPO der Republik Kasachstan, wo das Gericht kein Recht hat, die Anträge auf Vernehmung vor Gericht der auf Initiative der Parteien erschienenen Personen zu verweigern (Art. 343 Abs. 4 StPO der Republik Kasachstan).

Dass wir uns nur auf Mängeln konzentriert haben, bedeutet keinesfalls eine Herabsetzung der Errungenschaften der Rechtsideen der Wissenschaftler und Gesetzgeber in diesen Staaten. Sie haben eine enorme Arbeit bei der Suche nach einer eigenen nationalen Form des Straf(gerichts)verfahrens geleistet, zuweilen glückliche Lösungen gefunden für mehrere nicht einfache Probleme, die unseres Erachtens auch andere Staaten ohne weiteres übernehmen könnten. Zugleich muss man im Auge behalten, dass die Rechtspflege nicht nur ein entsprechendes Erscheinungsbild nach außen hin haben sollte, sondern ihrem Wesen nach Rechtspflege sein muss. Übrigens kann keine Strafprozessordnung, so perfekt sie auch sein mag, vor Rechtsnihilismus, Korruption oder Vernachlässigung der Bürgerrechte retten, vielmehr kann auch ein ziemlich unvollkommenes Gesetz der Gesellschaft dann erfolgreich dienen, wenn es nach bestem Wissen und Gewissen angewandt wird.

Die Erforschung der materiellen Wahrheit im Strafprozess

Carl-Friedrich Stuckenberg

Vermutlich in allen, jedenfalls aber in allen mir bekannten Rechtsordnungen gilt die Erforschung der Wahrheit als Aufgabe oder sogar als Ziel des Strafverfahrens. Denn in jeder Prozessordnung, die die Erhebung von Beweisen vorsieht, um zu klären, was wirklich geschehen ist, wird die Frage nach der Wahrheit gestellt, die nichts anderes ist als die Frage nach der Wirklichkeit. Mit dem Begriff der Wahrheit sind im Kontext des Strafprozesses bekanntlich eine Reihe von Problemen und Streitfragen verbunden, auf die ich im Folgenden in gedrängter Form eingehen werde.

Ein erster Problemkreis ist vornehmlich theoretischer Natur und betrifft den Begriff der „Wahrheit". Mein eben geäußerter Satz, dass die Frage nach der Wahrheit nichts anderes als die Frage nach der Wirklichkeit sei, klingt banal, enthält aber bereits gleich zwei in der Philosophie umstrittene Thesen. Auf die philosophische Debatte, was Wahrheit ist und wie man sie erkennt, werde ich nur insoweit eingehen, als es für das Strafprozessrecht erforderlich erscheint.

Daran knüpft die Frage an, ob es denn wirklich die Wahrheit ist, die in einem Strafprozess erforscht wird. Wer das bejaht, spricht dann von „materieller" Wahrheit, die das Gericht im Prozess zu *finden* versuche; wer das verneint, behauptet stattdessen, dass im Prozess eine „formelle" oder „prozessuale" Wahrheit *hergestellt* werde.

Der dritte Fragenkreis handelt darüber, auf welchem Wege die Wahrheit im Strafverfahren am besten erkannt oder hergestellt werde. Dies betrifft zum einen die Struktur des Verfahrens insgesamt, nämlich wer zu welchem Zeitpunkt tatsächliche Feststellungen trifft und auf welcher Grundlage, zum anderen die Prinzipien und Einzelregelungen des Beweisrechts.

Zum Schluss werde ich meinen Eingangssatz als Frage formulieren: Ist Wahrheit das Ziel oder eines der Ziele oder wenigstens eine Aufgabe des Strafverfahrens? Und, falls ja, sollte das auch so sein? Ist Wahrheit vielleicht verzichtbar, wenn nicht ganz, so doch für bestimmte Fallgruppen wie bei den Absprachen oder für die massenhafte Bagatellkriminalität?

I. Was ist Wahrheit?

Der Begriff der „Wahrheit" ist in der Philosophie seit dem Beginn des 19. Jahrhunderts heftig umstritten. Diese Kontroverse ist insoweit von Interesse, als die

Prozessrechtswissenschaft bisweilen daran angeknüpft und Folgerungen für die Gestaltung des Strafprozesses gezogen hat.[1] Demgegenüber sind philosophische Wahrheitstheorien für die *Auslegung* des Rechtsbegriffs der „Wahrheit" in einer bestimmten positiven Rechtsordnung, z.B. in §§ 64 f., 244 Abs. 2 der deutschen StPO oder in den Aussagedelikten der §§ 153 ff. des deutschen StGB nicht hilfreich, weil der Gesetzgeber sich am Alltagsverständnis von „Wahrheit" – dazu sogleich – und nicht an philosophischen Konzepten orientiert hat.

Bei der philosophischen Bestimmung des Begriffs der Wahrheit ist zu unterscheiden nach der *Definition* des Begriffs – was also gemeint ist, wenn davon die Rede ist, etwas sei „wahr" – und der Angabe von *Kriterien* – wie man feststellt, ob etwas wahr ist. Nicht alle Wahrheitstheorien liefern beides, sowohl Definition als auch Kriterien.

Die lange Zeit in der Philosophie fast einhellige und wohl heute noch vorherrschende Ansicht deutet den Begriff der „Wahrheit" im Sinne der *Korrespondenztheorie* als Übereinstimmung einer Aussage mit der Wirklichkeit. Ihr klassischer Ausdruck findet sich bei *Aristoteles* im 4. Buch seiner Metaphysik: „Vom Seienden zu sagen, dass es nicht ist, und vom Nicht-Seienden, dass es ist, ist falsch; dagegen vom Nicht-Seienden zu sagen, dass es nicht ist, und vom Seienden, dass es ist, ist wahr"[2] und in der Formel, die *Thomas von Aquin* dem um 900 in Ägypten lebenden Philosophen *Isaac Israeli* zuschreibt: „veritas est adaequatio rei et intellectus"[3]. *Kant* hielt diese Definition für „geschenkt",[4] also selbstverständlich. In moderner Formulierung besagt die Korrespondenztheorie, dass eine Aussage dann wahr ist, wenn die Dinge sich so verhalten, wie es in der Aussage behauptet wird.[5] Die Korrespondenztheorie ist eine sog. nichtepistemische Wahrheitstheorie, d.h. die Wahrheit einer Aussage hängt nicht vom menschlichen Erkennen ab. Sie geht Hand in Hand mit einer anderen, ebenfalls umstrittenen philosophischen Position, dem sog. *externen Realismus*, also der Annahme, es gebe eine Realität, die unabhängig ist von allem menschlichen Erkennen, aber erkannt werden kann.[6] Beide, Korrespondenztheorie und externer

1 Siehe nur *Adomeit*, JuS 1972, 528 ff.; *Schmidt*, JuS 1973, 204 ff.; *Kraatz*, Der Einfluss der Erfahrung auf die tatrichterliche Sachverhaltsfeststellung, 2011, S. 258 ff.; *Löffelmann*, Die normativen Grenzen der Wahrheitserforschung im Strafverfahren, 2008, S. 23 ff.; *Toepel*, Grundstrukturen des Sachverständigenbeweises im Strafprozeßrecht, Tübingen 2002, S. 70 ff.; s.a. *Stamp*, Die Wahrheit im Strafverfahren, 1998, S. 15 ff.; *Eicker*, Die Prinzipien der „materiellen Wahrheit" und der „freien Beweiswürdigung" im Strafprozeß, 2001, S. 8 ff.; *Käßer*, Wahrheitserforschung im Strafprozeß, 1974, S. 9 ff., alle m. w. Nachw.

2 *Aristoteles*, Metaphysik, 1011b; s.a. *Platon*, Kratlyos, 335.

3 *Thomas von Aquin*, Summa theologica, qu. 1, art. 16 ad 2; *ders.*, Quaestiones disputatae de veritate, qu. 1, art. 1, ad 3.

4 *Kant*, Kritik der reinen Vernunft, 2. Aufl. 1787, A 58/B 82.

5 *Toepel* (Fn. 1), S. 70.

6 Dazu *Toepel* (Fn. 1), S. 74 ff. m. w. Nachw.

Realismus, entsprechen der naiven Intuition und daher sind wesentliche Bestandteile unserer Alltagstheorien, mit deren Hilfe wir uns im täglichen sozialen Leben orientieren, und kennzeichnen daher auch das Wahrheitsverständnis, das etwa der deutsche Gesetzgeber in den vorhin genannten Vorschriften zugrunde legt.

Die Korrespondenztheorie gibt nur eine Definition der Wahrheit, sie liefert aber keine Kriterien, wann etwas als wahr anzunehmen ist. Ihr Wahrheitsträger sind Aussagen (Propositionen), nicht hingegen zum Beispiel Imperative, also Normen. Die Definition selbst ist erheblichen Zweifeln ausgesetzt, denn es ist nicht klar, wie die Korrespondenz, die *adaequatio* denn aussieht, wie die nichtsprachliche Realität mit sprachlich gefassten Aussagen verglichen werden könnte, denn naive Vorstellungen wie zum Beispiel *Lenins* Wiederspiegelungstheorie,[7] wonach unsere Sinneswahrnehmungen und Aussagen darüber die Wirklichkeit gleichsam abbilden, halten näherer Analyse nicht stand.[8] In jüngerer Zeit haben Philosophen wie *Russell*[9] oder *Popper*[10] daher versucht, präzisere Fassungen der Korrespondenztheorie zu finden. Schwierigkeiten bereitet die Korrespondenztheorie auch bei abstrakten oder negativen Aussagen, so dass *Austin* und *Rorty* spotteten, sie funktioniere nur bei „moderate-sized specimens of dry goods".[11]

Als Ausweg sind daher epistemische Wahrheitstheorien vorgeschlagen worden wie die *Kohärenztheorien*, wonach eine Aussage dann wahr ist, wenn sie sich widerspruchsfrei in ein System wahrer Aussagen einfügen lässt. Hierbei fallen Definition und Kriterium zusammen, so dass Wahrheit nicht mehr auf eine erkenntnisunabhängige Realität bezogen wird, sondern eine besonders qualifizierte Form der Erkenntnis ist. Kohärenz ist gewiss nützlich und womöglich auch notwendige Voraussetzung wahrer Aussagen, aber keine hinreichende, wenn nicht ausgeschlossen werden kann, dass es mehrere kohärente Systeme geben könnte. Zwischen verschiedenen kohärenten Systemen kann die Theorie nicht mehr entscheiden.[12] Schwierig wird die Feststellung von Kohärenz zudem bei singulären Aussagen wie etwa Zeugenaussagen vor Gericht.

Zu den epistemischen Wahrheitstheorien gehören ferner die sog. *pragmatischen Wahrheitstheorien*, zu deren älteren Vertretern *Dewey* und *William James* gehören. *James* definierte „wahr" als das, was im jeweiligen Kontext von Nut-

---

7 *Lenin*, Werke, Band 14, Berlin (Ost) 1962, S. 166 ff.; w. Nachw. in: Strafverfahrensrecht, 2. Aufl. Berlin (Ost) 1982, S. 107 Fn. 3.

8 Zusammenfassung bei *Löffelmann* (Fn. 1), S. 29 ff.

9 *Russell*, The Problems of Philosophy, 1912, S. 106 ff.

10 *Popper*, Logik der Forschung, 9. Aufl. 1989, S. 219 Fn. *1.

11 *J.L. Austin*, Sense and Sensibilia, 1962, S. 8; *Rorty*, Is Truth a Goal of Inquiry?, in: Lynch (Hrsg.), The Nature of Truth, 2001, S. 257, 269.

12 Vgl. *Toepel* (Fn. 1), S. 80 ff. m. w. Nachw.

zen ist, d.h. „im weitesten Sinne befriedigt“,[13] wogegen *Bertrand Russell* eingewandt hat,[14] dass demnach auch die Behauptung, es gebe den Weihnachtsmann, wahr sein müsse, weil er sie immer als im „weitesten Sinne befriedigend“ angesehen habe. Einflussreicher sind die an *Peirce* anknüpfenden *Konsenstheorien* von *Rorty* und *Habermas*. Für *Rorty* sind Aussagen mit dem Anspruch auf universelle Geltung sinnlos, praktische Bedeutung hätten vielmehr nur Aussagen, die vor einem bestimmten Publikum gerechtfertigt werden können. Wenn eine Aussage die Zustimmung eines kompetenten Publikums erhalte, sei es überflüssig, nach einer Beziehung zu einer Realität oder etwas namens Wahrheit zu suchen.[15] *Habermas* hingegen hat die Ansicht vertreten, dass ein Diskurs unter idealen Bedingungen, d.h. in einer „idealen Sprechsituation“, schließlich zu einem Konsens führe, der einem *universellen* Wahrheitsanspruch genüge.[16] Abgesehen von der Schwierigkeit, die Bedingungen des idealen Diskurses zu bestimmen sowie erst recht deren praktischer Umsetzung,[17] scheitern auch die Konsenstheorien letztlich an der Unvereinbarkeit mit unserer Intuition der Erkenntnistranszendenz der Welt – beispielhaft: ob die Anzahl der Steine, aus denen dieses Gebäude besteht, gerade oder ungerade ist, können wir weder mit kohärentistischen, pragmatistischen noch konsensualen Mitteln feststellen und doch glauben wir, dass es darauf eine Antwort gibt.[18] *Habermas* hat seine Konsenstheorie der Wahrheit daher für den theoretischen Diskurs seit längerem aufgegeben.[19]

Schließlich haben die sog. *deflationären Wahrheitstheorien* oder *Redundanztheorien*, die in der analytischen Philosophie verbreitet, wenn nicht herrschend sind, versucht zu zeigen, dass „wahr“ kein substantielles Prädikat, sondern ein redundanter Ausdruck ist, der bestimmte sprachtechnische Funktionen erfüllt.[20] Der Satz „es ist wahr, dass es regnet“ fügt dem Satz „es regnet“ nichts hinzu, der genau dann wahr ist, wenn es regnet. Wahre Aussagen sind demnach nichts anderes als assertorische Aussagen über die Wirklichkeit. Manche Schwierigkeiten der Korrespondenztheorie erweisen sich dann als rein sprach-

---

13 *James*, Der Wahrheitsbegriff des Pragmatismus, in: Skirbekk (Hrsg.), Wahrheitstheorien, 1977, S. 35, 40 f. = *ders.*, Pragmatism, 1907, S. 299.

14 *Russell*, A History of Western Philosophy, 1949, ch. 29 = bei Skirbekk (Fn. 13), S. 59 ff.

15 *Rorty*, DZPhil 1994, 975, 982 f.

16 *Habermas*, Wahrheitstheorien, in ders., Vorstudien und Ergänzungen des kommunikativen Handelns, 1984, S. 127, 136 ff.

17 Vgl. nur *Volk*, Wahrheit und materielles Recht im Strafprozess, 1980, S. 16 f.; *Hilgendorf*, GA 1993, 547, 554; *Kraatz* (Fn. 1), S. 273 f.

18 Vgl. *Poscher*, ARSP 89 (2003), 201, 205; s.a. *Damaška*, 49 Hastings L.J. 289, 294 f. (1997–98).

19 *Habermas*, Richtigkeit versus Wahrheit, in: ders., Wahrheit und Rechtfertigung, Frankfurt a.M. 1999, S. 286 ff.

20 Dazu *Poscher*, ARSP 89 (2003), 201, 205 ff. m. w. Nachw.

lich bedingte Verwirrung, als Kategorienfehler. Die deflationären Theorien sind freilich selbst nicht kriterial, können also nicht helfen zu bestimmen, ob eine Aussage wahr ist oder nicht.

Im Recht, im Prozessrecht und erst recht im Strafprozessrecht erscheint, wie erwähnt, „Wahrheit" *de lege lata* als Rechtsbegriff in einem alltagstheoretischen Verständnis in Form einer schlichten Korrespondenztheorie. Aber auch in der Rechtswissenschaft und *de lege ferenda* wird sich dieses Verständnis nicht durch eine der zahlreichen Theorien, die die Philosophie im Angebot hat, ablösen lassen, obwohl solche Vorschläge[21] öfters – namentlich zugunsten der *Habermas*schen Konsenstheorie – gemacht worden sind. So ist Kohärenz weder umfassend erzielbar noch überhaupt hinreichend; ein Nützlichkeitskriterium oder ein begrenzter Konsens sind ebenfalls ungeeignet, denn ein Strafurteil richtet sich an die Öffentlichkeit, deren Wahrheitsintuition bedient werden muss.[22] Deshalb schien allein der universelle Wahrheitsanspruch des unter idealen Bedingungen erlangten Konsenses in Betracht zu kommen; *Habermas* selbst hält freilich diesen Anspruch nicht mehr aufrecht und hat seine Theorie überdies nie auf die Schuldfeststellung im Strafverfahren übertragen, sondern für die Akzeptabilität von Urteilen genügen lassen, dass das Verfahrensrecht garantiere, dass möglichst alle relevanten Tatsachen zur Sprache kommen.[23]

Ebenso wenig wird es gelingen, den naiven Realismus, mit dem die Korrespondenztheorie gepaart ist, durch theoretisch vermeintlich überlegene Positionen zu ersetzen, denn skeptische, radikal-konstruktivistische oder sonstige antirealistische Ansätze sind zwar intellektuell reizvoll, aber für die Praxis des sozialen Lebens, mithin für das Rechtsleben, allesamt unbrauchbar,[24] weil diese Praxis die Perspektive ihrer Akteure, folglich die Alltagstheorien, integrieren muss, um funktionieren zu können.

II. Materielle, prozessuale oder formelle Wahrheit?

Geht es denn im Strafprozess wirklich um die Erforschung der Wahrheit oder ist dies nur, wie manche Kritiker meinen,[25] eine Chimäre, ein ideologisches Dogma, das mit der Realität nichts zu tun hat? Wenn von „materieller Wahrheit" die

---

21 Z.B. *Jahn*, GA 2004, 272, 279 f.; *Rottleuthner*, KJ 1971, 60 ff.; *Kamlah/Lorenzen*, Wahrheit und Wirklichkeit, in: Skirbekk (Fn. 13), S. 483 ff., *Grasnick*, FS 140 Jahre Goltdammer's Archiv, S. 55 ff.; *Jörn Kühl*, Prozeßgegenstand und Beweisthema im Strafverfahren, 1987, S. 223 ff.

22 Zutr. *Hörnle*, Rechtstheorie 35 (2004), 175, 184.

23 *Habermas*, Faktizität und Geltung, 1992, S. 289; s.a. *Hörnle*, Rechtstheorie 35 (2004), 175, 182 f.

24 *Hörnle*, Rechtstheorie 35 (2004), 175, 179 f.

25 *Schünemann*, FS Pfeiffer, 1988, S. 461, 475, 481, 482 f.

Rede ist, so ist die erkenntnistranszendente Wirklichkeit gemeint, die von menschlicher Erkenntnis unabhängige Realität.

In der Tat ist es zu bestreiten, dass es wirklich „die" Wahrheit ist, die im Strafprozess gesucht wird, und zwar nicht nur wegen der allgemeinen Grenzen menschlicher Erkenntnis oder besonderer methodischer Unzulänglichkeiten, auf die ich im Anschluss eingehe, sondern vor allem wegen bewusster Selbstbeschränkung der strafprozessualen Wahrheitssuche. Zwar ist die Arbeit des Strafrichters bisweilen mit der eines Historikers verglichen worden,[26] der sich bei der Aufklärung eines vergangenen Geschehens bemüht herauszufinden, „wie es wirklich gewesen ist", doch ist dieser Vergleich unzutreffend und zwar aus mehreren Gründen:

1) Die Wahrheitssuche des Strafgerichts erfolgt nicht um ihrer selbst willen, sondern ist interessegeleitet und daher asymmetrisch:[27] Nach der „Wahrheit" wird überhaupt nur gesucht, sofern eine belastende Rechtsfolge, also vor allem eine Verurteilung in Betracht kommt. Stellt sich heraus, dass sich die Voraussetzungen für eine Verurteilung nicht erweisen werden, wird die Wahrheitssuche abgebrochen. Nach üblicher Rechtslage wird freigesprochen, wer erwiesen unschuldig ist oder – häufiger – wer nicht erwiesen schuldig ist: *in dubio pro reo*. Ob der Angeklagte tatsächlich unschuldig ist, wird dann nicht mehr ermittelt, auch wenn das möglich wäre; mir ist keine Rechtsordnung bekannt, in der ein Anspruch auf Freispruch wegen erwiesener Unschuld bestünde.
2) Von einem vergangenen Geschehen interessieren im Strafprozess immer nur bestimmte Umstände, die für die Subsumtion unter das materielle Recht relevant sind. Es geht also nie um die „ganze Wahrheit", sondern um den stark gefilterten rechtlich relevanten Ausschnitt der Wirklichkeit. „Die materielle Wahrheit ist … die Wahrheit des materiellen Rechts" (*Volk*).[28]
3) Aber auch die subsumtionsrelevante Wirklichkeit kann nicht auf jede Art und Weise in das Verfahren eingeführt werden. Selbst in Rechtsordnungen wie der deutschen, wo es ein Verfassungsgebot des „bestmöglichen Beweises"[29] gibt, bedeutet das nicht, dass jedwede zuverlässige Informationsquelle benutzt werden dürfte; welche Informationsquellen wann wie benutzt werden können, regelt das jeweilige Beweisrecht. Zwar haben die Vorschriften des Beweisrechts regelmäßig den Zweck, die Wahrheitssuche zu fördern, doch können sie auch beschränkend wirken wie z.B. im deutschen Recht der *numerus clausus* der Beweismittel des Strengbeweises
4) Darüber hinaus gibt es in modernen Prozessrechten noch eine Fülle von Regeln, die bewirken können, dass sich ein verzerrtes und damit unwahres Bild

26 Zahlr. Nachw. bei Paulus, FS Spendel, 1992, S. 687, 689 Fn. 12.
27 Damaška, 49 Hastings L.J. 289, 305 f. (1997–98).
28 Volk, FS Salger, 1995, S. 411, 413; Damaška, 49 Hastings L.J. 289, 293 (1997–98).
29 BVerfGE 57, 250, 280; 70, 297, 308; 118, 212, 231.

der Wirklichkeit ergibt.[30] Der Grund dafür ist bekanntlich, dass die Wahrheitssuche mit anderen rechtlich geschützten Werten kollidieren kann und, wenn diese Werte höherrangig sind, dahinter zurücktreten muss. Dazu zählen die zahlreichen, auf unterschiedlichen Gründen beruhenden Beweisverbote, in Gestalt von Beweiserhebungsverboten und Beweisverwertungsverboten, die als Beweismittelverbote oder Beweisthemenverbote begegnen können. Manche Verbote sind prozessintern motiviert und dienen dazu, unzuverlässige Beweismittel auszuschließen, was heute freilich eher selten ist, andere sind prozessextern begründet und dienen so verschiedenen Zielen wie dem Schutz von Grundrechten, Staatsgeheimnissen oder auch der Disziplinierung der Strafverfolgungsbehörden – wie die *exclusionary rule* im amerikanischen Recht. Dabei ist es keineswegs so, dass das sich daraus ergebende unwahre Bild immer günstig für den Angeklagten wäre – beispielsweise kann die Ausübung des Zeugnisverweigerungsrechts eines Ehegatten auch dazu führen, dass das Gericht entlastende Umstände nicht erfährt. Zu beobachten ist allerdings, dass Gerichte oftmals bestrebt sind, Beweisverbote eng auszulegen oder ganz zu umgehen, um die Einbuße der Wahrheitsfindung gering zu halten.

5) Schließlich darf nicht übersehen werden, dass die justizielle Wahrheitssuche unter den Bedingungen der Knappheit, sprich begrenzter staatlicher Ressourcen, steht. Schon die polizeilichen Ermittlungen können nicht bei jedem Fall den maximalen Aufwand treiben, wenn jedes Jahr Millionen von Fällen zu untersuchen sind. Daher wird gewichtet: bei schwerer Kriminalität – wie Tötungsdelikten – wird die Wahrheitssuche intensiv betrieben, bei massenhaften Bagatelldelikten nur oberflächlich – wie in summarischen Verfahren[31] – oder gar nicht – wie beim Fahrraddiebstahl.

Angesichts dessen ist es durchaus richtig, wenn gesagt wird, dass die Version der Wirklichkeit, die ein Strafgericht einer Verurteilung zugrunde legt, besser als „prozessuale" oder „forensische" Wahrheit zu bezeichnen ist, die nach den Regeln des Strafprozessrechts hergestellt wird.[32] Denn wenn man schlicht von „Erforschung der materiellen Wahrheit" spricht, dann bleibt damit etwas Wesentliches ungesagt, nämlich dass diese „Erforschung" ein minutiös geregeltes Verfahren ist, das vielfältigen Aspekten neben der Wahrheitssuche Rechnung trägt. Es kommt eben nicht allein darauf an, dass ein Urteil wahr ist, egal wie es zustande kam, sondern maßgebend ist, dass es in rechtmäßiger, rechtsstaatlicher

---

30 Siehe nur Volk (Fn. 17), S. 9; Weigend, 26 Harv. J.L. & Pub. Pol'y 157, 167 ff. (2003).

31 Zutr. *Volk*, FS Salger, S. 411, 418: die Strafbefehlswahrheit sei eine andere als die Schwurgerichtswahrheit.

32 Eingehend *Paulus*, FS Spendel, S. 687, 688 ff.; *Volk*, FS Salger, S. 411, 412 ff.; *Kühne*, GA 2008, 361 ff.; ebenso *Weigend*, 26 Harv. J.L. & Pub. Pol'y 157, 170 (2003); s.a. *Spendel*, JuS 1964, 465, 467; krit. *Kraatz* (Fn. 1), S. 267 ff., 275; abl. *Gössel*, Ermittlung oder Herstellung von Wahrheit im Strafprozeß?, 2000, S. 14 ff.

Weise erging. Richtig ist aber auch, dass die so hergestellte prozessuale Wahrheit beansprucht, in wesentlichen Punkten zutreffende Aussagen über die Realität zu machen, also der materiellen Wahrheit zu entsprechen. Dass einem Strafprozessrecht ein erkenntnistranszendenter Wahrheitsbegriff zugrunde liegt, wird deutlich an Möglichkeiten der Rechtskraftdurchbrechung nach Entdeckung neuer Beweismittel wie der Wiederaufnahme *(révision/revision) propter nova.*

Da die „prozessuale" Wahrheit dadurch gekennzeichnet ist, dass die materielle Wahrheit nicht durch jedes geeignete Mittel, sondern nur in einem streng geordneten förmlichen Verfahren festgestellt wird, könnte man sie auch „formelle Wahrheit" nennen.[33] Unter dem Begriff „formelle Wahrheit" wird allerdings, jedenfalls in der deutschen Prozessrechtslehre, etwas anderes verstanden, nämlich eine „Wahrheit" im Sinne einer epistemischen, pragmatischen Wahrheitstheorie, die durch die Einigung der Prozessparteien zustande kommt wie zum Beispiel im deutschen Zivilprozess, wo die Parteien sowohl über den Verfahrensgegenstand – ein Rechtsverhältnis – als auch über dessen Beweis disponieren dürfen, so dass das Zivilgericht sogar ein unwahres Geständnis als wahr akzeptieren muss (§ 288 ZPO).

Kein mir bekanntes Strafprozessrecht lässt im normalen Strafverfahren eine solche bloß formelle Wahrheit genügen. Das gilt, entgegen manchen irrigen Annahmen in der deutschen Wissenschaft, auch für die Prozessrechte des Common Law-Raums, die für sich ebenfalls die Suche nach der materiellen Wahrheit als Prinzip reklamieren.[34] In der Gegenwart kennen allerdings immer mehr Länder konsensuale Erledigungsformen auch im Strafprozess, für die ein Anspruch auf materielle Wahrheit schwer zu erheben ist und mitunter auch gar nicht erhoben wird wie beim amerikanischen *plea bargaining*, das als Prototyp prozessbeendender Absprachen gelten kann. Ein Rückschluss von diesen relativ jungen[35] Degenerationserscheinungen des Normalverfahrens auf die Grundorientierung eines Prozessrechts wäre allerdings voreilig. So liegen nämlich, anders als viel-

33 Vgl. Volk, FS Salger, S. 411, 412.

34 Vgl. nur Lord Denning in Jones v. National Coal Board, [1957] Q.B. 55, 63; Williams v. Florida, 399 U.S. 78, 82 (1970); Tehan v. United States ex rel. Shott, 382 U.S. 406, 416; 86 S.Ct. 459; 15 L.Ed.2d 453 (1966); Stovall v. Denno, 388 U.S. 293, 297 f.; 87 S.Ct. 1967; 18 L.Ed.2d 1199 (1967) („the basic purpose of a trial is the determination of truth"); LaFave/Israel, Criminal Procedure, 2nd ed. 1992, § 1.6(a); Damaška, 49 Hastings L.J. 289, 301 ff. (1997–98); zutr. Ransiek, ZIS 2008 116 m.w.N.; Rosenau, FS Puppe, 2011, S. 1597, 1618 = ders., Die Absprachen im deutschen Strafverfahren, in: Rosenau/Kim (Hrsg.), Straftheorie und Strafgerechtigkeit. Deutsch-Japanischer Strafrechtsdialog, 2010, S. 45, 56 Fn. 75; Weigend, Bedenken gegen das Dealen. Auch eine rechtsvergleichende Betrachtung, in: Goldbach (Hrsg.), Der Deal mit dem Recht. Absprachen im Strafprozess, 2004, S. 37, 45 f.; Cramer, FS Rebmann, S. 145, 156; Volk, FS Salger, S. 411, 416; mißverständl. Trüg/Kerner, FS Böttcher, S. 191, 196 f., 198.

35 Umfangr. Nachw. bei Löwe/Rosenberg/Stuckenberg, 26. Aufl. 2013, § 257c Rn. 2 Fn. 16.

fach angenommen wird,[36] Schuldanerkenntnisse nebst Verständigungen über das Ergebnis keineswegs „in der Logik" des anglo-amerikanischen Strafprozesses, sondern sind in ihm, weil der dortige Strafprozess sich nie von der Grundstruktur des Zivilprozesses emanzipiert und der Herausbildung der öffentlichen Strafe angepasst hat, nur ohne weiteres integrierbar. Eine *guilty plea* ist im übrigen ein prozessuales Anerkenntnis und kein Geständnis, wie daran deutlich wird, dass sie von einer Unschuldsbeteuerung begleitet sein kann (sog. *Alford plea*[37]), so dass es sich um eine Verfügung über den Prozessgegenstand und nicht über die Beweislage handelt, weshalb hier von „formeller Wahrheit" nicht die Rede sein kann.

III. Methoden der Wahrheitserforschung im Strafverfahren

Damit ein Urteil den Anspruch erheben kann, auf einer materiell wahren Tatsachengrundlage zu beruhen, muss das Beweisverfahren so gestaltet sein, dass es zur Wahrheitserkenntnis geeignet ist. Wie zuvor gesagt, enthält die Korrespondenztheorie keine Wahrheitskriterien. Wahrheit lässt sich daher nicht durch Regelanwendung erzeugen, Regeln können aber nützlich sein, um Irrtümer zu vermeiden und den Wahrheitsanspruch plausibel zu machen. Denn forensische Wahrheit hat stets auch eine pragmatische Dimension, d.h. das als wahr behauptete Verfahrensergebnis muss in einer Weise hergestellt und ggf. begründet werden, dass sie die Zustimmung sowohl der Verfahrensbeteiligten als auch der Öffentlichkeit finden kann. Das Beweisverfahren muss daher den Rationalitätsvorstellungen der jeweiligen Gesellschaft und der jeweiligen Zeit genügen. Verbürgten in früherer Zeit Orakelbefragung oder Gottesurteil die Richtigkeit, so geben heute die empirischen Wissenschaften den Maßstab vor.

Nach dem heute wohl verbreitesten Grundmuster der Verfahrensgestaltung findet die Wahrheitssuche in einer gerichtlichen Verhandlung im Beisein von Ankläger und Angeklagtem öffentlich statt; vorherige polizeiliche und staatsan-

36 Z.B. von Schünemann, Wetterzeichen vom Untergang der deutschen Rechtskultur – Die Urteilsabsprachen im Strafprozess als Abgesang auf die Gesetzesbindung der Justiz und den Beruf unserer Zeit zur Gesetzgebung, 2005, S. 22; Trüg/Kerner, FS Böttcher, S. 191, 204 ff. m.w.N.

37 Nach North Carolina v. Alford, 400 U.S. 25, 28 ff.; 91 S.Ct. 160; 27 L.Ed.2nd 162 (1970), dazu Schumann, Der Handel mit Gerechtigkeit, 1977, S. 169 ff.; Ransiek, ZIS 2008, 116, 121; Weigend, Absprachen in ausländischen Strafverfahren, 1990, S. 70; Gooch, 63 Vand.L.Rev. 1755 ff. (2010); Bibas, 88 Cornell L.Rev. 1361 ff. (2003). Alford bekannte sich eines Totschlags schuldig, um dem Risiko der Todesstrafe zu entgehen, falls die Jury ihn des angeklagten Mordes für schuldig befinden sollte, bestritt aber, die Tat überhaupt begangen zu haben.

waltliche Ermittlungen haben nur vorbereitenden Charakter und sind zumeist nicht ohne weiteres verwertbar, obgleich ihre Resultate oft maßgeblichen Einfluss behalten. Über die geeignetste Gestaltung des Ablaufs der Hauptverhandlung gehen die Vorstellungen auseinander,[38] namentlich zwischen den Traditionslinien des kontinental-europäischen, in der Neuzeit vor allem vom französischen Recht geprägten Inquisitionsprozesses und dem adversatorischen *(adversarial)* Prozessmodell des Common Law-Raums.

Unterschiedlich sind bekanntlich schon die Vorstellungen, wer am geeignetsten ist, die wahrheitsfähige Aussage über die subsumtionsrelevanten Tatsachen zu machen, wer also der „*finder of fact*" sein soll: juristisch ausgebildete Berufsrichter oder *ad hoc* versammelte Laien? In die Entscheidung für oder gegen ein Berufsrichter- oder Geschworenensystem spielen noch andere Gesichtspunkte hinein wie demokratische Legitimation, Misstrauen gegen staatliche Amtsträger oder Volkserziehung, wesentlich ist aber, wem man das bessere Urteilsvermögen zutraut. Befürworter der Jury weisen auf den unverbildeten gesunden Menschenverstand der Laien hin, deren große Zahl (12) und Einsatzbereitschaft die bestmögliche Beweiswürdigung eröffne, während Berufsrichter eine durch Routine verzerrte Wahrnehmung aufwiesen[39] und eher faul[40] als engagiert wären. Kritiker entgegnen,[41] Geschworene seien leicht manipulierbar, womöglich desinteressiert, urteilten emotional oder sonst unsachlich, seien von komplexen Sachverhalten überfordert, während Berufsrichter aufgrund ihrer Erfahrung und professionellen Distanz Beweise besser würdigen könnten; da der Wahrspruch der Geschworenen üblicherweise nicht begründet wird, sei zudem eine Überprüfung seiner Rationalität nicht möglich. Eine begründete Entscheidung ist zwischen beiden Systemen schwer zu treffen, weil die Möglichkeit empirischer Vergleiche fehlt. Zu untersuchen wäre dabei nicht nur das Funktionieren unter idealen Bedingungen mit unbegrenzten Ressourcen von Zeit und Geld, sondern vor allem die alltägliche Routine, die allerdings im angloamerikanischen Rechtsraum kaum noch stattfindet, weil *jury trials* so aufwendig geworden sind, dass etwa 99% aller Verfahren anderweitig, vor allem im Wege des *plea bargaining* erledigt werden. Zu fragen wäre ferner, ob das Funktionieren einzelner Verfahrenselemente wie der Laienbeteiligung von einem bestimmten kulturellen Kontext abhängt, so dass sie vielleicht gar nicht exportfähig wären.

Der Systemunterschied setzt sich fort bei der Weise, wie das Beweismaterial erhoben wird, was möglichst umfassend geschehen sollte, um sicherzugehen,

---

38 Krit. *Damaška*, Evidence Law Adrift, 1997, S. 74 ff.; *Weigend*, 26 Harv.J.L. & Pub. Pol'y 157, 158 ff. (2003).

39 Dazu *Schünemann*, FS Pfeiffer, 1988, S. 461, 475 ff.

40 Vgl. *Walpin*, 26 Harv.J.L. & Pub. Pol'y 175, 181 Fn. 16 (2003) mit Zitat von *Langbein*: „lazy bureaucrat".

41 Statt vieler *Weigend*, 26 Harv.J.L. & Pub. Pol'y 157, 164 ff. (2003).

dass kein relevanter Teil der Realität unerkannt bleibt: Entweder leitet das Gericht selbst die Beweisaufnahme oder sie wird den Parteien überlassen, während das Gericht passiv bleibt. Wie bei der Jury ist es fast schon eine Glaubensfrage, welche Methode man für geeigneter hält, um die Wahrheit zu finden: den objektiven inquirierenden Richter oder den Streit der Parteien, die jeweils ihre Interessen verfolgen und dadurch, wie von der unsichtbaren Hand des Marktes geleitet, ein objektiv optimales Ergebnis erzielen sollen. Beide Methoden haben Vorzüge und Schwächen. Wer Amtsträgern grundsätzlich misstraut, wird vom Einwand, dass im Parteiprozess schlechte Verteidiger der Wahrheitssuche mehr schaden können als im Inquisitionsprozess, nicht beeindruckt sein, sondern das Kreuzverhör für die größte juristische Erfindung aller Zeiten[42] halten. Wer den Kräften des Marktes misstraut, wird beim adversatorischen System bemerken, dass unter Umständen beide Seiten ein Interesse haben mögen, die Wahrheit zu verschweigen, z.B. die Schuldunfähigkeit des Angeklagten.[43] Unter idealen Bedingungen ist das adversatorische Prozedieren, wie an den internationalen Strafgerichten für Jugoslawien und Ruanda zu ersehen ist, wohl deutlich zeit- und kostenintensiver. Wird vor einer Jury verhandelt, erscheint ein hochdifferenziertes Regelsystem wie das *law of evidence* ratsam, um Manipulationen der Laienrichter durch die Prozessparteien einzudämmen. Aber auch inquisitorische Verfahrensordnungen kennen Regeln, die auf Annahmen über die Beweismittelqualität beruhen wie etwa das deutsche Prinzip der Unmittelbarkeit.

Sind alle für erheblich gehaltenen und verfügbaren Beweise erhoben, so hängt es noch von der Art der Beweiswürdigung und dem zu erfüllenden Beweismaß ab, ob die Wahrheit gefunden wird. Frühere Zeiten haben bekanntlich auf verbindliche Beweisregeln vertraut, deren Befolgung die Richtigkeit der Urteile garantieren sollte, angefangen vom biblischen Gebot zweier Zeugen[44] bis hin zur komplexen Legalbeweistheorie des gemeinen Rechts *(ius commune)*. Dieses System hat sich als zu starr erwiesen, zudem kann es gar nicht so viele Regeln geben wie verschiedenartige Fälle zu entscheiden sind.[45] Seit dem 19. Jahrhundert setzt auch der kontinentale Prozess auf die *freie Beweiswürdigung*, die allerdings nur frei von positiven oder negativen Beweisregeln ist und natürlich an die Gesetze der Logik sowie wissenschaftliche Erkenntnisse und Erfahrungssätze gebunden bleibt. An die Stelle verbindlicher Regeln über den Beweiswert musste eine Vorgabe für das *Beweismaß* treten, das als innere Überzeugung, *conviction intime*, fixiert wurde, die heutzutage im deutschen Recht nicht mehr als rein subjektives Evidenzerlebnis begriffen wird, sondern intersubjektiv nachvollziehbar sein muss. In der Sache entspricht dem die traditionelle Formel des Common Law vom *„proof beyond reasonable*

42 So *Wigmore*, Evidence in Trials at Common Law, 4th ed. 1974, vol. 5, § 1367.

43 Beispiel von *Weigend*, 26 Harv.J.L. & Pub. Pol'y 157, 171 (2003).

44 5. Mose 17, 6; 19, 15; s.a. Art. 22, 67 CCC.

45 *von Savigny*, GA 6 (1858), 469, 485 f.

doubt". Beide Maßangaben sind jeweils Maximalanforderungen – denn im Zivilprozess wird mitunter weniger verlangt, etwa nur eine überwiegende Wahrscheinlichkeit, *preponderance of evidence* – und drücken den Anspruch des so gefundenen Urteils auf materielle Wahrheit aus, denn die über jedem Zweifel stehende Gewissheit ist geradezu, so beim Rationalisten *Descartes*,[46] das Definiens der Wahrheit: Nur die Wahrheit lässt sich vernünftigerweise nicht mehr bezweifeln.

Kann die materielle Wahrheit im Strafprozess mit diesen Methoden gefunden werden? Möglicherweise, aber es gibt nicht einmal ein Kriterium, dies festzustellen. Trotz des transzendenten Anspruchs bleibt die „Wahrheitserforschung" letztlich ein pragmatisches Unterfangen, d.h. alles, was möglich – und dann auch zufriedenstellend – ist, ist der nach dem Urteil der jeweiligen Rechtsgemeinschaft bestmögliche Versuch, Aussagen über die Wirklichkeit zu machen.

IV. Wahrheit als Ziel des Strafverfahrens?

Das Strafverfahren dient dazu, eine Entscheidung über die Anwendbarkeit materieller Strafnormen zu treffen, also ob und wie jemand zu bestrafen ist. Soweit dazu eine assertorische Aussage über die Wirklichkeit erforderlich ist – das ist heute nur bei der Verurteilung der Fall –, muss die „Wahrheit" erforscht werden. Folglich ist die Erforschung der Wahrheit für sich allein genommen kein Ziel des Strafprozesses, sondern ein unter Umständen notwendiger Zwischenschritt.[47] Wenn öfters gesagt wird, Ziel des Strafverfahrens sei ein gerechtes Urteil, und Wahrheit sei die Voraussetzung für ein gerechtes Urteil,[48] so heißt das nichts anders, als dass die Verhängung der Rechtsfolgen des materiellen Strafrechts auf einer zutreffenden, d.h. „wahren" Aussage über die Wirklichkeit beruhen muss. „Gerecht" ist ein Urteil im rechtsstaatlichen Sinne dann, wenn die Normen des materiellen Rechts und des Prozessrechts richtig angewendet wurden, wozu auch die wahre Feststellung gehört, dass ihre Anwendungsbedingungen vorliegen.

---

46 *Descartes*, Discours de la méthode pour bien conduire sa raison et chercher la vérité dans les sciences, 1637, zit. nach Adam/Tannery [AT], Œuvres de Descartes, 1897–1913, AT VI, 31 ff., und eingehend in den Meditationes de prima philosophia, 1641, AT VII.

47 Ebenso *Weigend*, 26 Harv.J.L. & Pub. Pol'y 157, 169 (2003); *Volk*, FS Salger, S. 411, 415; *Radtke*, GA 2012, 187 f.

48 Dazu *Müller-Dietz*, Z.f.evangel.Ethik 1971, 257, 260 ff.; *Volk*, FS Salger, S. 411, 412, 416 ff.; *Hörnle*, Rechtstheorie 35 (2004), 175, 177 Fn. 8 m. w. Nachw.; *Hassemer*, Prozeduralisierung, Wahrheit und Gerechtigkeit, in: ders., Erscheinungsformen des modernen Rechts, 2007, S. 153, 155; krit. *Krauß*, FS Schaffstein, 1975, S. 411, 422 ff.

Die materielle Wahrheit dient somit als Legitimationsgrundlage für verurteilende Erkenntnisse – bislang jedenfalls. Denn die Wahrheitssuche kommt zunehmend außer Gebrauch, weil sie der Justizpraxis und der willfährigen Rechtspolitik im Europa der letzten beiden Jahrzehnte als zu anstrengend, zu zeitaufwendig und zu kostspielig erscheint. Als attraktive Alternativen stehen daher schnelle und billige Verfahrensformen hoch im Kurs, die am besten allen Beteiligten Vorteile bieten. Schnell und billig ist die Wahrheit jedoch nicht zu haben, so dass die Frage unausweichlich wird, ob Wahrheit als Legitimationsgrundlage für Strafrechtsfolgen ersetzt werden kann etwa durch eine Vereinbarung, den Konsens der Beteiligten,[49] was z.B. die italienische Verfassung[50] ausdrücklich anerkennt. Teilweise hat man mit Verweis auf die Konsenstheorien versucht zu zeigen, dass die Wahrheit ja gar nicht ersetzt würde, doch überzeugt dies nicht, weil, wie zuvor gesagt, Konsens kein Kriterium für Wahrheit ist, noch viel weniger bei einer Urteilsabsprache als in der Philosophie. Meines Erachtens – und ich kann dies hier nur noch andeuten und nicht mehr ausführlich darlegen – ist Konsens, genauer die Zustimmung des Angeklagten, als Grundlage für den staatlichen Strafeingriff untauglich.[51] Dies liegt nicht zuletzt an der Funktion der Wahrheit, wie sie *Niklas Luhmann* beschrieben hat:[52] Wahrheit leistet Vorstellungsübertragung aufgrund intersubjektiv zwingender Gewissheit; sie engagiert den Menschen „als Menschen", d.h. der Wahrheit folgt man ohne besondere Motive – wie Sympathie für den Entscheider, Anerkennung von Macht usw. – bloß wegen des „Soseins der Welt"; folglich kann man gegen Wahrheit „nicht sinnvoll rebellieren", man kann sie nicht leugnen, ohne seiner Meinung jede soziale Relevanz zu nehmen, d.h. wer die Wahrheit leugnet, macht sich lächerlich. Mit anderen Worten: Wahrheit liefert die stärkste, bestmögliche Rechtfertigung für eine Entscheidung. Umgekehrt bedarf es daher zusätzlicher Gründe, um eine Entscheidung zu akzeptieren, die nicht auf Wahrheit beruht; die bloße übereinstimmende Willkür der Verfahrensbeteiligten ist jedenfalls für die Öffentlichkeit wohl kein zureichender Grund, ein Urteil zu akzeptieren.

---

49 So etwa *Easterbrook*, 12 J. Legal Stud. 289, 297 (1983); zum deutschen Recht *Herrmann*, JuS 1999, 1162, 1167; *Gallandi*, MDR 1987, 801, 802; *ders.*, NStZ 1987, 419, 420; *Ignor*, FS BRAK, S. 321, 332 f.; *Jahn*, GA 2004, 272 ff.; *ders.*, ZStW 118 (2006), 427, 441 ff.; *Jahn/Müller*, JA 2006, 681, 685 f.; s.a. *Lüderssen*, StV 1990, 415 ff., 419; *ders.*, FS Fezer, S. 531 ff.; *Satzger*, StraFo 2006, 42, 48 f.; *Schünemann*, FS Pfeiffer, S. 461, 481 ff.; *Weichbrodt*, Das Konsensprinzip strafprozessualer Absprachen, 2006, S. 75 ff., 113 f.; w. Nachw. bei *Trüg*, ZStW 102 (2008), 331, 339 f., 371.

50 Costituzione italiana, Art. 111 Abs. 5 („La legge regola i casi in cui la formazione della prova non ha luogo in contraddittorio per consenso dell'imputato o per accertata impossibilità di natura oggettiva o per effetto di provata condotta illecita."), dazu *Orlandi*, ZStW 116 (2004), 120, 121 f.

51 Dazu Löwe/Rosenberg/*Stuckenberg*, § 257c Rn. 9 m. w. Nachw. in Fn. 100.

52 *Luhmann*, Legitimation durch Verfahren, 3. Aufl. 1978, S. 22 ff.

Es kommt noch etwas hinzu: Die Normen des materiellen Strafrechts sind als Konditionale in der Weise formuliert, dass ihre Anwendung bedingt ist durch bestimmte Aussagen über die Realität, also bestimmte wahre Aussagen. Wenn es üblich wird, Strafen zu verhängen ohne Wahrheitsbehauptung, dann wird auch nicht behauptet, dass die Anwendungsbedingungen der Norm vorliegen, d.h. ihre Anwendung wird willkürlich. Wenn es auf die Realität nicht mehr ankommt, nicht mehr darauf, was der Angeklagte getan hat oder nicht, dann verlieren die Strafnormen in ihrer herkömmlichen Fassung ihren Sinn und womöglich irgendwann auch ihre Akzeptanz.

Mir scheint daher, dass es im Strafprozess – gleichgültig in welchem Prozessmodell,[53] ob inquisitorisch oder adversatorisch – ohne ein ernsthaftes Bemühen um die materielle Wahrheit nicht geht.

---

53 Ebenso *Weigend*, 26 Harv. J.L. & Pub. Pol'y 157, 173 (2003); *Löffelmann* (Fn. 1), S. 101 u. ff. m. w. Nachw.

Einfluss der gerichtlichen Kontrolle auf ein Strafprozessmodell

Leonid Golovko

I. Begriff der „gerichtlichen Kontrolle“: Auf der Suche nach einer terminologischen Rekonstruktion

Bereits die erste Schwierigkeit, auf die wir bei unseren Versuchen stoßen, den hypothetischen Einfluss der Gerichtskontrolle auf das Strafprozessmodell zu erforschen, ist mit der rechtsvergleichenden Unbestimmtheit und Vieldeutigkeit des eigentlichen Begriffs „gerichtliche Kontrolle“ verbunden. Sogar eine flüchtige Analyse zeigt sofort, dass dieser Begriff in verschiedenen Staaten in den unterschiedlichsten Bedeutungen gebraucht wird, die ihrem Sinn nach manchmal gar nichts Gemeinsames haben.

So bedeutet in Frankreich der Begriff „gerichtliche Kontrolle“ *(contrôle judiciaire)* eine Gesamtheit von Maßregeln, die eine Alternative zur Untersuchungshaft darstellen und vorsehen, dass der Beschuldigte freigelassen wird, vorausgesetzt, er erfüllt bestimmte Auflagen oder Weisungen (er darf beispielsweise seinen Wohnort nicht verlassen, soll seinen Reisepass abgeben, vom Autofahren absehen u.a.m.). Dieses Institut, das eine entsprechende Bezeichnung erhielt, wurde in Frankreich durch das Gesetz vom 17. Juli 1970[1] eingeführt und ist heute in Art. 138-142-4 der geltenden StPO vorgesehen. Dabei ist die Herkunft der französischen Bezeichnung *contrôle judiciaire* mit keinen tiefgehenden theoretischen Forschungen verbunden. Hier ist alles viel einfacher. Wie im Erklärungsschreiben zum Gesetz vom 1. Juli 1970 über die Aufnahme von Ergänzungen in die französische StPO betont wurde, hatten bisher dem Ermittlungsrichter nur zwei Varianten zur Wahl gestanden: „Den Beschuldigten festzunehmen oder ihn ohne jegliche *Kontrolle* freizulassen ...“ (hervorgehoben von mir – L.G.)[2]. Das Gesetz vom 17. Juli 1970 gewährte ihm eine dritte Möglichkeit, um die Kontrolle über den Beschuldigten auszuüben, ohne ihn festzunehmen, indem im Gesetz die Gesamtheit der entsprechenden Maßregeln „gerichtliche Kontrolle“ genannt wurde, das heißt *Kontrolle* seitens des Ermittlungsrichters über das Verhalten des freigelassenen Beschuldigten.

Der amerikanische Begriff der „gerichtlichen Kontrolle“ *(judicial review)* steht nicht nur in keinerlei Beziehung zum französischen Begriff, sondern geht weit über den Rahmen der strafprozessualen Problematik *stricto sensu* hinaus,

---

1 Ausführlicher dazu: *Pradel J.* Procédure pénale. 15 éd. Paris. Cujas. 2010. P. 593 – 602.

2 http://www.senat.fr/rap/197-312/197-312.html

weil er einer der fundamentalen Grundsätze der Regelung auf Verfassungsebene ist. Die Rede ist von der auf den legendären Beschluss des Obersten Gerichtshofs der Vereinigten Staaten *(Supreme Court)* im Fall *Marbyry v. Madison*[3] zurückgehenden verfassungsrechtlichen Doktrin, der zufolge jeder Richter, der in einem Einzelfall verhandelt (sei es ein Straf-, Zivil- oder ein anderer Fall) und zu dem Schluss kommt, dass eine gesetzgebende oder untergesetzliche Norm der Verfassung der USA widerspreche, angehalten wird, diese Norm als verfassungswidrig zu erklären und nur aufgrund der Verfassung zu judizieren. Seitdem ist der Begriff *judicial review* zu einem der Wahrzeichen des US-amerikanischen Rechtssystems geworden. Bei aller Flexibilität dieses Begriffs, die es erlaubt, immer neue Ansätze zu seiner dogmatischen Interpretation zu finden[4], ist es absolut offensichtlich, dass er in der Sprache der europäischen kontinentalen Rechtssysteme eine „Verfassungskontrolle *in concreto*" bedeutet, die als solche in dieser Forschung für uns nicht von Interesse ist. Wichtig ist nur, dass zwischen dem französischen *contrôle judiciaire* und dem US-amerikanischen *judicial review* nicht die geringste terminologische, historische oder theoretische Beziehung besteht, die uns ermöglichen würde, diese Begriffe in einem einheitlichen strafprozessualen Koordinatensystem zu besprechen.

Steht der russische Begriff *„gerichtliche Kontrolle"*, die heute faktisch im ganzen postsowjetischen Raum allgemein anerkannt ist[5], in irgendeiner Beziehung zu dem französischen *contrôle judiciaire* oder dem US-amerikanischen *judicial review?* Die Frage muss verneint werden, es entsteht hier also noch eine (wenigstens schon eine dritte) dogmatische Variante der Anwendung des Begriffs „gerichtliche Kontrolle", die auch auf einer rein dogmatischen Ebene existiert. Der französische Begriff *contrôle judiciaire* hat mit der russischen „gerichtlichen Kontrolle" nur gemeinsam, dass in den beiden Fällen die Rede von relativ neuen *strafprozessualen* Instituten ist, obwohl zwischen der vom Gericht ausgeübten Kontrolle über die Handlungen und Entscheidungen des Ermittlers, des Untersuchungsführers und des Staatsanwalts in Form einer *a priori*-Entscheidung über die Vornahme der Rechte der Persönlichkeit beschränkenden Handlungen und in Form der *a posteriori*-Prüfung von Beschwerden gegen ihre Entscheidungen (russische Variante) einerseits und der Gesamtheit der nicht mit der Festnahme bzw. Haft verbundenen Maßregeln (französische Variante) andererseits gar nichts Gemeinsames besteht. Mit dem amerikanischen *judicial review* wird die russische „gerichtliche Kontrolle" dadurch verbunden, dass das Gericht in beiden Fällen über die Verfassungswerte wacht, aber zwischen dem freien gesamtrechtlichen Konzept der verfassungsmäßigen Normenkontrolle

---

3 5 U. S. (1 Cranch) 137 (1803).

4 Vgl. u.a.: *Rosenkranz N. Q*. The Subjects of the Constitution // Stanford Law Review. Vol. 62. Issue 5 (2010). P. 1210.

5 Vgl. u.a.: *Аветисян А. Г.* Проблемы судебного контроля за досудебным производством. Ереван. Издательство ЕГУ. 2010.

(amerikanische Variante) einerseits und dem relativ eng verfassten strafprozessualen Konzept des Rechtsschutzes der Persönlichkeit im Vorverfahren (russische Variante) andererseits wiederum nichts Gemeinsames besteht.

Die nahe liegende Vermutung, dass der russische Begriff „die gerichtliche Kontrolle“ eine einfache Übersetzung aus einer Fremdsprache (am ehesten eine Übersetzung des englischen oder, wenn man so will, des anglo-amerikanischen Begriffs *judicial review)* sei, erweist sich deshalb bei aller fast sicheren Offensichtlichkeit dieser Vermutung, wenn man berücksichtigt, dass US-amerikanische Begriffe und Institute weltweit in Mode sind, in Wirklichkeit doch als fehlerhaft. Unterstellen wir, dass M. Langer, wenn er in seinen rechtsvergleichenden Werken das *judicial review* unter anderen lehrbuchähnlichen Beispielen von amerikanischen Konzepten und Instituten nennt, die einen globalen Einfluss auf viele gegenwärtige Rechtsordnungen ausüben[6], keinesfalls die russisch-postsowjetische Theorie der „gerichtlichen Kontrolle“ meint, sondern die verfassungsmäßige Kontrolle seitens sämtlicher in normalen Zivil- und Strafsachen entscheidenden Richter, die im postsowjetischen Raum kaum verbreitet ist. Mit anderen Worten stellen die postsowjetischen Staaten einschließlich Russland denjenigen Rechtsraum, in dem das amerikanische Konzept des *judicial review* keine praktische Entwicklung erfahren hat, jedenfalls zum jetzigen Zeitpunkt, obwohl die Lehre über die gerichtliche Kontrolle unter einem ganz anderen Aspekt sehr intensiv entwickelt wird (in Bezug auf das Vorverfahren als vorgerichtlicher Teil des Strafprozesses). Und noch mehr: Die Verwendung des Begriffes *judicial review* in diversen englischsprachigen Empfehlungsdokumenten internationaler Institutionen in Bezug auf den postsowjetischen Strafprozess[7], mithin seine Verwendung in genau demselben Kontext, in dem der russischsprachige Begriff *„gerichtliche Kontrolle“* gebraucht wird, ist nichts anderes als eine Rückübersetzung aus dem Russischen ins Englische, die in keinerlei Beziehung zu dem authentischen *judicial review* im Geiste der US-amerikanischen Doktrin der Verfassungskontrolle steht.

In einer solchen Situation sollte eine begriffliche Rekonstruktion des russisch-postsowjetischen Begriffs „gerichtliche Kontrolle im Strafprozess“ mit Hilfe nicht der rechtsvergleichenden, sondern der historischen Methode vorgenommen werden, also unter Berücksichtigung der dogmatischen Evolution des sowjetischen und des russischen Rechts. Unser Ziel ist aber nicht festzustellen, wer als erster und in welcher Arbeit etc. den Begriff „gerichtliche Kontrolle“ in

---

6 *Langer M.* From Legal Transplants to Legal Translations: The Globalization of Plea Bargaining and the Americanization Thesis in Criminal Procedure // Harvard International Law Journal. Vol. 45. Number 1 (2004). P. 1 – 2.

7 Vgl. u.a.: Final Report. Trial Monitoring Project in Armenia (April 2008 – July 2009). ODIHR OSCE. Warsaw. 8 March 2010. P. 13 (http://www.osce.org/odihr/41695); III Expert Forum on Criminal Justice for Central Asia. Final Report. ODIHR OSCE. 17 - 18 June 2010. Dushanbe, Tajikistan. P. 4 (http://www.osce.org/odihr/81134).

dem Sinne, in dem er heute in Bezug auf die vorgerichtlichen Teile des Strafprozesses gebraucht wird, zum ersten Mal in der russischen strafprozessualen Wissenschaft gebraucht hat.[8] Nach unserer Ansicht ist die zur echten „dogmatischen Blütezeit" gewordene weite Verbreitung dieses Begriffs in den 1990er Jahren, wonach dieser Begriff einen festen Platz im wissenschaftlichen Verkehr einnahm und in die Lehrbücher aufgenommen wurde, mit der Annahme des durch den Beschluss des Plenums des Obersten Sowjets der RSFSR vom 24. Oktober 1991 bestätigten „Konzepts der Justizreform in der Russischen Föderation" verbunden. Bekanntlich hieß es in diesem Dokument: „Die Funktionen des Verwaltungs- bzw. Staatsanwaltszwangs zur Erfüllung der prozessualen Pflichten und Einhaltung der Gesetze … sind durch *die gerichtliche Kontrolle* (hervorgehoben von dem Verfasser des Konzepts – L.G.) zu ersetzen, die eine reale Adversarität in diesen Phasen sicherstellen wird …".[9] Überdies wurde dieser Vorschlag als eine der „Schlüssellösungen" nicht nur im Bereich der Strafgerichtsbarkeit, sondern auch im Rahmen der Justizreform insgesamt betrachtet.[10]

Es ist bemerkenswert, dass in diesem Konzept der Justizreform der Begriff der „gerichtlichen Kontrolle" auch in einem völlig anderen Kontext gebaucht wurde, der weit über den Rahmen der Strafgerichtsbarkeit hinausging. So handelte es sich im entsprechenden Paragraphen des Konzepts, der „Die gerichtliche Kontrolle über den Inhalt des Gesetzes" hieß, um die Notwendigkeit, die Hoheit der Verfassung der RSFSR zu verkünden, vom sowjetischen normativistischen Verständnis des Rechts abzutreten und neben der „abstrakten Kontrolle", für welche das Verfassungsgericht der RSFSR zuständig war, auch die „konkrete Kontrolle" vorzusehen, wofür die ordentlichen Gerichte bei der Rechtspre-

---

8 Der Begriff „gerichtliche Kontrolle" kommt beispielsweise bereits Ende der 1980er Jahre in der sehr bekannten Monographie von I. Petrukhin vor, jedoch ohne die kleinste Konzeptualisierung, weil dieser Begriff hier eher ein Ausdruck der Suche des Verfassers nach adäquaten Begriffen für neue strafprozessuale Erscheinungen ist. So bezeichnet I. Petrukhin als „gerichtliche Kontrolle" nur eines der möglichen Modelle der Beteiligung des Gerichts an der Entscheidung über Haftanordnung, wobei er Folgendes heraus gliedert: a) gerichtliches Verfahren für Haftsanktionieren; b) gerichtliche Kontrolle über Haftanordnung in Form der *a posteriori*-Prüfung von Beschwerden gegen eine unrechtmäßige oder unbegründete Haft (*Петрухин И. Л.* Неприкосновенность личности и принуждение в уголовном процессе. Москва. Наука. 1989. С. 200, 203). Andererseits stellt er hier die Frage danach, welches Modell der gerichtlichen Kontrolle zu wählen sei? (Ibid. S. 202), damit bezeichnet er also als „gerichtliche Kontrolle" die beiden hypothetischen Varianten der Beteiligung des Gerichts an der Entscheidung über Haftanordnung. Im Großen und Ganzen ist es klar, dass es damals noch keine beständige Terminologie gab – die war erst im Entstehen begriffen, dabei ohne jeglichen wesentlichen terminologischen Einfluss seitens des rechtsvergleichenden Faktors.

9 Концепция судебной реформы в Российской Федерации / сост. С. А. Пашин. Москва. Издательство «Республика». 1992. С. 84.

10 Ibid. S. 83 – 86.

chung zuständig sein sollten.[11] Es ist klar, dass hier der Begriff „gerichtliche Kontrolle" schon eine wörtliche Übersetzung des amerikanischen *judicial review* darstellte. Eine andere Sache ist, dass sich der Begriff „gerichtliche Kontrolle" in dieser Bedeutung nicht im russischen Recht eingelebt hat und dem Konzept der „Verfassungskontrolle" gewichen ist, aber auch ausschließlich in seiner abstrakten (europäischen) Form, das Konzept der Justizreform wurde also nicht zu einem begrifflichen „Relay-Server" der Theorie des *judicial review.* Dieses Detail veranschaulicht aber eindrucksvoll nicht nur die Tatsache, dass die amerikanischen theoretischen Ansätze den Verfassern des Konzepts der Justizreform gut bekannt waren, sondern auch den rechtsvergleichenden Einfluss, den diese Ansätze auf den Inhalt vieler im Konzept gemachten Vorschläge und Empfehlungen ausgeübt hatten, was eine nicht geringe Bedeutung für das Verständnis jener intellektuellen Atmosphäre hat, die den rein russischen Begriff *„gerichtliche Kontrolle in den vorgerichtlichen Teilen des Strafprozesses"* in den ersten Phasen seiner Evolution umgab.

II. Geopolitische Perspektiven des Einflusses der gerichtlichen Kontrolle auf ein Strafprozessmodell

Die Bedeutung des „Konzepts der Justizreform in der Russischen Föderation" kam nicht nur darin zum Ausdruck, dass dieses Dokument dem Begriff „gerichtliche Kontrolle in den vorgerichtlichen Teilen des Strafprozesses" offiziell grünes Licht gab, wonach dieser Begriff von der postsowjetischen Lehre praktisch unverzüglich aufgegriffen wurde, die sich an sein wissenschaftliches Feilen tüchtig machte. Diese Bedeutung zeigte sich auch nicht nur darin, dass das Konzept eine maximal umfassende Auslegung der „gerichtlichen Kontrolle" kennzeichnete, die es ermöglichte, sämtliche im postsowjetischen Raum innerhalb von zwei Jahrzehnten tatsächlich erschienenen Formen und Varianten der Beteiligung des Gerichts am strafrechtlichen Vorverfahren – sowohl *a priori* (Sanktionen) wie auch *a posteriori* (Prüfung von Beschwerden) – aufzunehmen.[12]

11 Ibid. S. 39 – 40.

12 Als bereits nach der Entwicklung des „Konzepts der Justizreform in der Russischen Föderation" die neue Verfassung der RF in zwei Jahren eine entschiedenen und endgültigen Schritt in Richtung des Gerichtsmonopols für Entscheidungen nicht nur über Haftanordnung, sondern auch über Beschränkung aller sonstigen Verfassungsrechte und -freiheiten machte, was während der Entwicklung des Konzepts ein unerfüllbarer Traum gewesen war, ermöglichte die umfassende Auslegung der „gerichtlichen Kontrolle" neue Formen der Gerichtstätigkeit in den vorgerichtlichen Teilen des Strafprozesses mühelos umfassen. Mit anderen Worten erwies sich der Übergang von der *a posteriori*-Kontrolle ausschließlich über die Anwendung der Haftanordnung (Reform von 1992) zur Fassung von Gerichtsentscheidungen *a priori* hinsichtlich aller

Diese zweifellos erfolgreichen theoretischen Errungenschaften des Konzepts der Justizreform wollen wir keinesfalls herabsetzen; es gibt aber noch einen Aspekt, der in der Lehre zwar gewöhnlich vernachlässigt wird, jedoch im Kontext dieser Forschung von erstrangiger Wichtigkeit ist.

Bei aller offensichtlichen Notwendigkeit, sowjetische Deformationen zu überwinden und zu den klassischen justiziellen Werten zurückzukommen, insbesondere im strafrechtlichen Vorverfahren, setzte die Lösung dieser Aufgabe das Fehlen einer Alternative bei der Wahl eines Strafprozessmodells nicht unbedingt voraus. Mit anderen Worten bedeutet ein Übergang von einem hauptsächlich polizeilichen Strafprozess zu einem hauptsächlich gerichtlichen Strafprozess gar nicht, dass man den angelsächsischen strafprozessualen Mustern automatisch folgen sollte, weil bisher noch niemand auf der theoretischen Ebene überzeugend beweisen konnte, dass ein derartiger Übergang im Rahmen der kontinentalen strafprozessualen Tradition unausführbar sei.

Jedoch wurde das Problem der Wahl eines Modells des Strafprozesses im Konzept der Justizreform nicht einmal angesprochen – das theoretische Konstrukt der „gerichtlichen Kontrolle“ wurde von Anfang an *a priori* in die angelsächsische strafprozessuale Ideologie eingefügt[13], indem es durch die glückliche Hand der Verfasser dieses Konzepts zu einem seiner postsowjetischen Symbole wurde (neben der sog. „Adversarität“). Hier trat eine eigenartige „Anglophilie“ zutage, die oft nicht die geringste Beziehung zu dem wirklichen Zustand des modernen englischen Rechts hat. Unsere Vermutung über die „angelsächsischen Wurzeln“ wird heute durch die Aussagen eines der Federführenden des Konzepts der Justizreform bestätigt, der schreibt: „Die Ideen der richterlichen Kontrolle über die Ermittlung der Straftaten gehen wenigstens auf die Magna Charta Libertatum von 1215 zurück [...] In einer besonders offensichtlichen und vollkommener Weise wurde die richterliche Kontrolle durch das Institut ‘habeas corpus‘ umgesetzt, das ursprünglich zwar als ein Element des common law existierte, nachdem aber das englische Parlament im Jahre 1679 den Habeas Corpus Amendment Act (Act for the better securing the Liberty of the Subject, and for Prevention of Imprisonments beyond the Seas) verabschiedet hatte, wurde habeas corpus zum Bestandteil der Gesetzgebung (statute law).“[14] Aus historischer Sicht ist das vollkommen richtig. Vom moder-

---

Handlungen, die beliebige Verfassungsrechte und -freiheiten beschränken (die Verfassung von 1993, das Gesetz über die operative Fahndungs- und Untersuchungstätigkeit von 1995, die neue StPO der RF von 2001 u.a.), auf der begrifflichen Ebene als schmerzlos, weil der Begriff „gerichtliche Kontrolle“ jene terminologische Form darstellte, die den neuen Inhalt unter den minimalsten doktrinellen Bemühungen problemlos in sich aufnahmen.

13 Wir wollen hier die entsprechenden Bestimmungen des Konzepts der Justizreform nicht wiederholen, die allen wohl bekannt sind (Ibid. S. 84 – 86).

14 *Пашин С.* Судебный контроль за расследованием : проблемы правового регулирования // F.-C. Schroeder, M. Kudratov (Hrsg.) Das strafprozessuale Vorverfahren in

nen Standpunkt aus ist es jedoch nicht ganz richtig, weil die praktische Rolle des Instituts *habeas corpus* „im modernen englischen Strafprozess äußerst gering ist“[15], ganz zu schweigen davon, dass es heute in den USA überhaupt eines der Verfahren der Revision rechtskräftiger Urteile darstellt, die die Freiheitsentziehung vorsehen[16]; dieses Institut befindet sich dort also in einem ganz anderen Koordinatensystem.

Es entstand eine paradoxe Situation, in der zwei strafrechtliche Begriffe („gerichtliche Kontrolle“ und „Adversarität“), die ein Ergebnis der Abschlussphase der inneren Entwicklung der sowjetischen strafprozessualen Wissenschaft sind und streng genommen keine tiefen und sachgerechten rechtsvergleichenden Wurzeln haben, im postsowjetischen Raum zu den Hauptvermittlern des angelsächsischen Modells des Strafprozesses wurden. Gerade hier kam es zu einer *theoretischen Wendung,* als wohl nicht so sehr eine bewusste Wahl eines für Russland und andere postsowjetische Staaten adäquaten Strafprozessmodells getroffen wurde, sondern eher eine Auswechselung *der Sprache des strafprozessualen Diskurses* geschah, die zudem durch keine infrastrukturellen oder technischen Änderungen untermauert wurde.

Wollen wir aber den Begriff „Adversarität“ beiseitelassen, weil er uns hier nicht interessiert. Für uns ist es wichtig, dass gerade das theoretische Konstrukt der „gerichtlichen Kontrolle“ zu einem der Symbole des neuen angelsächsischen Diskurses geworden ist – eine Art des postsowjetischen *judicial review*, das, wie wir oben schon gesehen haben, in keiner begrifflichen Beziehung zu den authentischen englischen oder US-amerikanischen Mustern steht. Brauchen wir uns dann etwa zu wundern, dass sich viele auf den angelsächsischen Strafprozess orientierten internationalen Institutionen gerne der Rückübersetzung aus dem

---

Zentralasien zwischen inquisitorischem und adversatorischem Modell / Предварительное расследование в уголовном процессе стран Центральной Азии: между инквизиционной и состязательной моделью / под ред. Ф.-К. Шрёдера, М. Кудратова. Frankfurt am Main. Peter Lang. 2012. С. 225.

15 *Гуценко К. Ф., Головко Л. В., Филимонов Б. А.* Уголовный процесс западных государств. Изд. 2-е. Москва. Зерцало-М. С. 108 (Das Buch beinhaltet auch eine Begründung). Siehe auch die sehr bekannte Monographie, die speziell dem englischen Vorverfahren im Strafprozess gewidmet ist: Dem Institut *habeas corpus* wurde dort nicht einmal die Ehre gegönnt, in das alphabetische Sachregister aufgenommen zu werden (*Ashworth A.* The Criminal Process. An Evaluative Study. Oxford. Clarendon Press. 1994). Außerdem kommt der Begriff *Habeas Corpus Act* auch nicht an der Stelle in der Monographie vor, wo es sich um das Recht des Festgenommenen handelt, vor Gericht gebracht zu werden. Statt dessen wird auf die Europäische Konvention zum Schutze der Menschenrechte und Grundfreiheiten verwiesen, und es wird bemerkt, dass gerade Großbritannien in diesem Bereich gewisse Probleme bei der Erfüllung von Art. 5 der Konvention habe, weil in Großbritannien eine längere polizeiliche Festnahme ohne gerichtliche Anordnung und ohne Zugang zum Richter für Terrorismusfälle zulässig ist (Ibid. P. 64).

16 28 USC Chapter 153 – Habeas Corpus.

Russischen ins Englische bedienen, wodurch sie die „gerichtliche Kontrolle" in *judicial review **bis*** verwandelt haben, also in eine gewisse Variante des angelsächsischen Instituts „in der Exportausführung"? Es entsteht ein Trugbild, dass der *Vermittler* der angelsächsischen strafprozessualen *Ideologie* ein echtes *Element* der angelsächsischen strafprozessualen *Technik* sei.

Im Ergebnis verwandelte sich das postsowjetische Institut der „gerichtlichen Kontrolle" in einen geopolitischen Einflussfaktor des anglo-amerikanischen Strafprozessmodells oder, anders ausgedrückt, in etwas, was M. Langer in einem globaleren allgemein rechtlichen Sinn als *Americanization Thesis* bezeichnete.[17] Und da entsteht eine sehr wichtige theoretische Frage: Wenn wir uns vom geopolitischen Faktor abstrahieren und von einer *a priori* sehr vernünftigen Vermutung ausgehen, dass *Americanization Thesis* keinen Imperativ beim dem Aufbau eines bestimmten nationalen strafprozessualen Systems darstellt, inwieweit beeinflusst es dann die Möglichkeit der Erhaltung des postsowjetischen Konzepts der „gerichtlichen Kontrolle"? Konkreter gesagt: Ist die „gerichtliche Kontrolle" trotz ihres rein dogmatischen Diskurses und einer deutlich angloamerikanischen ideologischen Färbung imstande, bei der Wahl eines anderen Strafprozessmodells und beim Wechsel des dogmatischen Diskurses im Rahmen der klassischen euroamerikanischen Dichotomie „angelsächsische prozessuale Traditionen" versus „kontinentale prozessuale Traditionen" erhalten bleiben? Im Endeffekt hängt von der Antwort auf diese Frage ab, ob die Theorie der „gerichtlichen Kontrolle" der hypothetischen Konzeptualisierung in einem solchen Maße unterliegt, dass eine Lostrennung dieser Theorie von den postsowjetischen Ereignissen der letzten Jahrzehnte des 20. Jahrhunderts sowie von den naiven Erwartungen eines „angelsächsischen Wunders" mit seinen primitiven unbeholfenen Vorstellungen von *habeas corpus* möglich wäre, indem sie in einen universellen strafprozessualen Raum hineinversetzt würde, der nach wie vor wenigstens zur Hälfte vom Strafprozess des strikt kontinentalen Typs ausgefüllt ist.

III. Konzeptuelle Perspektiven des Einflusses der gerichtlichen Kontrolle auf ein Strafprozessmodell

Wenn wir kurz den rechtsvergleichenden Faktor beiseitelassen, der in den letzten Jahren immer mehr zu einem „Faktor der Geopolitik" wird, und das Problem aus abstrakt-theoretischer Sicht betrachten, so werden uns alle Versuche einer echten konzeptuellen Begründung der „Theorie der gerichtlichen Kontrolle" zur ***fundamentalen*** institutionellen Gegenüberstellung der *polizeilichen* und der *gerichtlichen* Tätigkeit führen.

17 *Langer M.* Op. cit.

Hypothetisch lässt sich zwar die Notwendigkeit der gerichtlichen Kontrolle in einer solchen Situation institutionell erklären, jedoch kann man sie weder aus der Sicht der rechtsschützenden Wirksamkeit noch aus der Sicht der Reduzierung des Repressionsniveaus der Strafjustiz erklären, wie es oft in der Lehre versucht wird, indem man darauf besteht, dass die gerichtliche Kontrolle eine gewisse einmalige Fähigkeit besitze, „einen wirksamen Schutz der Menschenrechte und die Widerherstellung der in der Ermittlung beeinträchtigten Rechte und Freiheiten des Menschen zu gewährleisten".[18] Wer vermag stichhaltig zu belegen, dass ein Richter *a priori* (nur kraft seines Berufes) liberaler eingestellt sei und mehr zum Schutz der Menschenrechte neige, als ein Polizist oder ein Staatsanwalt? Das einzige Argument ist bekannt – der Richter ist unabhängig. Jedoch kann die Unabhängigkeit bei Weitem nicht immer ein „liberales Verhalten" im Geiste des Schutzes der Menschenrechte garantieren. Und überdies lässt sich ein abhängiger Staatsanwalt bzw. Polizist viel leichter als ein unabhängiger Richter „zum liberalen Verhalten" zwingen, wovon viele Antragsstellungen rechtsschützender Institutionen an Staatsoberhäupter und diverse politische Behörden zeugen.

Eine Auswechselung der institutionellen Logik durch eine rechtsschützende ruft lediglich ungerechtfertigte Illusionen und eine sehr natürliche Enttäuschung von der wirklichen Effektivität dieses „Garantiemechanismusses" hervor, wobei eine solche Enttäuschung nicht nur in Russland und im postsowjetischen Raum eintritt[19], wo üblicherweise auf fehlende richterliche Unabhängigkeit, miserable Rechtsanwendungspraxis, sowjetisches Erbe, „Transformationsperiode" usw. verwiesen wird, sondern auch in den Staaten mit etablierten Strafprozesssystemen, etwa in Deutschland, wo der spezielle Richter für gerichtliche Kontrolle (der Ermittlungsrichter) manchmal mit einem Platzanweiser im Theater verglichen wird, der den Zuschauern das Betreten des Zuschauerraums erlaube oder nicht, dabei aber kaum den Inhalt des laufenden Stückes kenne.[20] Das Ergebnis ist, dass ein solcher Richter „äußerst selten ein echtes Hindernis für die entsprechenden Handlungen der Polizei und Staatsanwaltschaft darstelle".[21] Wenn wir

---

18 *Пашин С.* Ibid. S. 226.

19 Siehe u.a.: *Ковтун Н. Н.* Оперативный судебный контроль в уголовном судопроизводстве России: состоялась ли конституционная по сути гарантия // Судебная защита прав и свобод человека и гражданина при применении мер пресечения в виде заключения под стражу, залога и домашнего ареста. Материалы Всероссийской межведомственной научно-практической конференции 25 – 26 ноября 2010 г. Нижний Новгород. НКИ. 2011. С. 129 – 144.

20 *Satzger H.* Die Rolle des Richters im Ermittlungsverfahren in Deutschland und Frankreich // H. Jung, J. Leblois-Happe, C. Witz (Hrsg.) 200 Jahre Code d'instruction criminelle – Le bicentenaire du Code d'instruction criminelle. Baden-Baden. Nomos. 2010. S. 93 ff.

21 *Walther J.* Les procédures d'exception et l'instruction en Allemagne. Le déferlement de «l'exception» et les fragiles digues de l'Etat de droit // J.-P. Céré (dir.) Procédures pé-

von den „Rechtsschutzillusionen" ausgehen, so gibt es keinen Zweifel darüber, dass die in der Lehre gemachten Aussagen über Implementierung des Instituts der „Ermittlungs- bzw. Untersuchungsrichter" in Analogie zum deutschen *Ermittlungsrichter*[22], seien sie in Russland umgesetzt, in einigen Jahren zu einer weiteren russischen Enttäuschung werden, und zwar unabhängig davon, ob sie vernünftig oder unvernünftig sind. Kann es etwa anders gehen? In den USA, deren Mythos über ihr Rechtssystem die kontinentalen Ideologen von verschiedenen „Garantiemechanismen" in der Art von der uns hier interessierenden gerichtlichen Kontrolle gewöhnlich leere Hoffnungen hegen lässt, finden wir eine absolut identische Situation vor, jedoch mit einem wesentlichen Vorbehalt, der gar keine vermeintliche rechtsschützende Wirksamkeit des einschlägigen Instituts, sondern sein *institutionelles Verständnis* von den amerikanischen Juristen betrifft. So schreibt *W. Bernam*, der die Praxis des Sanktionierens durch das Gericht der polizeilichen Durchsuchungen analysiert: In großen Städten seien die Polizeibeamten oft bestrebt, unter den Richtern einen „nachgiebigen" Menschen zu finden, der einzelne Details der von der Polizei zum Nachweis des Vorliegens ausreichender Gründe erhobenen Beweise kaum nachprüfen würde. Es komme oft vor, dass die Richter die Anträge auf Erteilung eines *court orders* im Verhandlungsraum direkt vor dem Stuhl des Vorsitzenden während des Hauptverfahrens oder eines Gerichtstermins prüften. Deshalb entstehe die Frage, ob das Verfahren für Erteilung eines *court orders* einen umfassenden Schutz der prozessualen Rechte der Persönlichkeit gewähre? Manche Richter verweigerten manchmal den *court order* (in den USA ist es keine typische Situation, kommt aber ab und zu vor – L.G.), jedoch allein die Voraussetzung, dass *der Antrag* (hervorgehoben von *W. Bernam* – L.G.) auf *court order* zu stellen sei, stelle schon solchen Schutz dar. Da dieser Antrag eine Funktion des *Protokolls* (hervorgehoben von W. Bernam – L.G.) der tatsächlichen Umstände habe, die vermutlich ausreichende Gründe darstellten und *bereits vor* (hervorgehoben von *W. Bernam* – L.G.) der Durchsuchung stattgefunden hätten, sollte es zu keinem Streit über das Vorhandensein der tatsächlichen Umstände kommen, die die ausreichenden Gründe ausmachten.[23] Mit anderen Worten ist für die amerikanischen Rechtswissenschaftler (im Unterschied von den meisten kontinentalen) eben die *Tatsache* der Gerichtsanrufung, nicht aber *das Ergebnis* solcher Anrufung wichtig, und das führt zu einem unverzüglichen Übertragen des Problems von der rechtsschützenden auf die streng institutionelle Ebene.

Uns interessiert also nur die institutionelle Richtung, genauer gesagt: das von uns angesprochene grundlegende Gegenüberstellen der polizeilichen und

---

nales d'exception et Droits de l'homme. Paris. L'Harmattan. 2011. P. 142 (здесь же ссылки на аналогичные оценки в других работах)

22 Siehe u.a.: *Ковтун Н. Н.* Указ. соч. С. 143 – 144.

23 *Бернам У.* Правовая система США. 3-й выпуск / научный редактор В. А. Власихин. Москва. РИО «Новая юстиция». 2006. С. 478.

der gerichtlichen Tätigkeit, das den Gipfel der strafprozessualen Abstraktion darstellt, mit deren Hilfe jedes konkrete strafprozessuale System mit seinen sämtlichen Nuancen ebenso gut erklären ließe, wie etwa die mannigfaltigste materielle Welt mit Hilfe des Periodensystems der Elemente von D. Mendelejew.

Es gibt wenigstens ***drei*** Leitsätze, die als Basiselemente der strafprozessualen Theorie gelten sollen und die die institutionelle Logik des Aufbaus jedes strafprozessualen Systems unabhängig von dessen Zugehörigkeit zur angelsächsischen, kontinentalen oder gar sowjetischen Tradition erklären. Diese drei Leitsätze könnten, falls gewünscht, als institutionelle ***strafprozessuale Axiome*** bezeichnet werden, weil sie (wenigstens die ersten zwei) im modernen Recht *a priori* anerkannt werden und keines Beweises bedürfen.

Erstens gilt die *polizeiliche* Tätigkeit in allen hoch entwickelten strafprozessualen Systemen als prozessual unzulänglicher Teil des Strafprozesses, wodurch sie sich von der echten prozessualen gerichtlichen Tätigkeit unterscheidet, die alleine die hohe Auszeichnung als „strafprozessuale Tätigkeit" verdient. Mit anderen Worten sind die Begriffe „strafprozessuale Tätigkeit" und „gerichtliche Tätigkeit" ihrem Wesen nach synonym[24], während die „strafprozessuale Tätigkeit" und die „polizeiliche Tätigkeit" beinahe gegensätzliche Begriffe sind. Sogar das sowjetische Recht, das das Verhältnis zwischen der polizeilichen und gerichtlichen Tätigkeit tief deformiert hat[25], hat diese Logik im Großen und Ganzen doch anerkannt und sich *mutatis mutandis* daran gehalten, indem es die strafprozessuale Tätigkeit (die Straf*gerichtsbarkeit* – sic! – L.G.) von der rein polizeilichen Tätigkeit (der sowjetische Begriff: „Fahndungs- und Ermittlungstätigkeit") losgelöst hat und den strafprozessualen Charakter der letzteren nicht anerkennen wollte.

Zweitens ist die polizeiliche Tätigkeit trotz ihrer Unzulänglichkeit für die Erfüllung der Strafprozessaufgaben absolut notwendig, und zwar unabhängig von den nationalen Besonderheiten der Auslegung des Begriffs „Strafprozess". Auch wenn man von einem gewissen strafprozessualen Purismus ausgeht und ein Gleichheitszeichen zwischen dem Strafprozess und der Gerichtstätigkeit setzt, kommt man jedenfalls zwangsläufig zum Schluss, dass „dem Strafprozess in der Regel eine Phase *vorgeht* (hervorgehoben von mir – L.G.), in der es darum geht, die Tatsache der Straftatbegehung zu ermitteln und die Person festzustellen, die diese Tat begangen hat und die vor Gericht gebracht werden muss.

---

24 Es ist kennzeichnend, dass im französischen Recht der Begriff „Strafprozess" im engeren Sinne *(procès pénal)* ausschließlich „Gerichtsverfahren" bedeutet. Gerade deshalb ist ein etwa für einen russischen Juristen merkwürdiger Gedanke möglich, dass die Strafjustiz vom Strafprozess allein nicht erfasst werde – im Sinne einer Phase des Hauptverfahrens (*Guinchard S., Buisson J.* Procédure pénale. Paris. Litec. 2000. P. 5).

25 Dazu u.a.: *Головко Л. В.* Реформа полиции в контексте модернизации предварительного производства в российском уголовном процессе // Уголовная юстиция: связь времен. Избранные материалы международной научной конференции. Санкт-Петербург, 6 – 8 октября 2010 г. Москва. МАСП. 2012. С. 24– 31.

Diese in der deutschen Doktrin als Vorverfahren bekannte Phase entspricht in Frankreich der Phase, die als Polizeiverfahren bezeichnet wird …". [26] Mit anderen Worten ist die polizeiliche Tätigkeit unzulänglich, nicht vollwertig und nicht ganz strafprozessual, jedoch kann sie im Strafprozess nicht entbehrt werden, und vor diesem Hintergrund beginnt nun ein Begriffs- und Wortspiel, in dem es darum geht, ob das Polizeiverfahren einen Teil des Strafprozesses darstelle oder ihm vorgehe, ob es für eine „strafprozessuale" oder „Fahndungs- und Ermittlungstätigkeit" gehalten werden solle, ob für deren Ausübung eine normale Polizei oder eine bedingt genannte „gerichtliche Polizei" *(police judiciaire)* zuständig sei etc.[27] Wollen wir uns aber in all diese terminologischen Feinheiten nicht vertiefen. Für uns sind sie nur deshalb interessant, weil dadurch die institutionelle Dramatik der Diskrepanz zwischen einer gewissen Illegitimität einerseits und der absoluten Unvermeidlichkeit der polizeilichen Tätigkeit im Strafprozess andererseits zutage tritt.

Drittens ist die für den Strafprozess fundamentale Abgrenzung der gerichtlichen und polizeilichen Tätigkeit an und für sich auf einer konkreten (technischen) Ebene nicht *a priori* offensichtlich. Faktisch überall erscheint sie eher als das Ergebnis einer komplizierten und oft mehrdeutigen historischen Evolution. In diesem Sinne dient keine konkrete Technik als ein universelles strafprozessuales Axiom solcher Abgrenzung, sondern es ist ein konzeptionelles ***Bedürfnis*** nach dieser Abgrenzung und eine objektive ***Schwierigkeit***, sie auf eine adäquate institutionelle Weise zu verwirklichen. Man kann gewiss davon sprechen, dass ein bestimmtes nationales strafprozessuales System bedeutende Ergebnisse in diesem Bereich etwas früher gezeitigt habe und ein anderes etwas später, aber in jedem Fall wurden enorme historische Bemühungen unternommen, die in den Rahmen der heutigen Stereotype im Geiste der „Exportländer" und der „Importländer" nicht hineinpassen. Aus irgendeinem Grund erinnern sich die heutigen russischen Anhänger der *Magna Charta Libertatum* von 1215 und des *habeas corpus* selten an Sir William Blackstone, der unterstrich, dass der Hauptauftrag der Krone an die englischen Justices of the Peace ihre Pflicht sei, den Frieden zu schützen: „His commission, first, empowers him singly to conserve the peace; and thereby gives him all the power of the ancient conservators at the commom law, in suppressing riots und affrays, in taking securities for the peace, and in apprehending and committing felons and other inferior criminals. It also empowers any two or more of them to hear and determine all felonies and

---

26 *Clerc F.* Le procès pénal en Suisse romande. Paris. Les éditions de l'épargne. 1955. P. 103 – 104.

27 Im französischen Recht entsteht eine ins Russische und in viele andere Sprachen unübersetzbare Abgrenzung zwischen ***procédure pénale*** und ***procès pénal***, wobei das erstere das zweite umfangsmäßig bedeutend übertrifft (*Guinchard S., Buisson J.* Op. cit. P. 5). Jeder Versuch diese Nuance beispielsweise in der russischen Sprache zu wiedergeben wird etwas wie „der Srafprozess sei unfassender als der Strafprozess" lauten.

other offenses...".[28] Mit anderen Worten ist die moderne englische „gerichtliche Kontrolle über die Polizei", die bekanntlich gerade von den englischen Friedensgerichten *(magistrates)* ausgeübt wird[29], gar nicht aus dem *habeas corpus* entstanden, sondern aus der offensichtlichen Vermischung polizeilicher und gerichtlicher Funktionen und deren allmählicher Abgrenzung – einer schwierigen und relativ verspäteten Abgrenzung[30], weil bereits Anfang des 20. Jahrhunderts die Zeitgenossen feststellten, dass „die englischen **Friedensrichter** einige der polizeilichen Pflichten bis heute beibehalten haben – Rekrutierung der Miliz aus der Mitte der Bürger (**recruitment of militia from civilians**), sog. *riot act* (**riot dispersal**), Zurückziehen des Auftrags, für Frieden und Ordnung zu sorgen (**to withdraw surety to keep the peace and good conduct**), Vereidigung von Konstablern (**administration of the oath to constables**), Festnahme der Straftäter (**criminal apprehension**) etc."[31] In diesem Sinne dienen als die echte Quelle der heutigen gerichtlichen Kontrolle, wenn wir schon vom englischen Recht sprechen, die „polizeilichen Pflichten" der Friedensrichter, die befugt sind, Entscheidungen über Festnahme oder ihre Alternative *(bail)* zu treffen, was heute beinahe als die Quintessenz der Funktionen der rechtsprechenden Gewalt anerkannt wird. Nicht weniger kompliziert, obwohl auch in einem etwas anderen Bereich, war die Abgrenzung polizeilicher und gerichtlicher Funktionen in Frankreich, wo beispielsweise vor der Annahme der StPO im Jahre 1958 der Ermittlungsrichter nicht nur ein *magistrat* (ein Mitglied der Richtergemeinschaft) war, sondern auch ein sog. „Mitglied der Gerichtspolizei", woran man sich übrigens nach wie vor öfter erinnert.[32] Vor diesem Hintergrund sehen die heutigen postsowjetischen Schwierigkeiten bei der Feststellung der echten strafprozessualen Natur des Rechtsstatus des Ermittlungsrichters, der zwar die Funktionen der vorrevolutionären Gerichtsermittler geerbt hat, jedoch seit der Sowjetzeit in den ihrer Natur nach offensichtlich polizeilichen Behörden dient

28 Siehe *Sir William Blackstone*. Commentaries on the Laws of England (1765 – 1769). Book 1. Chapter 9 «Of Subordinate Magistrates», http://www.lonang.com/exlibris/blackstone (auf dieser Web-Seite kann man den vollen Text des Werks finden).

29 Siehe z.B.: *Spencer J. R.* La procédure pénale anglaise. Paris. PUF. 1998. P. 24.

30 Man muss auch berücksichtigen, dass die Polizei als eine *staatliche Behörde* in England erst Anfang des 20. Jahrhunderts errichtet wurde. Damit konnte dort gar keine Rede von der Abgrenzung polizeilicher und gerichtlicher Funktionen sein. In diesem Sinne wurde die Beauftragung der Friedensrichter mit polizeilichen Funktionen schlicht und einfach eine institutionelle öffentlich-rechtliche Notwendigkeit, weil es vor Ort keine anderen Vertreter der zentralen Gewalt der Krone gab. Um so merkwürdiger sehen die modernen Versuche aus, nach den Wurzeln der „gerichtlichen Kontrolle über die Polizei" in der *Magna Charta Libertatum* von 1215 oder im *Habeas corpus act* zu suchen.

31 *Люблинский П. И.* Очерки уголовного суда и наказания в современной Англии. Санкт-Петербург. 1911. С. 206.

32 Vgl. u.a.: *Фойницкий И. Я.* Курс уголовного судопроизводства. Том II. Изд. 3-е. Санкт-Петербург. 1910. С. 348.

(Innenministerium, KGB, FSB, Untersuchungskomitee usw.)[33], nicht als eine rechtsvergleichende Ausnahme aus. Das ist lediglich eine weitere Episode in der höchst komplizierten Evolution in Richtung einer adäquaten Abgrenzung polizeilicher und gerichtlicher Funktionen: Diese Evolution ist allerorts zu beobachten, verläuft aber unterschiedlich.

Hier sind also die drei Leitsätze, die für *universelle* strafprozessuale Axiome gehalten werden können: die polizeiliche Tätigkeit ist unzulänglich, sie ist notwendig, und in realer Dimension lässt sie sich kaum von der gerichtlichen Tätigkeit lostrennen. Da es sich um Axiome handelt, dürfen sie bei dem Aufbau eines konkreten strafprozessualen Systems nicht unberücksichtigt bleiben. Gleichzeitig lässt uns die Gesamtheit dieser Axiome kein strafprozessuales System vom *idealen* Typ schaffen, weil wir durch Einschränkung der polizeilichen Tätigkeit (sie sei ja unzulänglich) unausweichlich an der Effektivität verlieren werden (diese sei notwendig), und umgekehrt; ganz zu schweigen von allen Schwierigkeiten, die mit dem Verständnis verbunden sind, welche Tätigkeit polizeilich ist und welche gerichtlich usw.

In seiner historischen Entwicklung war jedes strafprozessuale System bestrebt (und ist es immer noch), diesen Rebus auf seine eigene Art und Weise zu enträtseln. Hier hört der Universalismus auf. Mit anderen Worten darf der Universalismus der Problemstellung, der mit den diesem Problem zugrunde liegenden widersprüchlichen Axiomen verbunden ist, keinesfalls den universellen Methoden der Lösung dieses Problems gleichgestellt werden. Im Gegenteil haben solche Methoden oft keine technischen Gemeinsamkeiten. Versucht man sie aber zu konzeptualisieren, so erhält man zwei verschiedene und teilweise entgegengesetzte Richtungen (Vektoren) für die Überwindung des von uns genannten Problems. Diese zwei Vektoren entsprechen *grosso modo* der angelsächsischen und der kontinentalen strafprozessualen Logik.

Der kontinentale Strafprozess entwickelte sich in Richtung der Minimierung der polizeilichen Tätigkeit, also in Richtung ihrer *Absorption* von der gerichtlichen Tätigkeit. Mit anderen Worten ist es in einer Situation erforderlich, die keine Absage von der polizeilichen Tätigkeit zulässt, weil jemand die Straftaten konstatieren, die Täter feststellen usw. soll, sie durch gerichtliche Ansätze zu untermauern. Wenn nur die gerichtliche Tätigkeit als vollkommen legitim gilt, so ist es notwendig, dass das ganze Aufdeckungs-, Untersuchungs-, Aufklärungsverfahren etc. mit der „Legitimitätsglocke“ bedeckt wird. So entsteht der sog. Fahndungs- und Ermittlungsgedanke, in dem es keinen Platz für die Polizei gibt, weil die Untersuchung der Straftat vom Ermittlungsrichter durchgeführt wird, der unparteiisch und unabhängig sämtliche Umstände untersucht, alle unbekannten Elemente feststellt (nach dem Grundsatz der materiellen Wahrheit) usw. So wird der Fahndungs- und Ermittlungsgedanke allmählich in das klassische Ermittlungsverfahren nach der französischen Art transformiert,

---

33 *Головко Л. В.* Указ. соч.

das vom Ermittlungsrichter geleitet wird. Wenn aber u.U. die Polizei einzusetzen ist, weil der Ermittlungsrichter nicht imstande ist, selbst alle polizeilichen Funktionen wahrzunehmen, so werden alle polizeilichen Handlungen zu den Handlungen der „Gerichtspolizei", die ein Werkzeug des Ermittlungsrichters und des Staatsanwalts zum Sammeln der wertvollen strafprozessualen (gerichtlichen) Beweise ist. Darüber hinaus entsteht auch eine „théorie des mandats", wenn „die kontinentalen Gesetzgebungen, um der Justiz, insbesondere dem Ermittlungsrichter, zu ermöglichen, ihren Auftrag zu erfüllen, dem Ermittlungsrichter das Recht gewähren, Sonderanordnungen gegen private Personen zu treffen, die ihre Freiheit mehr oder weniger hart einschränken können".[34] Wie kann dann in diesem Fall der Festgenommene vor Gericht zur „gerichtlichen Kontrolle" gebracht werden, wenn die entsprechende Anordnung bzw. der Befehl an und für sich ein ganz legitimer Gerichtsakt ist, der von einem vollberechtigten Mitglied der Richtergemeinschaft erlassen ist? Im Großen und Ganzen hat das klassische kontinentale Strafprozessmodell das Dilemma der Abgrenzung der gerichtlichen Tätigkeit von der polizeilichen überwunden durch die Errichtung eines völlig gerichtlichen Vorverfahrens und einer absoluten Marginalisierung der polizeilichen Ermittlung, das nur für kurzfristige Festnahmen der auf frischer Tat *(in flagranti)* ertappten Verdächtigen in den offensichtlichen Straffällen rechtlich zulässig war.[35]

Es ist klar, dass in dieser Situation keine Schwierigkeiten um die Probleme der Legitimität des Vorverfahrens entstehen, weil jeder Untersuchungsakt, jede von einem Vertreter der rechtsprechenden Gewalt ausgeübte Untersuchungshandlung von dem Ermittlungsrichter ausgehen. Ist *Kontrolle* über ihn auszuüben? Selbstverständlich. Wie auch über jeden anderen Richter. Es handelt sich aber um eine *instanzenmäßige* Kontrolle, deren Natur sich in keiner Weise von der Kontrolle über die Entscheidungen des erstinstanzlichen Gerichts (der Berufung, Revision usw.) unterscheidet. Der Ausdruck „Kontrolle über das Vorverfahren", der beispielsweise in der frankophonen Literatur ausgiebig gebraucht wird, bezeichnet zunächst die Tätigkeit der „Anklagekammer" *(chambre d'accusation)*[36], oder, wie diese in Frankreich nach der Annahme des Gesetzes vom 15. Juni 2000 heißt, „Untersuchungskammer" (chambre de l'instruction)[37], d.h. eines zweitinstanzlichen Vorverfahrensorgans. Mit anderen Worten ist hier der eigentliche Begriff „*Kontrolle*", die selbstverständlich gerichtlich ist, vollkommen der instanzenmäßigen Logik unterstellt, weil es sich um die Kontrolle seitens eines Gerichtsorgans (auf der Berufungsebene) über die Handlungen und

34 *Clerc F.* Op. cit. P. 97.

35 Ausführlicher dazu: *Головко Л. В.* Дознание и предварительное следствие в уголовном процессе Франции. Москва. Спарк. 1995. С. 30 – 33; *Pradel J.* Op. cit. P. 458 – 459.

36 *Mathias E.* Procédure pénale. Paris. Bréal. 2003. P. 175.

37 *Mathias E.* Procédure pénale. Paris. Bréal. 2003. P. 175.

Entscheidungen eines anderen Gerichtsorgans (des Ermittlungsrichters) handelt. Aus der Sicht der Anwendung des Begriffs „Kontrolle“ gibt es hier keinen auch so kleinen konzeptuellen Unterschied von der Tätigkeit eines ordentlichen zweitinstanzlichen Gerichts, das „eine *Kontrolle* (hervorgehoben von mir – L.G.) über das Gericht der ersten Instanz ausübt …“[38] Institutionell gesehen führt das Vorhandensein einer derartigen Kontrolle nicht zum Entstehen eines autonomen Instituts der „gerichtlichen Kontrolle“ im postsowjetischen Sinn, weil es völlig in das klassische Institut der *Gerichtsinstanzen* aufgenommen wird.

Der angelsächsische Strafprozess entwickelte sich in einer entgegengesetzten Richtung, und zwar in Richtung der Autonomisierung der polizeilichen Tätigkeit, d.h. ihrer *Befreiung* von der gerichtlichen Tätigkeit. Kann man die polizeiliche Tätigkeit aus denselben Gründen nicht loswerden, ist sie frei schwimmen zu lassen, indem sie völlig vom Gericht losgetrennt wird. Die eigentliche gerichtliche Tätigkeit wird in dieser Situation auf die aus den Lehrbüchern bekannten Gerichtsprozeduren reduziert (Zwischenverfahren, Hauptverhandlung, Berufung), wobei sie in keinem Verhältnis zum Vorverfahren (Ermittlungsverfahren) steht. Wie *N. Polyanski* schreibt, gebe es deshalb u.a. in England keine Gerichtsermittler, was einer der besonders kennzeichnenden Züge des englischen Gerichtsaufbaus sei.[39] Bei so einem Ansatz konnte es in England auch keine geben. Stattdessen entstand die Theorie der „Polizeiautonomie“, nach der „die englische Polizei im Vergleich zu den Polizeien in den meisten europäischen Staaten ihre Untersuchungs- und Strafverfolgungsfunktionen sehr frei und im Rahmen einer Routineaufsicht seitens anderer Staatsbehörden wahrnimmt“.[40] Eine ähnliche Situation gibt es auch in den USA, wo das Konzept der „autonomen polizeilichen Untersuchung“ als einer der fundamentalen Grundsätze des adversatorischen Vorverfahrens anerkannt ist. Das Wesen des Konzepts besteht hauptsächlich darin, dass die Polizeiorgane sehr umfassende Befugnisse besitzen, „über die Strafverfolgung nach eigenem Ermessen zu entscheiden“. Dabei könne ein Gerichtsorgan weder eine Untersuchung durchführen noch sich in die Wahrheitsfindung einmischen.[41] Damit hat der klassische angelsächsische Strafprozess das Problem der Abgrenzung der

---

38 *Гродзинский М. М.* Кассационное и надзорное производство в советском уголовном процессе. Москва. Госюриздат. 1949. С. 17.

39 *Полянский Н. Н.*Уголовное право и уголовный суд в Англии. Москва. Изд-во НКЮ. 1937. С. 106.

40 *Spencer J. R.* Op. cit. P. 31.

41 *Бахмайер Винтер Л.* Основные черты этапа предварительного расследования в уголовном процессе США // F.-C. Schroeder, M. Kudratov (Hrsg.) Das strafprozessuale Vorverfahren in Zentralasien zwischen inquisitorischem und adversatorischem Modell / Предварительное расследование в уголовном процессе стран Центральной Азии: между инквизиционной и состязательной моделью / под ред. Ф.-К. Шрёдера, М. Кудратова. Frankfurt am Main. Peter Lang. 2012. С. 72.

gerichtlichen und polizeilichen Tätigkeit auf eine völlig andere Art und Weise gelöst, nämlich durch Beschränkung des gerichtlichen Ansatzes, Autonomisierung der Polizei und Herausführen der Polizei aus dem offiziellen „Rahmen" des Strafprozesses.

Bei solchem Ansatz erfolgt nicht nur eine wesentliche *„Polizeiorientierung"* des Vorverfahrens, welches nicht nur zu einem außergerichtlichen, sondern auch zu einem nichtprozessualen Verfahren wird, was gegenseitig verbunden ist, wie oben bereits bemerkt. Es kommt zu einer allgemeinen Krise der polizeilichen Tätigkeit, die in einem bedeutenden Maße ihre Legitimität einbüßt. Aber, wie bekannt, konnte man ohne polizeiliche Tätigkeit nicht einmal in der idyllischen Epoche des „goldenen Zeitalters" auskommen, ganz zu schweigen von der heutigen Zeit, in der wir es mit der organisierten Kriminalität, dem Terrorismus usw. zu tun haben. Im Ergebnis entsteht ein Bedarf an einschlägigen prozessualen Mechanismen zum Ausgleich der „Polizeiorientierung" des Ermittlungsverfahrens und zur Wiederherstellung der eingebüßten Legitimität. Zu solchen Ausgleichsmechanismen werden verschiedenartige einschlägige Prozeduren für ein *Prozessualisieren* der polizeilichen Tätigkeit, d.h. für die Verschönerung dieser Tätigkeit mit einem „gerichtlichen Make-up" in Form von Sanktionieren, gerichtlicher Genehmigung, Deponieren von Beweisen *(deposition)* und sonstigen Werkzeugen, die im postsowjetischen Raum unter der Bezeichnung der „gerichtlichen Kontrollmaßnahmen" bekannt sind und die wiederum im postsowjetischen Raum üblicher-, jedoch unverständlicherweise mit dem beinahe mythenhaften *habeas corpus* verbunden werden. Eben deshalb ist W. Bernam, wie wir wissen, so wenig um die reale Wirksamkeit des gerichtlichen Sanktionierens der Durchsuchungen in den USA besorgt. Eben deshalb interessiert er sich nicht so sehr für das soziologische Problem, wie oft die Richter eine Sanktionsanordnung verweigern, sondern mehr für das rein institutionelle Problem der *Tatsache* der Anrufung des Gerichts durch die Polizei[42], das es ermöglicht, die polizeiliche Tätigkeit als solche zu legitimieren bzw. zu prozessualisieren und die institutionelle Logik des angelsächsischen Strafprozesses zu erhalten. Gerichtliche Prozeduren treten hier *in erster Linie nicht als ein Mittel für die Streiterledigung* (um welchen Streit kann sich etwa bei Erteilung einer Genehmigung für Abhören von Telefongesprächen handeln?), sondern als ein Werkzeug für die *gerichtliche Legitimierung* der polizeilichen Handlungen.

Damit kann sich das theoretisch betrachtete Problem der *gerichtlichen Kontrolle* nicht autonom und ohne Rücksicht auf die Natur des Vorverfahrens im Strafprozess entwickeln, was seinerseits vom allgemeinen Strafprozessmodell abhängt. Im Endergebnis hängt hier alles davon ab, in wessen Hand die Befugnisse für Durchführung des Vorverfahrens liegen: 1) der Gerichtsorgane oder 2) der Polizei.

---

42 *Бернам У.* Ibid.

Im *ersten* Fall (klassische kontinentale Variante) kann es sich nur um ***die gerichtliche instanzenmäßige Kontrolle*** der höheren Gerichtsinstanzen über die untergeordneten Gerichtsinstanzen handeln, also im Grunde genommen um Instanzen im Geiste der herkömmlichen prozessualen Wechselbeziehungen von Gerichtsorganen verschiedener Ebenen.

Im *zweiten* Fall (klassische angelsächsische Variante) entsteht ein Bedarf an speziellen gerichtlichen Werkzeugen für Legitimierung (Prozessualisierung) der polizeilichen Tätigkeit durch Einführung ***der Kontrolle über die Polizei durch das Gericht***, d.h. an der Wiederherstellung der gerichtlichen Legitimität, die bei Abgrenzung der gerichtlichen und polizeilichen Tätigkeit und Autonomisierung der letzteren verloren geht.

Im Ergebnis *unterliegt* das Konzept der gerichtlichen Kontrolle in der Art, wie dieses sich im postsowjetischen Raum ausgestaltet hat, *keiner universellen Konzeptualisierung*. Dieses Konzept kann sich nur in jenen Rechtsordnungen entwickeln, wo die Polizei über ausreichend umfassende und relativ autonome Befugnisse für die Durchführung des Vorverfahrens verfügt.

In Bezug auf die postsowjetischen Staaten bleibt dieses Konzept nach wie vor als der in der ersten Phase zugänglichste Wiederherstellungsmechanismus der gerichtlichen Legitimität des Vorverfahrens notwendig, das sich in der Sowjetzeit in eine überwiegend polizeiliche Tätigkeit verwandelt hat, jedoch nach dem Trägheitsgesetz seine funktionsbedingte Beanspruchung und „das prozessuale Image" beibehalten hat.

Sobald wir aber über die Perspektiven des Aufbaus eines modernen und abschließenden Strafprozessmodells (keines „Übergansmodells") in Russland und in den anderen postsowjetischen Staaten nachdenken, ist die „gerichtliche Kontrolle" auch auf der allgemeinsten Ebene als ein unabdingbares Attribut lediglich einer der möglichen Entwicklungsvarianten zu betrachten – nämlich der Variante der weiteren *Polizeiorientierung* des Vorverfahrens im angelsächsischen Geiste. Wenn wir als eine Hypothese eine andere Entwicklungsvariante annehmen, die mit der Wiederherstellung des klassischen kontinentalen Vorverfahrens gerichtlichen Typs verbunden ist, so wird es uns sicher die „gerichtliche Kontrolle" vergessen lassen und an ein ganz anderes Konzept erinnern – an die „Instanzenmäßigkeit" der Untersuchungstätigkeit. Außerdem ist die kontinentale Evolution unter dem Aspekt der Gegenüberstellung der „gerichtlichen Kontrolle" versus „Instanzenmäßigkeit" viel weniger homogen. Hier ist alles sowohl aus der rechtsvergleichenden Sicht, als auch unter dem Aspekt des inneren Kombinierens der Ansätze im Rahmen des einen oder des anderen nationalen strafprozessualen Systems viel komplizierter, was nicht nur einer abstrakt-konzeptuellen, sondern auch einer viel technischeren Betrachtung des uns interessierenden Problems bedarf.

IV. Technische Perspektiven des Einflusses der gerichtlichen Kontrolle auf ein Strafprozessmodell

Die ***angelsächsische*** Variante der gerichtlichen Legitimierung der polizeilichen Tätigkeit dadurch, dass die Polizei das Recht auf eine Art sozusagen „Punktanrufung" des Gerichts hat, scheint *unerschütterlich* und institutionell homogen zu sein. Es gibt nicht den kleinsten Grund zu prognostizieren, dass hier irgendwelche Tendenzen aufkommen können, die mit dem Eindringen des gerichtlichen Ansatzes in das Wesen der polizeilichen Fahndungs- und Ermittlungstätigkeit verbunden seien, und selbst der Gedanke an die Errichtung in England oder in den USA einer Figur des Ermittlungsrichters nach dem französischen Vorbild sieht fast wie ein rechtsvergleichender Witz aus. Deshalb gibt es in der angelsächsischen polizeilichen Untersuchung keine Beimischungen von „Instanzenmäßigkeit", kein Kombinieren von Ansätzen usw., und es kann auch keine geben. Technische Analyse der Grundlagen und des Verfahrens der Gerichtsanrufung von der englischen oder US-amerikanischen Polizei ist zwar an und für sich interessant und vermag uns mit neuen empirischen Informationen zu bereichern, jedoch vom Standpunkt der Ziele der vorliegenden Forschung aus kann uns diese Analyse keine neuen Informationen in Bezug auf den Einfluss der gerichtlichen Kontrolle auf die Dynamik der Evolution von Strafprozessmodellen (oder umgekehrt) liefern.

Ganz anders verhält es sich mit dem kontinentalen Strafprozess, wo eine deutliche Polizeiorientierung des Vorverfahrens zu beobachten ist, welche uns zwingt anzuerkennen, dass der in den Lehrbüchern beschriebene Strafprozess vom napoleonischen Typ, bei dem das ganze Vorverfahren faktisch auf die Tätigkeit des Ermittlungsrichters hinausläuft und die polizeiliche Ermittlung offiziell nicht anerkannt wird, für immer vorbei ist. Selbstverständlich ist es nicht nur auf den angelsächsischen rechtsvergleichenden Einfluss zurückzuführen, obwohl auch er nicht zu verleugnen ist. Aber auch ohne diesen Einfluss sind die Rolle der modernen Polizei bei der Aufklärung von gefährlichen Straftaten, die Notwendigkeit diverser „spezieller Untersuchungsmaßnahmen" (etwa Einsatz verdeckter Ermittler, Abhören von Gesprächen etc.)[43] und sonstige unumgängliche Attribute des polizeilichen Alltags im modernen Strafprozess, vor denen wir uns nicht mehr hinter der gerichtlichen Logik des Instituts des Ermittlungsrichters verstecken können, verständlich. Die unausweichliche Polizeiorientierung des kontinentalen Vorverfahrens verwischt die Grenzen zwischen der kontinentalen und der angelsächsischen Spezifik des Vorverfahrens-

43 Siehe u.a.: Recommandation Rec (2005) 10 du Comité des Ministres aux Etats membres relative aux techniques spéciales d'enquête en relation avec des infractions graves y compris des actes de terrorisme (https://wcd.coe.int/ViewDoc.jsp?id=849281&Site=COE).

aufbaus, indem sie es ermöglicht, die allgemeine kontinentale strafprozessuale Logik beizubehalten, jedoch erfolgt die Polizeiorientierung innerhalb der kontinentalen strafprozessualen „Familie“ auf verschiedene Weise. Außerdem kann es sich nur um eine *teilweise Polizeiorientierung* des kontinentalen Ermittlungsverfahrens handeln, was für uns vor allem unter dem Aspekt wichtig ist, wie der Umfang und die Formen des gerichtlichen Einflusses verstanden werden. Hier sollten einige mögliche Ansätze genannt werden.

Das französische Strafverfahren bleibt, trotz der offiziellen Erklärungen von Staatspräsident Nicolas Sarkozy, der im Januar 2009 die auf Abschaffung des Instituts des Ermittlungsrichters (juge d'instruction) gerichtete Reform angekündigt hat,[44] welche jedoch ausblieb, im Großen und Ganzen den Ideen des klassischen Vorverfahrens vom napoleonischen Typ treu, das keine „gerichtliche Kontrolle“, sondern nur „Gerichtsinstanzen“ kennt. Aber im Unterschied zu dem legendären *Code d'instruction criminelle* (CIC) von 1808, in dem die polizeiliche Ermittlung gar nicht gesetzlich vorgesehen worden war, „zogen es die Verfasser der französischen StPO von 1958 unter dem Eindruck der praktischen Bedeutung des Ermittlungsverfahrens und in der Erkenntnis der Unmöglichkeit, dieses weiter zu ignorieren, vor, die Untersuchung (die von ihnen als *enquête préliminaire* bezeichnet wurde) anzuerkennen, was ihre gesetzliche Regelung ermöglichte“.[45] Gleichzeitig handelte es sich in den ersten Jahrzehnten der Geltung dieser StPO nur um minimale Befugnisse der Polizei bei der Einschränkung von bürgerlichen Verfassungsrechten, die sich im Wesentlichen auf in den Lehrbüchern beschriebene kurzfristige Festnahme begrenzten *(garde à vue)*. Das ermöglichte eine Beibehaltung der klassischen kontinentalen Struktur des Strafprozesses, bei der für die Anwendung von strafprozessualen Maßregeln und „spürbaren“ Untersuchungshandlungen erforderlich ist, die Strafverfolgung zu beginnen, Akten dem Ermittlungsrichter zu übergeben, der schon auf der gerichtlichen Ebene entsprechende Entscheidungen und Beschlüsse fasst, die von den übergeordneten Gerichten auf dem gerichtlichen Instanzenwege kontrolliert werden, wodurch sich die Frage nach der Notwendigkeit der „gerichtlichen Kontrolle“ im Ausland erübrigt.

Heute jedoch wird die französische polizeiliche Untersuchung durch immer neue Befugnisse der Polizei bei der *unmittelbaren* Beschränkung der bürgerlichen Verfassungsrechte angereichert. Damit erfolgt eine weitere Polizeiorientierung des Vorverfahrens mit Verlagerung des Schwerpunktes von der gerichtlichen auf die polizeiliche Tätigkeit. So ist heute der Polizei durch das Gesetz vom 9. März 2004 erlaubt, während der Untersuchung Wohnungen ohne Zustimmung der dort wohnenden Personen zu durchsuchen, was erst vor kurzem undenkbar gewesen ist. Es ist klar, dass in einer solchen Situation die gerichtli-

44 *De Charrette L.* Sarkozy envisage la fin du juge d'instruction // Le Figaro, mercredi 7 janvier 2009 (№ 20 043). P. 9.

45 *Pradel J.* Op. cit. P. 459.

che Legitimierung der polizeilichen Tätigkeit geboten ist, mit anderen Worten erfordert die institutionelle Logik vom französischen Gesetzgeber dieselben Ansätze wie in den USA oder im postsowjetischen Raum. Es ist schon eine andere Frage, dass das Vorhandensein der spezialisierten Gerichtsermittlungsorgane und ihr Einsatz im Ermittlungsverfahren eine bequeme Infrastruktur für die Verwirklichung der „spezialisierten gerichtlichen Kontrolle" über die Polizei schafft. So wendet sich die französische Polizei, wenn eine Wohnungsdurchsuchung notwendig ist, an einen speziellen *Haftprüfungsrichter (le juge des libertés et de la détention),* der nach der Annahme des Gesetzes vom 15. Juni 2000 eingeführt wurde und für Haftanordnung zuständig ist. Zudem wurden auf diesen Richter einige Befugnisse des Ermittlungsrichters *(le juge d'instruktion)* bei der Durchführung des Vorverfahrens übertragen. In erster Linie ist es das Recht auf Entscheidung über Haftanordnung, obwohl es hier kaum um eine „horizontale" Kontrolle eines Richters (des Haftprüfungsrichters) über einen anderen (Ermittlungsrichter) geht. Es handelt sich eher nicht um eine „Kontrolle", sondern um die Abgrenzung der Befugnisse zwischen den auf einer Ebene gelegenen Gerichtsorganen gemäß der Verteilung der Zuständigkeiten.

Deshalb ist das heutige französische Strafprozessmodell aus der Sicht der gerichtlichen Kontrolle ein ***kombiniertes Modell:*** Während der polizeilichen Untersuchung hat der spezialisierte Richter *(juge des libertés et de la détention)* die „gerichtliche Kontrolle" auszuüben, die es auf die angelsächsische oder postsowjetische Weise ermöglicht, die Polizeihandlungen bei der Einschränkung der bürgerlichen Verfassungsrechte zu legitimieren; im Vorverfahren werden alle Befugnisse zwischen dem herkömmlichen Ermittlungsrichter und dem neuen Haftprüfungsrichter verteilt, deren gerichtliche Handlungen und Entscheidungen bzw. Beschlüsse einer Instanzenkontrolle durch die übergeordneten Berufungsgerichtsorgane unterliegen. Unter diesem Aspekt bleibt der französische Strafprozess nach wie vor ein lehrbuchähnliches kontinentales Beispiel für eine *teilweise* Polizeiorientierung des Vorverfahrens sowie für eine *gemäßigte* und nicht zu umfassende Polizeiorientierung.

Der deutsche Strafprozess, der sich lange *mutatis mutandis* im klassischen kontinentalen Geiste mit dem gerichtlichen Untersuchungsvorverfahren etc. entwickelt hatte, schaffte im Zuge der schon legendär gewordenen Reform (Gesetz vom 9. Dezember 1974) das Institut der Voruntersuchung als solches ab. Natürlich führte das zu einer drastischen Zunahme des Drucks auf die polizeiliche Ermittlung, die zur einzigen Form des Vorverfahrens wurde, denn von nun an mussten alle Maßnahmen, die früher in die Zuständigkeit des klassischen Ermittlungsrichters vom französischen Typ gehört hatten, im Ermittlungsverfahren ergriffen werden. Es geschah ein Wandel vom gemäßigten kontinentalen Dualismus „gerichtliche Voruntersuchung + staatsanwaltschaftlich-polizeiliche Ermittlung" zur unifizierten und völlig polizeilichen Ermittlung unter Leitung des Staatsanwalts, was nicht nur zur „Polizeiorientierung" des Vorverfahrens führte, sondern auch zur natürlichen Erfordernis, das Problem der gerichtlichen Legitimierung des letzteren zu lösen.

Bei der Lösung der anstehenden Aufgabe wurde im deutschen Strafprozess auch die neue kontinentale Tendenz sichtbar, die auf die Suche nach einem Kompromiss zwischen den klassischen Instanzen vom französischen Typ und den angelsächsischen Mechanismen der Legitimierung der polizeilichen Tätigkeit durch *jeden beliebigen ordentlichen* Richter (oft auch durch einen Laienrichter) gerichtet war. Faktisch handelte es sich nicht um Zerschlagung des französischen Modells, sondern vielmehr um dessen Umwandlung durch Abschaffung der reinen Untersuchungsbefugnisse der herkömmlichen Untersuchungsrichter und Beibehaltung ihrer gerichtlichen Befugnisse. Mit anderen Worten bediente sich der deutsche Gesetzgeber der Infrastruktur des kontinentalen Strafprozesses (genauer: des Instituts der Untersuchungsrichter), um auf dieser Basis ein gewisses Organ ***der spezialisierten gerichtlichen Kontrolle*** über die Polizei zu konstruieren. Hier gibt es schon kein völliges In-sich-Aufnehmen der polizeilichen Tätigkeit seitens der rechtsprechenden Gewalt, weil jede Untersuchungshandlung bzw. jeder Untersuchungsakt als eine gerichtliche Handlung bzw. ein gerichtlicher Akt angesehen werden, jedoch gibt es hier auch keine vollständige Autonomie der Polizei gegenüber der rechtsprechenden Gewalt, denn das Zusammenwirken zwischen der Polizei und dem Gericht stellt einen streng institutionellen Mechanismus im kontinentalen Geiste mit einer nachhaltigen Gerichtsbarkeit, Zuständigkeit, funktionsbedingten Abgrenzung der Zuständigkeiten etc. dar und ist keine von der Polizei zu treffende Wahl des für sie bequemsten und prozessual sparsamen Weges zur Legitimierung ihrer Tätigkeit auf die amerikanische Weise.

Die Einführung des neuen deutschen „Ermittlungsrichters" führte zur institutionellen Ausgestaltung eines neuen Modells, welches in der frankophonen Literatur als ***juge de l'instruction*** bezeichnet wird, d.h. „*Richter, die über die Entscheidungen der Untersuchungsorgane judizieren*", was terminologisch elegant den klassischen ***juge d'instruction***, d.h. „*Richtern, die die Voruntersuchung durchführen*" gegenübergestellt wird. In diesem Sinne ist der traditionelle russische Begriff „следственный судья", der oft in beiden Fällen gebraucht wird, offensichtlich unzureichend, weil er eine begriffliche Differenzierung von zwei völlig verschiedenen Ansätzen nicht zulässt, denn dieser russische Begriff lässt nicht immer eindeutig erkennen, ob die deutschen *Ermittlungsrichter* oder die französischen *juge d'instruction* gemeint werden.[46]

---

46 Einen Versuch der terminologischen Abgrenzung der beiden Modelle unternahm N.Kovtun: *Ковтун Н. Н.* О понятии и содержании термина «судебный следователь» (следственный судья) // Российский судья. 2010. № 5. Jedoch gibt der Begriff „судебный следователь (der gerichtliche Untersuchungsführer)", der aus der Gesetzgebung des Russischen Reichs übernommen wurde, weder linguistisch noch

Damit stellt die deutsche Variante einer *teilweisen Polizeiorientierung*, bei der die staatsanwaltschaftlich-polizeiliche Ermittlung von speziellen Gerichtsorganen mit eindeutigen Zuständigkeiten kontrolliert wir, eine *umfassendere* Polizeiorientierung des Vorverfahrens als diejenige, die in Frankreich besteht, dar, wenigstens zurzeit. Wenn es hier auch zulässig ist, von einer ***kombinierten*** Verbindung der beiden von uns genannten Modelle zu sprechen – der „innen gerichtlichen Instanzenkontrolle" (Kontrolle der übergeordneten Gerichte über die Entscheidungen des „Ermittlungsrichters als *juge de l'instruction* „) und der „Kontrolle des Gerichts über die Handlungen der Polizei", dann natürlich mit einem ausdrücklichen Schwerpunkt auf dem letzten Modell und mit einer unvermeidlichen Lostrennung vom Instanzenkonzept, weil die Rolle des Gerichts über die Handlungen der Polizei keine instanzliche Kontrolle sein kann. In Deutschland geschah jedoch auch kein vollständiger Übergang in die angelsächsische Richtung (sogar im Vergleich mit den entsprechenden postsowjetischen Tendenzen). In diesem Sinne wird der deutsche Strafprozess bei allen Versuchen der Klassifizierung von Schlüsselmodellen des Einflusses der rechtsprechenden Gewalt auf die Organisation des Vorverfahrens einen Platz mal neben dem angloamerikanischen Strafprozess einnehmen und dem französischen gegenüberstehen, mal neben dem französischen Strafprozess platziert sein und dem angloamerikanischen gegenüberstehen (es kommt auf die Kriterien des Vergleichs an). So gehört der deutsche Strafprozess *einerseits* zu der gleichen „Familie", wie auch der Strafprozess in den USA und in England, weil da sich die rechtsprechende Gewalt nicht mit der Durchführung des Vorverfahrens beschäftigt, was ein ausschließliches Prärogativ der außergerichtlichen Organe ist, und das unterscheidet diese „Familie" vom französischen Strafprozess (das Institut der klassischen Untersuchungsrichter *juge d'instruction* und gerichtliche Instanzen bei der Ausübung der Untersuchungstätigkeit) und bedarf besonderer Mechanismen der gerichtlichen Legitimierung der polizeilichen Tätigkeit. *Andererseits* gehört der deutsche Strafprozess zu der gleichen „Familie", wie der französische in dem Sinne, dass in diesen beiden Systemen spezialisierte Gerichtsorgane existieren, die sich ausschließlich mit dem Vorverfahren beschäftigen (wenn auch der Umfang der Befugnisse dieser Organe in den beiden Staaten unterschiedlich ist), was nach wie vor eine kontinentale „Konstante" ist. Der angelsächsische Strafprozess kennt keine spezialisierten gerichtlichen Untersuchungsentscheidungen.

Es sei hinzugefügt, dass heute das Modell *juge de l'instruction* (eines Richters, der über die Untersuchung gesetzt ist), das auf die deutsche Reform von 1974 zurückgeht, zu dem weitverbreitetsten, ja sogar zu einem „modischen" Modell im Rahmen des kontinentalen Strafprozesses wird. Dem deutschen Vorbild sind Italien, Österreich, die Schweiz, die ein spezielles „Tribunal für pro-

---

sinngemäß den französischen Begriff *juge d'instruction* wieder, weil der heutige französische *juge d'instruction* ein vollwertiger ***Richter*** ist.

zessuale Maßregeln“ errichtet hat (durch die schweizerische StPO, die am 1.1.2011 in Kraft getreten ist)[47], und einige andere Staaten *mutatis mutandis* gefolgt. Zudem erscheint dieses Modell ein recht flexibles zu sein, indem es die Suche nach immer neuen Kombinationsmechanismen der klassischen gerichtlichen Untersuchungsinstanzen und der gerichtlichen Kontrolle über die polizeilich-staatsanwaltschaftliche Ermittlung ermöglicht. Mit anderen Worten gleicht das in verschiedenen Ländern benutzte Modell *juge de l'instruction* (eines Richters, der über die Untersuchung gesetzt ist) einem Pendel, das zwischen der französischen und der deutschen Variante der Organisation des Vorverfahrens schwingt. Die Hauptform des Vorverfahrens in Portugal stellt beispielsweise die polizeilich-staatsanwaltschaftliche Ermittlung dar, die durch spezialisierte gerichtliche Untersuchungsjurisdiktionen im Geiste von *juge de l'instruction* kontrolliert wird. Auf Antrag des Beschuldigten oder des Geschädigten darf jedoch der Ermittlungsrichter *(juez de instrução)* das Verfahren übernehmen und die Voruntersuchung in vollem Umfang durchführen, wodurch er zum klassischen *juge d'instruction* wird.[48] In den Niederlanden verwandelt sich manchmal der „über die Untersuchung gesetzte Richter“, der die polizeilich-staatsanwaltschaftliche Untersuchung als die Hauptform der Untersuchung kontrolliert, in einen traditionellen „Ermittlungsrichter“, jedoch nicht auf einen Antrag der Parteien, sondern auf die Initiative des Staatsanwalts, wenn nach seiner Meinung die Untersuchung zu kompliziert sei und ein so aktives Einmischen der rechtsprechenden Gewalt erfordere, dass ihr vollständiges „Aufnehmen“ durch die letztere einer fragmentarischen Legitimierung in Form der gerichtlichen Kontrolle über die Polizei vorzuziehen sei.[49] In diesen Beispielen geht es nicht so sehr um beständige Modelle, sondern eher um die Suche nach einem Kompromiss zwischen dem französischen und dem deutschen System, obwohl solcher „Kompromiss“ in praktischer Hinsicht sehr aufschlussreich und vielversprechend erscheint.

Zum Schluss muss noch ein Problem angesprochen werden, das das kontinentale Verständnis der Legitimierung der polizeilichen Tätigkeit bedeutend komplizierter macht. Aus rein methodischen Überlegungen heraus haben wir oben das staatliche Segment des Vorverfahrens ausschließlich auf das Verhältnis zwischen polizeilichen und gerichtlichen Funktionen im Rahmen der Dichotomie „Polizei – Gericht“ beschränkt. In Wirklichkeit handelt es sich jedoch nicht

---

47 Siehe u.a.: *Jendly M., Kuhn A.* Procédures d'exception et instruction: un éclairage helvétique // J.-P. Céré (dir.) Procédures pénales d'exception et Droits de l'homme. Paris. L'Harmattan. 2011. P. 124.

48 Siehe: *Monteiro E.* Le nouveau code de procédure pénale portugais // Revue de sciences criminelles et de droit pénal comparé. 1987. № 4. P. 962 – 963.

49 Ausführlicher dazu: *Головко Л. В.* Материалы к построению сравнительного уголовно-процессуального права: источники, доказательства, предварительное производство // Труды юридического факультета МГУ им. М. В. Ломоносова. Книга 11. Москва. Правоведение 2009. С. 337 – 338.

um einen Dualismus, sondern um ein „Dreieck“ – „Gericht – Polizei – Staatsanwaltschaft“. Die Staatsanwaltschaft wurde von uns in Hinblick auf den angelsächsischen Strafprozess gar nicht angesprochen und in Bezug auf den kontinentalen Strafprozess nur flüchtig erwähnt (zunächst als die Formel „*die polizeilich-staatsanwaltschaftliche Ermittlung*“). Dieser Ansatz hat seine methodologischen Gründe, es gibt aber auch rein theoretische Gründe, weil die Staatsanwaltschaft (im Unterschied von der Polizei und dem Gericht) in konzeptueller Hinsicht keinen ausdrücklich angegrenzten institutionellen Raum besitzt und deshalb ständig zwischen der Polizei und dem Gericht balanciert. Je nach den historischen und rechtsvergleichenden Umständen neigt sie bald zur Polizei, indem sie ihren jurisdizierten prozessualen „Gipfel“ darstellt, bald zum Gericht, wobei sie zu einem der Elemente der rechtssprechenden Gewalt (franz.: *magistrature)* im weiteren Verständnis wird. In diesem Sinne negiert der angelsächsische Strafprozess, der im Kontext der Theorie der „Polizeiautonomie“ jegliche Aufsicht der Staatsanwaltschaft über die Polizei ausschließt, die forensische Natur der staatsanwaltschaftlichen Funktionen vollständig, was wirklich von der Dichotomie „Polizei – Gericht“ sprechen lässt und die Fragestellung nach der Legitimierung der Tätigkeit der Polizei seitens des Staatsanwalts in den USA oder in England nicht einmal ermöglicht. Im kontinentalen Strafprozess verhält es sich jedoch anders, weil dort die Staatsanwaltschaft oft nach wie vor nicht nur einen mehr oder weniger unabhängigen Korpus von Magistraten (vom franz.: *magistrature)* darstellt, der institutionell mit der rechtssprechenden Gewalt verbunden ist[50], sondern auch in einem allgemeineren Sinne das wichtigste Werkzeug der Legitimierung und Prozessualisierung der polizeilichen Tätigkeit ist. Das System der „staatsanwaltschaftlichen Legitimierung“ hat ihren Paroxysmus im sowjetischen Recht erreicht, indem es das Gericht aus dem Vorverfahren nach und nach verdrängt hat. Es ist kein Zufall, dass in den letzten Jahren der Europäische Gerichtshof für Menschenrechte (EGMR) mehrmals das Problem der „staatsanwaltschaftlichen Legitimierung“ ansprechen musste und in Bezug auf Frankreich mit seinem Magistrature-Dualismus hervorhob, dass der *procureur de la Republique* kein Vertreter der rechtsprechenden Gewalt sei[51] und deshalb unter dem Aspekt der Legitimierung

---

50 Über die in Frankreich vorgenommene Abgrenzung zwischen den magistrature assise und den magistrature débout siehe: *Vincent J., Guinchard S., Montagnier G., Varinard A*. Institutions judiciaires. Organisation. Juridictions. Gens de justice. 6 éd. Paris. Dalloz. 2001. P. 131 – 132.

51 Beschluss des EGMR im Fall Medvedyev v. France vom 10. Juli 2008. In einem anderen sehr wichtigen Beschluss Merlin v. France vom 23. November 2010 (endgültiger Beschluss der Großen Kammer vom 23. Februar 2011) bestätigte der EGMR, dass „in Frankreich die Vertreter der Staatsanwaltschaft den Anforderungen der Unabhängigkeit gegenüber der Exekutive nicht genügen, die abhängig vom konkreten Rechtssystem in dem selben Maße, wie Unvoreingenommenheit bei der Beurteilung des Systems von Garantien, die dem Begriff „magistrature“ im Sinne von Art. 5 Abs. 3 der Konvention,

der polizeilichen Tätigkeit keinen gleichwertigen Ersatz für das Gericht darstelle. Jedoch ist das Problem der Rolle des Staatsanwalts im Vorverfahren und seines Verhältnisses mit der Polizei, insbesondere auch aus der Sicht der kontinentalen Mechanismen der „staatsanwaltschaftlichen Legitimierung“ der Polizeihandlungen, der Möglichkeit, den Staatsanwalt für ein Element der rechtsprechenden Gewalt zu halten, etc. an und für sich kompliziert, autonom und bedarf einer speziellen Analyse, die über die sachlichen und methodologischen Grenzen der vorliegenden Forschung hinausgeht.

Im Großen und Ganzen lassen sich derzeit drei Varianten der Abgrenzung der polizeilichen und gerichtlichen Funktionen im Strafprozess feststellen, die die Legitimität der polizeilichen Tätigkeit sicherstellen und die man in theoretischer Hinsicht als ***archetypisch*** bezeichnen könnte:[52]

1) ***Die französische Variante*** des vollkommen gerichtlichen Vorverfahrens, die keines speziellen Mechanismus der Kontrolle über die Polizei bedarf und der eine Instanzenstruktur der gerichtlichen Untersuchungsentscheidungen zugrunde liegt *(Modell der gerichtlichen Instanzlichkeit);*
2) ***Die deutsche Variante*** der polizeilich-staatsanwaltschaftlichen Ermittlung mit der Legitimierung der polizeilichen Tätigkeit mit Hilfe spezieller gerichtlicher Ermittlungsentscheidungen durch Organisation der Kontrolle über die Polizei, für die ein spezieller Ermittlungsrichter zuständig ist (*Modell der Kontrolle über die Polizei seitens eines spezialisierten Richters);*
3) ***Die anglo-amerikanische Variante*** der autonomen polizeilichen Untersuchung (Ermittlung) mit der Legitimierung der polizeilichen Tätigkeit seitens der ordentlichen (darunter auch nichtberuflichen bzw. halb-beruflichen) niedrigen Gerichtsinstanzen durch Organisation der Kontrolle über die Polizei von einen gewöhnlichen Richter *(Modell der Kontrolle über die Polizei von einem ordentlichen Richter).*

Dabei grenzt heute die postsowjetische „gerichtliche Kontrolle“ an die anglo-amerikanische Variante. Dieser Ansatz kann jedoch kaum als eine bewusste Wahl des Modells gelten. Er ist eher durch ein vollständiges Fehlen der gerichtlichen Untersuchungsstruktur bedingt, die in der Sowjetzeit zerstört wurde, und durch die Unmöglichkeit, damals die deutsche Variante zu wählen, von der französischen Variante ganz zu schweigen. Es ist noch zu früh vorauszusagen, welchen Weg der postsowjetische Strafprozess insgesamt und insbesondere der russische Strafprozess einschlagen. Offensichtlich ist nur, dass die in den 90er Jahren des 20. Jahrhunderts entstandene Theorie der „gerichtlichen Kontrolle“

berücksichtigt werden müssen“ (http://www.rtdh.eu/pdf/20101123_moulin_c_france.pdf).

52 Wie oben erörtert, schließt das eine mögliche Kombination dieser Varianten im Rahmen eines einzelnen strafprozessualen Systems nicht aus.

zu eng und konzeptuell ungerechtfertigt beschränkt ist, um als ein theoretisches Fundament für die adäquate institutionelle Wahl zu dienen.

Hauptverfahren

Adversatorisches Hauptverfahren?

Anatolij Barabash

An das Ende des Beitragsthemas habe ich das Fragezeichen gesetzt, das im Vorschlag der Konferenzveranstalter gefehlt hatte. Der adversatorische Charakter des Hauptverfahrens wird von vielen russischen Strafrechtlern ebenfalls nicht in Frage stellt.[1] Sie sind der Meinung, wenngleich im Vorverfahren die adversatorischen Prinzipien nicht zur Geltung kommen können, so sei gerade das Hauptverfahren vom adversatorischen Ansatz geprägt. Wenn ich mich nicht irre, waren die meisten Konferenzteilnehmer in Duschanbe gerade dieser Lösung zugeneigt. Die Frage, durch welchen Ansatz das Hauptverfahren geprägt ist, existiert für mich auch nicht. Es ist nicht der adversatorische, sondern der öffentliche Ansatz. Das Bestehen dieser zwei gegensätzlichen Thesen lässt mich das Fragezeichen ans Ende des vorgeschlagenen Beitragsthemas setzen.

Das Verständnis der Gerichtsverhandlung als einer Tätigkeit, die den adversatorischen Ansatz realisiert, geht auch aus dem Wortlaut des Art. 15 StPO der Russischen Föderation hervor. Dort heißt es, die Gerichtsverhandlung erfolge auf der Grundlage der Adversarität der Parteien. Außer Acht gelassen werden dabei die Widersprüche im geltenden Strafgesetzbuch, wo an einer Stelle das adversatorische Verfahrensmodell verankert ist (Art. 15 StPO der RF) und es darum geht, dass keine der Parteien die Funktionen der anderen Partei übernehmen darf, an der anderen Stelle aber am Erkenntnismechanismus festgehalten wird, der dem adversatorischen Modell fremd ist. Die Argumente derjenigen, die sich gegen so ein Verständnis des Strafprozesses aussprechen, werden ignoriert. Dabei wird unter Adversarität genau das verstanden, was in Art. 15 steht. Hier ist der Wortlaut dieses Artikels:

1) Das Strafgerichtsverfahren ist kontradiktorisch durchzuführen.
2) Die Funktionen der Anklage, Verteidigung und Entscheidung über den Straffall sind voneinander getrennt. Sie können einem und demselben Organ oder einer und derselben Amtsperson nicht auferlegt werden.

---

1 Siehe Барабанов П.К. Является ли по УПК РФ обвинение уголовным иском // Российская юстиция, 2008, № 7 // СПС «Консультант+»; Зайцева Е.А. К вопросу о законодательной власти в России, или как «правят УПК РФ // Российский судья, 2007, № 3 // СПС «Консультант+»; Леопа Н.В. Состязательность сторон в стадии судебного рассмотрения уголовных дел // Актуальные проблемы юридической науки: тез. Докл. Всерос. научн.-практ. конф./ Краснояр. гос. ун-та Юрид. инт-т; отв. ред. А.Н. Тарбагаев. – Красноярск: РУМЦ ЮО, 2005. С. 796; Мешков В.М., Соколов А.Н. О состязательности уголовного процесса через призму времени // Журнал российского права, 2006, № 2 // СПС «Консультант + » и многие другие.

3) Das Gericht ist kein Strafverfolgungsorgan, es tritt weder auf der Anklage- noch auf der Verteidigungsseite auf. Das Gericht schafft notwendige Voraussetzungen, damit die Parteien ihre Verfahrenspflichten erfüllen und die ihnen gewährten Rechte geltend machen können.
4) Die Parteien – Anklage und Verteidigung – haben gleiche Rechte vor Gericht.

Es genügt, einfach den Text aufmerksam durchzulesen, um zu verstehen, dass es hier nicht um die Adversarität geht, wenn man darunter einen Streit versteht: hier ist die Reden von den Voraussetzungen, die – falls vorhanden – die Adversarität verwirklichen lassen. Liegen diese etwa im russischen Strafprozess vor? Dies ist gerade die Frage, mit der wir uns auseinander setzen sollen.

Wollen wir es vorläufig bei dieser kurzen Feststellung über das Wesen der Adversarität bewenden lassen und beschäftigen wir uns mit der Frage, inwieweit die Adversarität für das Strafverfahren in Russland organisch ist. Dabei müssen wir davon ausgehen, dass jede Erscheinung mehrere Etappen in ihrer Entwicklung durchläuft. Die Entwicklung wird durch eine Menge von Faktoren beeinflusst. Will man eine Erscheinung begreifen, hat man sich den Anfängen ihres Werdegangs zuzuwenden, den Kern und das Wesen der Erscheinung auszugliedern, das abzusondern, was bei der Weiterentwicklung die substantielle Qualität gefestigt hat. Diese Sichtweise, bei der die Entstehungs- und Entwicklungsgeschichte einer Erscheinung einbezogen wird, hilft zu begreifen, was sie ist; das Erfasste kann die Grundlage für die weitere Arbeit bilden.

Diese Feststellung ist ein ABC für jeden Forscher, aber man soll darauf immer wieder hinweisen, wenn man auf die moderne Form des russischen Strafverfahrens zu sprechen kommt. Genauer gesagt, wenn es um die Frage geht, durch welchen Ansatz – den öffentlichen oder den adversatorischen – diese Form geprägt ist. Wieso ist es zu dieser Situation gekommen? Die Antwort liegt auf der Hand, wie es mir scheint. Liberale Demokraten haben das amerikanische Rechtssystem als Ideal betrachtet und beeilten sich, die Adversarität des russischen Strafverfahrens gesetzlich festzuhalten. Sie glaubten, damit könnten die Übel der totalitären Vergangenheit geheilt werden. Inwieweit dieser Ansatz zur Geschichte des Volkes passt und dessen Mentalität entspricht, wurde wissenschaftlich gar nicht abgehandelt. Die meisten Forscher haben diese Frage auch gar nicht gestellt. Aber ohne die Frage zu stellen, ist es – wie schon oben gesagt – unmöglich, die Gegenwart zu verstehen und die Zukunft einer jeden Erscheinung, auch die des Strafverfahrens, zu prognostizieren. Jede Schlussfolgerung muss eine erkenntnistheoretische Basis haben. Die Zwangseinführung des adversatorischen Models in das russische Strafverfahren hat diese Basis nicht. Hier haben wir wieder einmal eine voluntaristische Lösung vorliegen. Die Vergangenheit befindet sich nicht außer uns, sie ist in unserem Bewusstsein präsent. Bevor man die Gegenwart zerschlägt, um die Zukunft neu zu gestalten, muss man Änderungen im Bewusstsein vollziehen lassen. Das ist aber ein langwieriger Vorgang, verbunden mit dem Anerziehen einer anderen als der früheren Haltung zu Menschen und zu der Welt. Unsere Reformer haben sich als unfähig erwiesen, damit fertig zu werden. Ihr bolschewistisches Bewusstsein führte dazu, dass sie dem russischen Verfahren eine fremdartige Ausprägung aufgezwungen haben.

Vor einiger Zeit habe ich Forschungen unternommen, um zu klären, wie das russische Strafverfahren sein sollte und warum. Die Ergebnisse ließen mich schlussfolgern, dass infolge einiger Besonderheiten in der Entwicklung der russischen Gemeinschaft und des russischen Staates dem Strafverfahren in Russland der öffentliche Ansatz zugrunde liegt. [2] Dieser Schluss beruht auf der geografischen Lage Russlands sowie auf der Entwicklung sowohl der Verhältnisse im Innern des Landes als auch der Beziehungen zu den Nachbarn, auf kulturellen Traditionen und auf der Mentalität der Nation im Ganzen. Der Vergleich zwischen diesen Faktoren und denjenigen, die den Werdegang westeuropäischer Staaten und deren Rechtssysteme beeinflussten, lässt zu dem Schluss kommen, dass sie recht ähnlich sind. Freilich, im Fall Russlands waren das Einigungsbedürfnis und das Erfordernis, gemeinsam die Interessen zu schützen, viel akuter: vom Osten ließen die Steppenvölker das Land nicht in Ruhe, eine nicht weniger große Gefahr drohte vom Westen. Die eine Grundlage, und zwar die Notwendigkeit, gemeinsames Interesse zu verteidigen, die sich in den westeuropäischen Ländern und in Russland ausgestaltet hatte, bewirkte eine in Grundzügen ähnliche kontinentale Verfahrensform. Es sei eingeräumt, dass der russische Strafprozess, begonnen mit Peter dem Großen, zu Anfang unter einem starken Einfluss des deutschen und - seit Mitte des 19. Jahrhunderts – des französischen Strafverfahrens stand. [3] Auch in der Sowjetzeit ist er im kontinentalen Paradigma geblieben. *N. G. Stoiko* hat, gestützt auf die Forschungen von *L. Fredman* und *Ch. Osakwe*, zu Recht angemerkt, „rechtstechnisch gesehen entwickelte sich das Strafverfahren in der Sowjetunion im Geiste der kontinentalen Rechtstradition.“ [4] Diese Basis ist auch nach dem Vorstoß der modernen Reformer erhalten geblieben.

---

2 Der Autor hält es für unmöglich, diese Schlussfolgerung hier zu begründen und schlägt den Interessenten vor, sich des Textes der Monographie zu bedienen: Барабаш А.С. Публичное начало российского уголовного процесса. СПб.: Изд-во Р. Асланова «Юридический центр Пресс», 2009. С. 12-45.

3 Vgl.: Чельцов-Бебутов М.А. Курс уголовно-процессуального права. Очерки по истории суда и уголовного процесса в рабовладельческих, феодальных и буржуазных государствах. СПб., 1995. С.688-828; *Смирнов А.В.* Модели уголовного процесса. СПб., 2000. С.191-193

4Стойко Н.Г. Уголовный процесс западных государств и России: сравнительное теоретико-правовое исследование англо-американской и романо-германской правовых систем. СПб.: Издательский Дом СПб. гос. ун-та, Изд-во юрид. фак-та СПбГУ, 2006. С. 12.

Dieses herbe Gefühl der Zusammengehörigkeit und des „freundlichen" Nachbarellenbogens hatte man auf den Britischen Inseln nicht, so nahm dort die Entwicklung einen anderen Weg, dies trifft auch auf das Strafverfahren zu. Aber im Ergebnis zeugt die ganze Entstehungsgeschichte der Adversarität davon, dass sich im Laufe der fortschreitenden Entwicklung eine immer größere Anzahl öffentlicher Elemente angesammelt hat. Zurzeit ist gerade dieser Prozess gemischt.

Die letztere These kann mit der Geschichte der Adversarität nachgewiesen werden. Hier kann man folgende Formen ausgliedern: das inquisitorische Verfahren, das Privatklageverfahren und die öffentliche Klage. Jede Form knüpft an ein bestimmtes Niveau der Sozialisation der Angehörigen einer Gesellschaft, an ihre Einstellung zur Staatsmacht an. In den Zeiten des inquisitorischen Verfahrens war die Staatsmacht schwach und die Gesellschaft konnte sich auf den Staat nicht verlassen. Bei Gerichtsstreitigkeiten vertraute man lieber auf das Schicksal, auf den Willen eines Wesens, das sich nicht von irdischen Passionen leiten lässt. Im Privatklageverfahren bevorzugen die Parteien, eigene Kräfte einzusetzen, um Beweise anzusammeln, die Entscheidung aber wird nicht vom himmlischen, sondern vom irdischen Gericht erwartet. Dabei ist es zulässig, dass in Fällen des öffentlichen Interesses das Gericht nicht nur bei der Beweisaufnahme, sondern auch bei der Beweiserhebung aktiv handelt. Bei der öffentlichen Klage ist ein eigens bevollmächtigtes Staatsorgan für die Anklage zuständig.

Die Adversarität in Reinkultur beinhaltet Konfrontation. Mit der Zeit wächst das Verständnis für gemeinsame Interessen bei der Eindämmung der Kriminalität an. Nach und nach wird unter seinem Einfluss das adversatorische Verfahren modifiziert, immer stärker wird es durch den Ansatz der Öffentlichkeit geprägt, die Konfrontation im Verfahren wird abgelehnt.

Wie die Elemente der Öffentlichkeit impliziert wurden, kann man am Beispiel Englands verfolgen. 1879 wurde in England das Institut der öffentlichen Anklage – Direktion der öffentlichen Anklage – gegründet; zurzeit wird bei den meisten Privatklagen das Königliche Anklageamt eingesetzt. Bei der Auswertung dieser Änderungen unterstrich *I. Foinizkij*, dass die Anklage in England bereits im 19. Jahrhundert einen öffentlichen, staatlichen Charakter hatte. [5]

Dies ist nicht das erste und nicht das einzige Element der Öffentlichkeit im englischen Strafverfahren. Ende der 20er Jahre des vergangenen Jahrhunderts wurde die Befugnis, auf eigene Initiative Beweise zu vindizieren, dem Richter zugewiesen.

Der Staatsanwalt als öffentlicher Ankläger hat zwangsläufig die Beziehungen zwischen den Subjekten und Prozessbeteiligten anders aufbauen lassen. Einer von ihnen – und zwar der Beschuldigte – war bevorrechtet. Er ist bsp. nicht mehr verpflichtet, seine Unschuld beweisbar zu machen, wobei das adversatorische Verfahren voraussetzt, dass jeder seine Aussagen unter Beweis stellt.

---

5 Фойницкий И.Я. Курс уголовного судопроизводства. Т. 1. СПб, 1996. С. 29.

Ist eine Partei bevorrechtet, dann kann keine Rede vom adversatorischen Verfahren sein, dessen Grundlage die Gleichberechtigung der Parteien ist. Das öffentliche Interesse hat hier eindeutig Vorrang. Eine volle Gleichberechtigung der Parteien fehlt auch bei der Gerichtsverhandlung.

Das kontinentale Verfahren hat auch seine eigene Geschichte. Das Inquisitionsverfahren kommt zum Tragen dort und dann, wo und wann der Staat nach der Überwindung der Zersplitterung seine Macht einsetzt, um die Bestandteile als eine Einheit weiterbestehen zu lassen. Der Staat ist seiner Stärke, die Einheit heißt, schon bewusst geworden, er gibt sich Mühe, die Einheit beizubehalten und zu vermehren. Dazu verwendet er auch das Strafverfahren, das in diesem Fall als Wortführer des offiziellen, staatlichen Interesses auftritt. Der Werdegang des Inquisitionsverfahrens spiegelt die gleichen Gesetzmäßigkeiten wie der des adversatorischen Verfahrens wider. Die Öffentlichkeit, das neue Prinzip des Strafverfahrens, ist aus den Tiefen der beiden Verfahren hervorgekommen. Offiziell (amtlich) und öffentlich sind Ausdruck der gleichen Eigenschaft und zwar der Einheitlichkeit. Aus mehreren Gründen hat der Staat deren Wert schneller erkannt und genutzt – auch zur Unterordnung öffentlicher Interessen unter die staatlichen. Die Einheitlichkeit im Rahmen der Amtlichkeit bedeutet den Zusammenschluss des Staates zu einem einheitlichen Mechanismus, der mit einem einheitlichen Willen in Bewegung gesetzt wird. Die Einheitlichkeit im Rahmen der Öffentlichkeit bedeutet, dass die Angehörigen einer Gesellschaft ihre gemeinsamen Interessen erkannt haben. Auf dieser Grundlage wird nun die Zivilgesellschaft aufgebaut, die den Staatsapparat zur Umsetzung ihrer Interessen nutzt. Sobald die Gesellschaft von der Idee der Einheitlichkeit beherrscht ist, vertritt die Öffentlichkeit die Interessen aller.

Ausgehend vom Gesagten kann man folgendes behaupten: die Vergangenheit des Strafverfahrens sind das adversatorische und das inquisitorische Verfahren, seine Zukunft ist das öffentliche Verfahren als Ausdruck der integrativen Qualität der Gesellschaft, seiner Einheitlichkeit. Das adversatorische und das inquisitorische Verfahren sind zwei Formen, die der Historie gehören. Jede dieser Formen entstand und bestand unter bestimmten Bedingungen. Die Gesetzmäßigkeiten der Zivilisationsentwicklung überwinden aber die Beschränktheit konkreter Bedingungen und lassen die wichtigsten Entwicklungstendenzen erkennen: von der Verschlossenheit zur Gemeinsamkeit, von der Gegenüberstellung der Interessen zur Suche nach Berührungspunkten und zum Zusammenwirken.

Nach dem Gesagten wird es nun möglich, uns der Beschreibung der Aktivitäten bei der Gerichtsverhandlung zuzuwenden und zu ermitteln, welcher Ansatz für das Verfahren primär ist.

Einer der Gründe, warum in der russischen Fachliteratur die Gerichtsverhandlung als adversatorisches Verfahren verstanden wird, ist die Tatsache, dass dem Gericht die Ergebnisse der Erkenntnis vorliegen, folglich ist der Streit der

Parteien möglich. Der Streit, die Auseinandersetzung der Parteien ist dann möglich, wenn die an der Gerichtsverhandlung Beteiligten die Sachverhalte handhaben können. Wann aber bekommen die Parteien diese Möglichkeit? *M.S. Strogovitsch* meint, diese Möglichkeit bestehe während der ganzen Gerichtsverhandlung.[6] Diese Behauptung ist recht fragwürdig, besonders hinsichtlich der Beweisaufnahme, denn gerade im Rahmen des Hauptverfahrens bekommen die Prozessbeteiligten die Möglichkeit, informative Beweise zu untersuchen und daraus über jegliche Sachverhalte zu schließen und ihre Positionen zu beziehen. Man sollte wohl *S. D. Schestakowa* zustimmen, die schreibt, dass „der Streit der Parteien, der dem adversatorischen Verfahren eigen ist, nicht stattfinden kann, wenn die Positionen der Parteien noch nicht oder nicht vollständig ausgestaltet sind oder sie Anlass bekommen haben, ihre Positionen zu korrigieren.“ [7] Frage: haben die wichtigsten Beteiligten – Staatsanwalt und Verteidiger – ihre Positionen vor der Gerichtsverhandlung bereits bezogen? Die Antwort auf diese Frage ist eindeutig negativ. Nach der Gründung des Untersuchungskomitees der RF ist der Staatsanwalt ein von der Ermittlung tatsächlich unabhängiges Organ geworden. Jeder Prozessbeteiligte hat nun – zumindest nach dem Buchstaben des Gesetzes – seinen Platz zugewiesen bekommen: der Untersuchungsführer erkennt, der Staatsanwalt überwacht die Einhaltung der legitimen Rechte und Interessen der Prozessbeteiligten im Laufe der Erkenntnistätigkeit des Untersuchungsführers, er achtet auch darauf, dass dieser nicht gegen das Gesetz verstößt. Der Staatsanwalt unterschreibt die Anklageschrift, ausgehend davon, dass der Untersuchungsführer eine ausreichende Anzahl von sachbezogenen und zulässigen Beweisen angesammelt hat, so dass er dem schlüssigen Ergebnis des Untersuchungsführers zustimmen kann. Es ist aber nicht professionell, nur aufgrund der schriftlichen Nachweise auf die Frage, ob die Beweise der Wirklichkeit entsprechen, d.h. ob sie glaubwürdig sind, eine positive Antwort zu geben. Folglich ist es unmöglich, über die Schuld bzw. Unschuld des Angeklagten zu urteilen. Um die Frage zu beantworten, geht der Staatsanwalt in das Hauptverfahren und tritt dort nicht als Ankläger, sondern als Aufsichtsorgan auf. Indirekt weist auch der Gesetzgeber darauf hin, indem er verlangt, dass der Staatsanwalt nicht nur die Gesetzlichkeit, sondern auch die Schlüssigkeit der Anklage sicherzustellen hat (Art. 37 Abs. 4 StPO der RF). Der Verteidiger ist in den Augen des Gesetzgebers nach wie vor kein Subjekt der Erkenntnis. Dies geht aus dem Wortlaut der Art. 49 und 74 StPO der RF hervor. Es ergibt sich, dass vor Beginn der Gerichtverhandlung der Staatsanwalt und der Verteidiger ungefähr gleich gestellt sind. Weder der eine noch der andere war im Vorverfahren das Subjekt der Erkenntnis.

---

6 Строгович М.С. Курс советского уголовного процесса Т. 1. Основные положения науки советского уголовного процесса. М.: Наука, 1968. С. 149.

7 Шестакова С.Д. Состязательность уголовного процесса. – СПб.: Юрид. центр Пресс, 2001. С. 97.

Die Erkenntnistätigkeit üben sie im Rahmen der gerichtlichen Beweisaufnahme aus, der Streit ist hier fehl am Platze, er muss dort stattfinden, wo die Ergebnisse der Erkenntnistätigkeit auszuwerten sind und die Richtigkeit der eigenen Position zu begründen ist.

Das Problem besteht wohl darin, wie die gerichtliche Erkenntnis zu verstehen ist, welcher Bedeutung der Erhebung der Beweise zukommt. Wird sie der Auswertung gleichgesetzt, dann kann man den Standpunkt und die Argumente der Anhänger der Adversarität verstehen. Die Auswertung kommt jedoch zum Abschluss des Erkenntnisprozesses, sie ist das Endergebnis der Verwendung der Gesetze nicht nur der formalen, sondern auch der dialektischen Logik, deren einheitlicher Realisierung. Gerade das letztere kann den Einwand begründen, dass die Auswertung den ganzen Erkenntnisprozess begleitet und nicht nur ihn abschließt.

Auswertung ist nicht gleich Auswertung. Im Rahmen des Beweisverfahrens dient sie als Begründung für die Prüfung, ist der latente Mechanismus der Erkenntnis. Nach außen tritt sie in Form von Fragen auf, deren Inhalt darauf abgestellt ist, die Glaubwürdigkeit des zuvor erlangten Wissens zu klären, bzw. bei der Beantragung der zusätzlichen Beweiserhebung. Die Auswertung einzelner Beweise ist nicht Gegenstand eines Streites, sondern Grund für weitere Beweiserhebung, also dafür, das Material zu beschaffen, das es ermöglicht, die Geschehnisse wahrheitsgemäß wiederherzustellen.

Die Adversarität im Laufe der Erhebung einzelner Beweise ist nur in einer Frage möglich, und zwar in der Frage von deren Zulässigkeit. Denn hier kann man sofort auswerten, andere Auswertungen sind erst nach der Erhebung aller Beweise möglich.

Wie schon gesagt, kommen die Beteiligten des russischen Strafverfahrens – Staatsanwalt und Verteidiger – zur Gerichtsverhandlung ohne fertige Einstellungen. Vor ihnen steht die Aufgabe, unmittelbar im Laufe der Beweiserhebung zu erkennen aufgrund des Erkannten zu einer inneren Überzeugung zu kommen und diese im Laufe des Rechtsstreites an das Bewusstsein des Richters zu tragen. Bei der Beweiserhebung müssen sie Zweifeln überwinden, aber Zweifeln kann keine Grundlage für Adversarität sein. Die Adversarität gibt es dort, wo die Erhebung der Beweise abgeschlossen ist und die Beweise auszulegen sind. Weil auch nach dem geltenden Gesetz die Beweisaufnahme den Schwerpunkt bildet, gehört die Adversarität in den Rechtsstreit.

Um den Strafprozess adversatorisch ähnlich zu gestalten, besteht der Gesetzgeber darauf, dass jede der Parteien dem Gericht ihre Beweise vorlegt. Diese sind jedoch kaum als Beweise des Staatsanwaltes oder des Verteidigers zu betrachten, die in einem Zusammenhang mit den Ergebnissen ihrer Arbeit stehen. Vom Inhalt her können die Beweise belastend oder entlastend sein, aber gesammelt sind sie durch den Untersuchungsführer. Ausgehend von diesem Moment meint *T.A. Lotysch*, dass „die Erhebung zuerst der belastenden und dann der entlastenden Beweise im Hauptverfahren nicht anwendbar ist in der Situation, wenn im Vorverfahren die Beweise durch den Untersuchungsführer angesammelt wurden, der die Beweise beider Arten gleichzeitig zur Kenntnis nahm".[8] Gerade die Figur des Untersuchungsführers bestimmt den Charakter des Hauptverfahrens. Das Vorhandensein des Vorverfahrens und die herrschende Rolle des Untersuchungsführers in dieser Phase macht die Adversarität im Hauptverfahren unmöglich.

Die durchgeführte Analyse lässt behaupten, dass das Hauptverfahren im russischen Strafprozess so ausgestaltet ist, dass es eine kollektive Erkenntnistätigkeit ermöglicht, die auch das Gericht betreibt. Deren Ergebnisse trägt jeder Prozessbeteiligte im Rechtsstreit vor. Die Adversarität bestimmt also nicht das Schema der Erkenntnistätigkeit in der Gerichtsverhandlung, ist nicht deren Beginn, der das Wesen bestimmt. Die Adversarität kann auch nicht als Prinzip des Strafverfahrens bezeichnet werden. Nach der herrschenden Meinung hat ein Prinzip die Tätigkeit auf mehreren Stadien zu organisieren, zumindest auf der einen, der zentralen, im Hauptverfahren. Die Tatsache, dass die Adversarität in einem Teil des Hauptverfahrens, im Rechtsstreit der Parteien realisiert wird, erlaubt noch nicht, sie als Prinzip anzusehen. Ein Teil kann das Wesen des Ganzen nicht bestimmen.

Anfang des laufenden Jahrhunderts wurde der Versuch unternommen, dem russischen Strafverfahren die Adversarität aufzuzwingen. Im Ergebnis entstanden mehrere logische Widersprüche, die nur auf einem Weg zu beseitigen sind: die Adversarität, die Parteien aus der Strafprozessordnung zu streichen und die Artikel, deren Inhalt im Zusammenhang mit Art. 15 StPO der RF steht, zu korrigieren.

---

8 Siehe Лотыш Т.А. Принцип состязательности и гарантии его обеспечения в уголовном судопроизводстве: Автореф. дис. … канд. юрид. наук. М., 2003. С. 16-17.

Information über das Vorverfahren und die Befugnisse des Richters in der Hauptverhandlung aus deutscher Sicht

Bernd Schünemann

I. Überblick über die historische Entwicklung

1. Das Modell eines Strafverfahrens, in dem die öffentliche Hauptverhandlung die alleinige unmittelbare Grundlage des Urteils bildet, in dem die verbindliche Aufklärung des Sachverhalts nach den Grundsätzen der Unmittelbarkeit und Mündlichkeit ausschließlich in der Hauptverhandlung vor dem Gericht erfolgt und in dem das Gericht sein Urteil allein auf den Inbegriff dieser Hauptverhandlung stützt, hat sich auf dem europäischen Kontinent erst vor wenig mehr als zweihundert Jahren anstelle des zuvor Jahrhunderte lang praktizierten reinen Inquisitionsverfahren[1] durchgesetzt. Vorbild war das englische Strafverfahren, das im Zuge der französischen Revolution auf dem Kontinent Fuß fasste und in der ersten Hälfte des 19. Jahrhunderts in den deutschen Einzelstaaten mit im Einzelnen unterschiedlichen Abänderungen (die wichtigste war die Übernahme der Staatsanwaltschaft nach französischem Vorbild[2]) die Basis des sogenannten

1 Eb. Schmidt, FS der Leipziger Juristenfakultät für Siber, 1941, S. 99 ff.; ders. Einführung in die Geschichte der Strafrechtspflege, 3. Aufl. 1965, S. 185 ff.; Henkel, Strafverfahrensrecht, 2. Aufl. S. 33 ff.; Sellert, FS Scupin, 1983, S. 161 ff.; Jerouschek, ZStW 104 (1992), S. 328 ff.; Ignor, Geschichte des Strafprozesses in Deutschland 1532-1846, 2002, S. 41 ff.; Koch, FS Rüping, 2008, S. 393 ff.

2 Die hierzu bis vor Kurzem allgemein geglaubte Legende, die Staatsanwaltschaft sei als „Kind der Revolution" (Günther, Staatsanwaltschaft, Kind der Revolution, 1973) als „Mittel staatsbürgerlicher Befreiung ins Leben getreten" (Roxin, DRiZ 1969, 985), ist aufgrund der Erschließung der preußischen Archive durch Collin („Wächter der Gesetze" oder „Organ der Staatsregierung", 2000) durch die Erkenntnis ersetzt worden, dass die später für das deutsche Reich ausschlaggebende Einführung der Staatsanwaltschaft in Preußen den Zweck verfolgte, der dem König unterstehenden Exekutive einen Einfluss auf die als politisch unzuverlässig eingeschätzten Gerichte zu sichern, sodass sich die im Gesetzgebungsministerium Savignys hierfür geprägte und rasch berühmt gewordene Formel für die Aufgabe der Staatsanwaltschaft als eines „Wächters des Gesetzes" als Euphemismus dekuvrieren lässt. Noch ärger verhält es sich mit der viel zitierten Formel, die Staatsanwaltschaft sei die „objektivste Behörde der Welt", denn als Franz von Liszt diese Wendung vor über hundert Jahren erstmals prägte, erklärte er sie genau umgekehrt für ein naives Missverständnis, vor dem er ausdrücklich warnte (DJZ 1901, 179, 180 und zum Ganzen Roxin/Schünemann, Strafverfahrensrecht, 27. Aufl. 2012, § 9 Rn 1).

reformierten Strafprozesses[3] bildete. In seiner reinsten Form, dem Schwurgerichts- oder Jury-Verfahren, ist die Hauptverhandlung einerseits durch die drei Prinzipien der Mündlichkeit, Unmittelbarkeit und Öffentlichkeit gekennzeichnet und andererseits, als viertes und vielleicht wichtigstes Prinzip, durch die *Teilung der prozessualen Gewalten*. Damit meine ich die Aufteilung der verschiedenen Prozessfunktionen, also der Organisation und Durchführung der Beweiserhebung, der Entscheidung von Konflikten zwischen den Prozessbeteiligten während der Hauptverhandlung, der Entscheidung über Schuld oder Unschuld (durch das Verdikt) und im Falle eines Schuldspruches der Festsetzung der Strafe, auf verschiedene Prozesssubjekte. Im klassischen Schwurgerichtsverfahren obliegt die Organisation und Durchführung der Beweiserhebung den Parteien, also der Anklage und der Verteidigung; Streitigkeiten zwischen den Parteien während der Hauptverhandlung entscheidet der Berufsrichter bzw. die (Berufs-) Richterbank; die Entscheidung über den Schuldspruch trifft die Bank der Geschworenen (die Jury); und die Strafe im Falle der Verurteilung wird dann wiederum von dem Berufsrichter bzw. der (Berufs-)Richterbank festgesetzt[4].

2. Um dieses Schwurgericht wurde im 19. Jahrhundert in Deutschland zwischen den politischen Kräften erbittert gerungen, da es nicht zu Unrecht als die beste Garantie für die bürgerliche Freiheit vor Übergriffen der Obrigkeit in den anfangs noch absoluten, später konstitutionellen Monarchien galt[5]. So hat beispielsweise die Staatsanwaltschaft des bayerischen Königs im 19. Jahrhundert gegen die Veranstalter eines als Demonstration des Liberalismus und der demo-

3 Hierzu etwa Eb. Schmidt, Einführung (Fn. 1), S. 284 ff.; Henkel (Fn. 1), S. 52 ff.; Ignor, Geschichte (Fn. 1), S. 147 ff.; zu den staats- und straftheoretischen Grundlagen Haas, Strafbegriff, Staatsverständnis und Prozessstruktur, 2008, S. 65 ff., 171 ff. Historisch grdl. Feuerbach, Betrachtungen über die Oeffentlichkeit und Mündlichkeit der Gerechtigkeitspflege, Bd. I 1821, Bd. II 1825; Zachariä, Die Gebrechen und die Reform des deutschen Strafverfahrens, 1846; Mittermaier, Die Mündlichkeit, das Anklageprinzip, die Öffentlichkeit und das Geschworenengericht, 1845; Köstlin, Der Wendepunkt des deutschen Strafverfahrens im neunzehnten Jahrhundert, 1849.

4 Bradley, in: Bradley (Hrsg.), Criminal Procedure – A Worldwide Study, 2. Aufl. North Carolina, 2007, 519 ff., 542 f.; Trüg, Lösungskonvergenzen trotz Systemdivergenzen im deutschen und US-amerikanischen Strafverfahren, 2003, S. 50 ff., 374 ff. In den Reichsjustizgesetzen von 1877 war das englische Schwurgerichtsgerichtsverfahren für besonders gravierende Strafsachen im Kern übernommen worden, jedoch mit der wichtigen Einschränkung, dass die Beweisaufnahme prinzipiell durch den Vorsitzenden durchgeführt wurde (§ 237 RStPO), während Staatsanwalt und Verteidiger nur auf übereinstimmenden Antrag und nur bei den von ihnen benannten Zeugen das Vernehmungsrecht eingeräumt erhielten, wobei der Vorsitzende danach weitere Fragen zu stellen berechtigt blieb (§ 238 RStPO).

5 Feuerbach, Betrachtungen über das Geschwornengericht, 1813; Mittermaier (Fn. 3), S. 358 ff.; Zachariä (Fn. 3), S. 299 ff.; Köstlin (Fn. 3), insb. S. 113 ff.; Schwinge, Der Kampf um die Schwurgerichte, 1926, S. 43 ff.; Eb. Schmidt, Einführung (Fn. 1), S. 290 ff.; Ignor (Fn. 1), S. 249 ff.

kratischen und nationalen Bewegung organisierten Volksfestes einerseits eine Anklage beim Schwurgericht wegen Hochverrats (auf dem die Todesstrafe stand) beim zuständigen Schwurgericht erhoben und andererseits bei dem allein mit Berufsrichtern besetzten Bezirksgericht eine Anklage wegen Verletzung der Vorschriften über Versammlungen. Das Schwurgericht sprach die Angeklagten frei, das Bezirksgericht verurteilte sie zu mehrjährigen Freiheitsstrafen[6]. In der ersten demokratischen Verfassung Deutschlands, der sog. Paulskirchen-Verfassung von 1849, wurde das Schwurgericht deshalb als Institution ausdrücklich garantiert (Abschnitt VI Art. X § 179 Abs. 2). In der Reichsverfassung von 1871 wurde diese Garantie (wie alle anderen Garantien für die Grundrechte der Bürger) fortgelassen, doch konnte die liberale Bewegung in der Reichsstrafprozessordnung von 1877 immerhin noch für gravierende Strafverfahren das Schwurgericht durchsetzen[7], während für die mittlere Kriminalität die entgegen gesetzte Organisationsform triumphierte, auf die ich sogleich im Einzelnen eingehen werde. Siebenunddreißig Jahre später wurde die Schwurgerichtsverfassung von dem übrigens aus Bayern stammenden Reichsjustizminister *Emminger* durch eine sog. Notverordnung abgeschafft[8], und seit diesem Tage ist in Deutschland die Idee einer prozessualen Gewaltenteilung sang- und klanglos beerdigt worden.

II. Das heutige deutsche Modell und die Mängel des Schwurgerichtsverfahrens

1. Seit 1924 gilt also in Deutschland für die Hauptverhandlung das Prinzip der *Gewaltenhäufung*, und das bedeutet: dass alle Funktionen der Hauptverhandlung in einer Hand vereinigt sind, namentlich des Vorsitzenden, der über ihre Ausübung nach einem eigenen Ermessen entscheidet, das erst in der nächsten Instanz (Berufung oder Revision) überprüft werden kann. Der Gerichtsvorsitzende, immer ein Berufsrichter, ist auf der untersten Stufe des Amtsgerichts mit dem Gericht identisch[9], während er auf der nächst höheren Stufe des Amtsgerichts einem Spruchkörper von drei Richtern vorsteht, von denen zwei keine Be-

---

6 Es ging um das Hambacher Fest als Höhepunkt der Deutschen Demokratiebewegung im Vormärz (= vor der Märzrevolution von 1848); zur strafrechtlichen Verfolgung vgl. die Nachweise bei Schünemann, FS für Leferenz, 1983, S. 279, 281 Fn. 1c.

7 §§ 79 ff. GVG.

8 v. Hippel, Der deutsche Strafprozess, 1941, S. 53 ff. („völliger Umsturz unserer Gerichtsverfassung"); Eb. Schmidt, Einführung (Fn. 1), S. 418 f.; Kühne, LR-StPO 26. Aufl. Einl. F Rn. 36 ff.; ausf. Vormbaum, Die Lex Emminger vom 4. Januar 1924, 1988.

9 Nämlich als sog. Strafrichter, § 25 GVG

rufsrichter, sondern Laien sind[10], während er auf der Landgerichtsstufe einem Spruchkörper von zwei oder drei Berufsrichtern und zwei Laien vorsteht (der sog. Strafkammer)[11]. Dieser Gerichtsvorsitzende organisiert den Ablauf der Beweisaufnahme, befragt die Zeugen und Sachverständigen und entscheidet auch, gegebenenfalls zusammen mit seinen Richterkollegen, über rechtliche Streitigkeiten innerhalb der Hauptverhandlung. Sodann fällt das Gericht unter seinem Vorsitz das Urteil nicht nur über die Schuldfrage, sondern setzt auch die Strafe fest[12]. Alle Funktionen sind damit in der Hand des Gerichts vereint, wobei die Beweisaufnahme immer in der Hand seines Vorsitzenden liegt, der auf der untersten Stufe auch das Urteil allein fällt und auch dann, wenn das Gericht mit mehreren Richtern besetzt ist, einen sog. „richtungsgebenden Einfluss" haben muss[13], woraus sich in der Urteilsberatung trotz formal gleichem Stimmrecht[14] schon deshalb ein überragender Einfluss ergibt, weil der Vorsitzende über seine Beisitzer Beurteilungen abgibt, die für deren Beförderungschancen von ausschlaggebender Bedeutung sind[15].

2. Es ist sicher nicht übertrieben, wenn man diese Form der Hauptverhandlung als das „deutsche Modell" bezeichnet. Auf den ersten Blick scheint in der es kennzeichnenden Zerstörung der prozessualen Gewaltenteilung und in deren Ersetzung durch eine Alleinherrschaft des Gerichts ein Rückfall in den seit 200 Jahren überwundenen Inquisitionsprozess zu liegen, und deshalb muss ich zunächst einige Argumente anführen, die für diese deutsche Entwicklung sprechen: die starke Stellung der Verteidigung auch und gerade in der deutschen inquisitorischen Hauptverhandlung und die unübersehbaren Mängel der ad-

10 Das sog. Schöffengericht, § 29 GVG

11 Früher wurde zwischen der Großen Strafkammer mit drei Berufsrichtern und zwei Schöffen unterschieden, die für die erstinstanzliche gravierende Kriminalität und für die Berufungen gegen Schöffengerichtsurteile zuständig war, und die Kleine Strafkammer mit einem Vorsitzenden und zwei Schöffen, die die Berufungsverfahren gegen Urteile des Strafrichters zu entscheiden hatte. Nunmehr tagt die Große Strafkammer in der Regel nur noch mit zwei Berufsrichtern und zwei Schöffen (§ 76 Abs. 2 GVG), während in den Berufungsverfahren ausschließlich die Kleine Strafkammer zuständig ist (§ 76 Abs. 1 GVG), sodass also die Gerichtsbesetzung in Berufungsverfahren gegen Urteile des Schöffengerichts sich auf der Landgerichtsstufe von der Amtsgerichtsstufe nur noch dadurch unterscheidet, dass der Vorsitzende ein Richter des Landgerichts und in der Regel bereits einmal zum „Vorsitzenden Richter" befördert worden ist.

12 Vgl. § 260 Abs. 2 und 4 StPO.

13 BGHSt 2, 71, 73; 8, 17, 18; 25, 54, 56; kritisch hierzu Sowada, Der gesetzliche Richter im Strafverfahren, 2002, S. 416 ff.

14 Vgl. § 196 Abs. 1 GVG. Eine Ausnahme enthält § 196 Abs. 4 GVG, wonach die Stimme des Vorsitzenden den Ausschlag gibt, wenn in einem mit zwei Richtern und zwei Schöffen besetzten Gericht Stimmengleichheit eintritt.

15 Als Paradigma kann auf die gegenwärtige Auseinandersetzung um die Ernennung des Vorsitzenden Richters im 2. Strafsenat des Bundesgerichtshofes angeführt werden, dazu Schünemann ZIS 2012, 1 ff.

versatorischen Hauptverhandlung namentlich in Gestalt des Schwurgerichtsverfahrens.

a) Es wäre ein Missverständnis, wenn man die Gewaltenhäufung beim deutschen Richter in der Hauptverhandlung mit derjenigen des absoluten Monarchen in einer Monarchie oder mit derjenigen des Politbüros in den ehemaligen sozialistischen Staaten vergleichen wollte. Denn dabei würde man die außerordentlich starke Stellung übersehen, die die *Verteidigung* in der deutschen Hauptverhandlung besitzt. Sie ist in gewisser Weise sogar stärker als diejenige des amerikanischen Strafverteidigers. Denn der deutsche Verteidiger hat ein Recht auf umfassende, ab Abschluss der Ermittlungen uneinschränkbare *Akteneinsicht* (§ 147 StPO), das über die funktional gleichbedeutende *discovery* des amerikanischen Verteidigers hinausgeht[16] und vor allem nicht durch eine korrespondierende discovery des Staatsanwalts gegen den Verteidiger[17] entwertet wird. Ferner kann er auf die Beweisaufnahme sogar in doppelter Weise einwirken, sowohl durch die (allerdings vom Gesetzgeber mittlerweile stark beschränkte) Selbsteinführung präsenter Beweismittel gem. § 245 StPO[18] als auch durch Beweisanträge (§ 244 StPO)[19].

---

16 Ausf. Kamisar/LaFave/Israel/King/Kerr, Criminal Procedure, 12. Aufl. Minnesota, 2008, S. 1196 ff., 1205 ff. knapp Bradley (Fn. 4), S. 541.

17 Ebenso Hierzu Kamisar u.a. (Fn. 16), S. 1213 ff.

18 Wobei die Kariere dieses Instituts den beständigen Kampf zwischen autoritären und liberalen Kräften um die Ausgestaltung des Strafverfahrens illustriert: § 207 des Regierungsentwurfs der StPO hatte ursprünglich vorgesehen, dass „das Gericht den Umfang der Beweisaufnahme bestimmt, ohne hierbei durch Anträge, Verzichte oder frühere Beschlüsse gebunden zu sein". Schon in der ersten Lesung der Kommission wurde dies nahezu ins Gegenteil verkehrt, weil danach „die Beweisaufnahme auf die sämtlichen vorgeladenen Zeugen und Sachverständigen zu erstrecken" sei, was auf einen Antrag des Abgeordneten Schwarze zurückging (Hahn, die gesamten Materialien zu den Reichs-Justizgesetzen, Bd. 3 Abt. I, 2. Aufl., 1885, S. 847). Dem mittlerweile nobilitierten von Schwarze oblag es dann auch, als Berichterstatter dieses Konzept bei der zweiten Beratung im Plenum des Reichstages in der 21. Sitzung am 30.11.1876 zu begründen, wobei er u.a. darauf abhob, dass das Gericht bei seiner freien Beweiswürdigung nicht auch noch den Umfang der Beweise bestimmen (i.S. von beschränken) könne, weshalb die Parteien zu einer Vermehrung der Beweismittel befugt sein müssten, wobei durch die Notwendigkeit, gemäß § 219 RStPO die Zeugen auf eigene Kosten unmittelbar zu laden, „eine sehr zweckmäßige und förderliche Hemmung übertriebener Vorführung von Beweismitteln" stattfinde (Hahn Abt. II, S. 1900). Diese Unterscheidung zwischen den von den Parteien geladenen und ohne weitere Prüfung zu vernehmenden Zeugen von den lediglich während der Verhandlung präsentierten Zeugen, deren Vernehmung nur vermittels eines Beweisantrages erreicht werden konnte, hat die Praxis viele Jahrzehnte lang bestimmt (vgl. bereits RGSt 1, 198, 297; Löwe/Hellwig, Die Strafprozessordnung für das Deutsche Reich, 12. Aufl. 1907, § 244 Anm. 2a), bis der Gesetzgeber durch das Strafverfahrensänderungsgesetz 1979 vom 05.10.1978 (BGBl. I S. 1645) das von der liberalen Reichstagsmehrheit erkämpfte stärkste Hauptverhandlungsrecht der Verteidigung (für die insoweit gleichberechtigte

b) Der *Schwurgerichtsprozess* als Alternativmodell weist demgegenüber *zwei zentrale Gebrechen* auf, die die ihm weltweit entgegengebrachte Wertschätzung als außerordentlich problematisch erscheinen lassen. Zum Ersten ist er so langwierig und aufwendig, dass es schlechterdings unmöglich ist, das enorme Kriminalitätsaufkommen in einer modernen Industriegesellschaft vollständig mit Hilfe von Schwurgerichtsverfahren zu sanktionieren. Das schlagende Beispiel liefern hierfür die USA, in denen nur noch wenige Prozent der tatsächlich vorkommenden Kriminalität vom Schwurgericht abgeurteilt werden, während die überwältigende Mehrzahl in der Weise sanktioniert wird, dass das Ergebnis der polizeilichen Ermittlungen vom Beschuldigten akzeptiert und im Wege eines *plea agreement* in ein rechtskräftiges Strafurteil verwandelt wird[20]. In diesem Sinne ist also das Jury-Verfahren eine „Mogelpackung“, weil sie als maßgebliches Verfahrensmodell präsentiert, in der Praxis aber kaum angewendet wird. Und zum zweiten kann es die Anforderungen an die *Ermittlung der materiellen Wahrheit nicht* erfüllen, die in jedem Strafprozess das zentrale Ziel und den höchsten Wert darstellt. Das lässt sich entgegen verbreiteten Missverständnissen[21] stringent aus der Aufgabe des Strafverfahrens zur Aufrechterhaltung der Sanktionsgeltung und damit zur Durchsetzung des materiellen Rechts ableiten: Das materielle Strafrecht ist die ultima ratio zum

---

Staatsanwaltschaft spielte es in der Praxis keine große Rolle) zwar nicht abgeschafft, aber dadurch stark zurückgestutzt hat, dass er es nunmehr von einem lediglich in den Ablehnungsgründen privilegierten Beweisantrag abhängig gemacht hat (krit. auch Köhler, Inquisitionsprinzip und autonome Beweisführung, 1979, S. 77 ff.).. Immerhin bleibt § 245 StPO vor allem deshalb wichtig, weil die Verteidigung damit einen eigenen Sachverständigen in die Hauptverhandlung einführen kann, was ihr im Wege eines Beweisantrages nach Vernehmung des üblicherweise bereits von der Staatsanwaltschaft bestellten Gutachters wegen des Ablehnungsgrundes des § 244 Abs. 4 Satz 2 StPO normalerweise unmöglich ist.

19 Ganz abgesehen von der Erweiterung des strategischen Manövrierraumes der Verteidigung durch die Wahlmöglichkeit zwischen normalem Beweisantrag und Einführung eines präsenten Beweismittels besteht der unschätzbare Vorteil des Beweisantragsrechts im Vergleich zum amerikanischen Strafprozess darin, dass gerade im Falle einer Ablehnung gemäß § 244 Abs. 3 – 6 StPO aus der Ablehnungsbegründung die Einschätzung der bisherigen Beweisaufnahme durch das Gericht erkennbar und dadurch eine zweckmäßige Reaktion der Verteidigung organisierbar wird.

20 Eingehende Darstellung bei Karl Schumann, Handel mit Gerechtigkeit (1977), S. 73 ff.; Trüg (Fn. 4), S. 146 ff.; Kamisar/LaFave/Israel/King/Kerr, Modern Criminal Procedure (Fn. 16), Chapter 22; Whitebread/Slobogin, Criminal Procedure, 5. Aufl., New York (2008), § 26; s. ferner Schünemann, Absprachen im Strafverfahren?, Gutachten B zum 58. Deutschen Juristentag, München (1990), S. 27 f., 149 ff. m.z.w.N.; ders., FS Fezer, 2008, S. 555, 564 ff.

21 Etwa bei Krauß, FS Schaffstein, 1975, S. 420; Paulus, FS Spendel, 1992, S. 690 ff.; Volk, FS Salger, 1995, 413 f.; Grasnick, 140 Jahre GA, 1993, S. 66 ff.; ders. FS Meyer-Goßner, 2001, S. 208 f., 216. Vgl. auch die Nachw. b. Stübinger, Das idealisierte Strafrecht, 2008, S. 391 ff.

Rechtsgüterschutz durch die generalpräventive Wirkung der Verhaltensnorm; deren Missachtung muss zur Durchsetzung der Sanktionsnorm im Strafprozess festgestellt und geahndet werden; das unverbrüchliche Primärziel des Strafverfahrens besteht also in der sicheren Feststellung, ob die Verhaltensnorm missachtet worden ist.[22] Eine Verurteilung ohne gesicherte Feststellung, dass der Angeklagte schuldhaft einen Straftatbestand verwirklicht hat, würde deshalb ein Niemandsinteresse verfolgen. Und zugleich wird durch den Straftatbestand normativ verbindlich festgelegt, welcher Wirklichkeitsausschnitt im Strafverfahren zu erforschen ist, so dass die gelegentlich anzutreffende Redeweise, dass es nicht nur eine, sondern viele Wahrheiten gebe[23], die inhaltliche Festlegung des Prozessziels durch das materielle Recht verkennt. Und in dieser Hinsicht weist nun das nordamerikanische, rein adversatorische Modell tief sitzende Mängel auf, die durch das spezifische Modell des Geschworenengerichts sozusagen festgeschrieben werden. Zwar ist häufiger die These zu hören, dass gerade das adversatorische Modell mit seiner Institutionalisierung von These und Gegenthese am besten geeignet sei, als Synthese die Wahrheit hervortreten zu lassen[24], aber das ist in informationstheoretischer und informationspsychologischer Hinsicht evident unrichtig, wobei sich diese Unrichtigkeit sogar auf drei verschiedenen Ebenen nachweisen lässt.

aa) Die erste Ursache der Desorientierung ist auf der Ebene der *Parteien* angesiedelt, die sowohl den Umfang als auch den Inhalt der Beweisaufnahme bestimmen und sich hierbei nicht von dem reinen Ziel der Wahrheitsfindung, sondern von strategischen Zielen leiten lassen. So mag etwa ein wichtiger, aber ambivalenter Zeuge existieren, den weder der Staatsanwalt noch der Verteidiger aufruft, weil beide das Risiko scheuen, dass die Aussage letztlich zu ihren Lasten ausgeht. Eine unvollständige Beweisaufnahme kann aber niemals zum Ergebnis der materiellen Wahrheit führen, weil der Wahrheitsbegriff außerhalb exakt naturwissenschaftlich erklärbarer Zusammenhänge die Berücksichtigung sämtlicher Erkenntnisquellen voraussetzt[25]. Man könnte dieses erste, grundlegende Gebrechen der adversatorischen Hauptverhandlung das *Dilemma zwischen Strategie und Wahrheitsfindung* nennen.

---

22 Zu dieser Ableitung näher Schünemann, FS Fezer, S. 558 f.

23 Volk, FS Salger, 1995, S. 418; ähnl. Krauß, FS Schaffstein, S. 423 ff.;

24 Eingehend Herrmann, Die Reform der deutschen Hauptverhandlung nach dem Vorbild des anglo-amerikanischen Strafverfahrens, 1971, S. 167 ff., m.z.w.N.

25 Dies sowohl nach dem sog. Prinzip der maximalen Bestimmtheit bei induktiv-statistischen Erklärungen (Stegmüller, Probleme und Resultate der Wissenschaftstheorie und analytischen Philosophie, Bd. I, 1974, S. 664 ff.) als auch nach dem Gedanken der in der Konsensustheorie der Wahrheit vorausgesetzten idealen Sprechsituation (grundlegend Habermas, FS W. Schulz, 1973, S. 220 ff.; ferner Alexy, Theorie der juristischen Argumentation, 2. Aufl. 1990, S. 134 ff.). Hierzu und zu den anthropologisch bedingten Schranken objektiver Wahrheitsfindung Schünemann, in: Lampe (Hrsg.), Beiträge zur Rechtsanthropologie, ARSP-Beiheft 22, 1985, S. 68, 73 ff.

bb) Auf der zweiten Ebene geht es um das – wie ich es nennen möchte – *hermeneutische Dilemma*. Der vollständige Sinn einer Frage ist nicht in den dafür benutzten Wörtern abschließend festgelegt, sondern hängt von dem Vorverständnis des Fragenden ab, der wiederum die Antworten im Bezugsrahmen dieses Vorverständnisses interpretiert[26]. Daraus ergibt sich notwendig eine im Laufe der Hauptverhandlung immer mehr zunehmende Diskrepanz zwischen dem Verständnishorizont der Parteien und demjenigen des Richters. Die einzige Möglichkeit, eine derartige Diskrepanz erkennbar und damit aufhebbar zu machen, besteht in einer Kommunikation zwischen den beteiligten Personen über den Inhalt der Beweisaufnahme und über ihr Verständnis davon. Ein Richter aber, der wie die Geschworenen die Beweisaufnahme nur als stummer Zuhörer und Zuschauer erlebt, bleibt außerhalb dieses notwendigen Kommunikationskreises, so dass sein Verständnis mehr und mehr zu einem unkalkulierbaren Zufallfaktor wird.

cc) Auf der dritten Ebene kommt das *Lohengrin-Dilemma* hinzu, wie ich es in Anspielung an die betreffende Sage und bekannte Oper von Richard Wagner nennen möchte. Es ist ganz unvermeidbar, dass sich einem um die Wahrheitsfindung ringenden Richter, der der Verhandlung als stummer Zuhörer folgen muss, eine ganze Reihe zusätzlicher Fragen aufdrängen, die er aber wegen des ihm auferlegten Frageverbots nicht stellen kann. Außerhalb naturwissenschaftlich exakt erklärbarer Verläufe kann aber abermals per definitionem keine Wahrheit gefunden werden, wenn derjenige, der über die Wahrheit befinden soll, Gesichtspunkte offen lassen muss, die er für relevant hält. Hieran wird auch letztlich nichts durch die Existenz des Berufsrichters (judge oder bench) geändert, der die Verhandlung lediglich leitet, die Entscheidung über die Schuldfrage aber der Jury überlassen muss. Auch wenn er berechtigt ist, ergänzende Fragen zu stellen, bleibt es (weil er ja die Schuldfrage nicht entscheiden kann) dabei, dass das über die Schuldfrage entscheidende Gericht kein eigenes Fragerecht besitzt.

---

26 Heidegger, Sein und Zeit, 16. Aufl. 1986, § 63, S. 310 ff.; Gadamer, Wahrheit und Methode, in: Gesammelte Werke, Bd. I, 1986, S. 270 ff.; Esser, Vorverständnis und Methodenwahl in der Rechtsfindung, 1970, S. 40 ff., 50 ff., 131 ff. In der Perspektive der Konversationslogik nach *Grice* entspricht dies der Maxime der Relevanz, wonach Äußerungen im Lichte vorhergehender Äußerungen bzw. des Gesprächskontexts zu interpretieren sind, s. Fiedler/Freytag, in: Bierhoff/Frey (Hrsg.), Handbuch der Sozialpsychologie und Kommunikationspsychologie, 2006, S. 547 ff. Zu erwartungskonformer Informationsverarbeitung und self-fulfilling prophecy s. auch Greitemeyer/Fischer/Frey, ebda., S. 336 ff. Zum Prozess des „Aushandelns" in einer Vernehmung aus kommunikationstheoretischer Sicht bzw. zur Transformation eines erinnerten Sachverhalts in eine juristische Subsumtion Eisenberg, Beweisrecht der StPO, 7. Aufl. 2011, Rn. 732, 1332-1335; den vernehmungstaktischen Aspekt betonen Deckers, in: Widmaier (Hrsg.), Münchener Anwaltshandbuch Strafverteidigung, 2006, § 44 Rn. 52; Bender/Nack/Treuer, Tatsachenfeststellung vor Gericht, 3. Aufl. (2007), Rn. 1011 ff.

III. Vorzüge und Mängel des deutschen Modells

1. Alle diese Mängel werden vom deutschen Modell vermieden. Außerhalb des Bereichs der exakten Methoden der empirischen Naturwissenschaften, die im Strafverfahren in der Regel maximal *Teilaspekte* des für die Subsumtion benötigten historischen Sachverhalts abdecken, kann nur unter der Voraussetzung von der Ermittlung der materiellen Wahrheit in einem pragmatisch-gesellschaftlichen Sinn gesprochen werden, dass *alle* verfügbaren Erkenntnismittel ausgeschöpft worden sind. Diese Voraussetzung kann nur in einem inquisitorischen Modell erfüllt werden, in der der die Feststellungen treffende Richter zugleich die Garantie für diese Vollständigkeit übernimmt und aufgrund seiner Kompetenz zur Erhebung der Beweise auch erfüllen kann. Allerdings werden diese Vorzüge mit einem gravierenden Handicap erkauft, das schon die Schöpfer der Reichsstrafprozessordnung erkannten und innerhalb der inquisitorischen Struktur zu kompensieren versuchten. Die Organisation einer vollständigen Beweisaufnahme ist nicht durchführbar ohne eine vollständige Kenntnis der Ermittlungsakten, und diese *Aktenkenntnis des Gerichts* ist deshalb das zweite ausschlaggebend Unterscheidungsmerkmal des deutschen Modells zum amerikanischen. Dadurch kommt aber eine unausweichliche Dialektik in die Prozessstruktur hinein, denn für die materielle Wahrheitsfindung in der Hauptverhandlung ist die Aktenkenntnis des die Beweise erhebenden, sie würdigenden und sodann das Urteil fällenden Richters nicht nur unverzichtbar, sondern zugleich bedrohlich. Wobei sich diese Bedrohlichkeit einseitig zu Lasten des Beschuldigten auswirkt und deshalb zugleich die Fairness des Verfahrens gefährdet.

2. Weil es hier um einen für die Bewertung des deutschen Modells entscheidenden Punkt geht, möchte ich ihn etwas genauer ausführen.

a) Die Ermittlungsakten bestehen normalerweise zum größten Teilen aus den Protokollen der polizeilichen Zeugenvernehmungen. Wie eine Reihe von sozialwissenschaftlichen Untersuchungen zur polizeilichen Zeugenvernehmung ergeben hat, ist ein solches Protokoll aber keinesfalls mit der Wiedergabe des Erinnerungsbildes des Zeugen identisch (vergleichbar der Bildbeschreibung einer Photographie), sondern ein Interaktionsprodukt zwischen dem Zeugen und dem Vernehmungsbeamten, das sehr stark durch die die Befragung leitenden Hypothesen des Polizisten über das von ihm vermutete Geschehen massiv beeinflusst wird[27]. Wegen dieser „Formbarkeit" einer Zeugenaussage weist jedes nur

27 Banscherus, Polizeiliche Vernehmung, Formen, Verhalten, Protokollierung, 1977, 207 ff.; Schmitz, Tatgeschehen, Zeugen und Polizei, 1978, 189 ff.; ders., in: Kube u. a. (Hrsg.), Wissenschaftliche Kriminalistik, 1983, 353, 356; Gundlach, Die Vernehmung des Beschuldigten im Ermittlungsverfahren, 1984; Wulf, Strafprozessuale und krimi-

von einem Strafverfolgungsbeamten ohne kontradiktorische Kontrolle durch den Verteidiger aufgenommene Vernehmungsprotokoll also eine systematische Verzerrung in Richtung auf die vom Vernehmungsbeamten gehegten Tat- und Täterhypothesen auf, und zwar für diesen unbewusst und deshalb durch die bloße Statuierung von dessen Objektivitätspflicht (§ 160 Abs. 2 StPO) auch nicht eliminierbar. Und diese Asymmetrie zu Lasten des Beschuldigten zeugt sich prekärerweise durch den ganzen Prozess „wie eine ewige Krankheit fort". Der Grund liegt in der dargestellten Verfahrensrolle des deutschen Richters, der die Beweiserhebung auf der Basis und Marschroute der ihm als Handlungsgrundlage dienenden Ermittlungsakten tut, denen er überdies schon selbst im Eröffnungsbeschluß gem. § 203 StPO die Tauglichkeit zur Begründung einer hohen Verurteilungswahrscheinlichkeit attestiert hat. Diese Konstellation löst, wie eine Reihe von mir vor Jahren veranstalteter und hier nicht im einzelnen erneut darzustellender sozialpsychologischer Experimente bestätigt hat, den sog. *Inertia- oder Perseveranzeffekt* aus, kraft dessen der Richter das Beweisergebnis der Hauptverhandlung nicht mehr streng neutral, sondern in einer in Richtung der Anklagehypothese verzerrten, asymmetrischen Form beurteilen wird, wobei dieser Mechanismus, den man auch sehr treffend die Selbstbestätigung von Hypothesen genannt hat, unbewusst abläuft und deshalb abermals durch die gesetzliche Objektivitätspflicht nicht beseitigt werden kann[28]. Die strukturellen Verzerrungen der ohne kontradiktorische Mitwirkung zustande gekommenen Vernehmungsprotokolle wirken sich also bis ins Urteil einseitig zu Lasten des Beschuldigten aus. Diese Gefahr ist übrigens schon bei der ersten Beratung der Strafprozessordnung im deutschen Reichstag im Jahr 187 6 erkannt und dadurch bekämpft worden, dass die Richter des Eröffnungsbeschlusses von einer Mitwirkung an der Hauptverhandlung ausgeschlossen werden sollten[29]. Aber dieser Ausschluss wurde zunächst auf den berichterstattenden Richter eingeschränkt[30]

---

nalpraktische Fragen der polizeilichen Beschuldigtenvernehmung pp., Heidelberger jur. Diss. 1984; Eisenberg, Kriminologie, 6. Aufl. 2005, Rn. 315 ff.

28 Schünemann, in: Kerner/Kury/Sessar (Hrsg.), Deutsche Forschungen zur Kriminalitätsentstehung und Kriminalitätskontrolle, 1983, S.1109 ff.; ders. in: Lampe (Fn. 25), S. 68 ff.; ders. in: Kaiser/Kury/Albrecht (Hrsg.), Kriminologische Forschung in den 80er Jahren, 1988, S. 265 ff.; Schünemann/Bandilla, in: Wegener/Lösel/Haisch (Hrsg.) Criminal Behavior and the Justice System, 1989, S. 181 ff.; Schünemann Ztschr. f. Sozialpsych. 17, 1986. p.50 e ss.; ders. StV 2000, 159 ff.; Barton, Einführung in die Strafverteidigung, 2007, § 12 Rn. 35 ff.; bereits bei den Beratungen der RStPO Lasker, in: Hahn (Hrsg.), Die gesamten Materialien zu den Reichsjustizgesetzen, Bd. 3 Abt. 1, 2. Aufl. 1885, S. 531.

29 Siehe hierzu die Darlegungen des Berichterstatters von Schwarze in der 18. Sitzung des Reichstages am 27.11.1876 zu dem Antrag des Abgeordneten Reichensperger in Hahn, Abt.2 S. 1113 f. und die anschließende intensive Diskussion, die mit einer namentlichen Abstimmung endete (S. 1732) und mit 154 zu 117 Stimmen zur Ablehnung dieses Antrages führte (S. 1736).

30 So der in Kraft getretene § 23 Abs. 3 RStPO.

und später ganz abgeschafft[31], so dass heute bezüglich der Zulassung der Anklage durch den Eröffnungsbeschluss und der Entscheidung in der Hauptverhandlung normalerweise eine völlige Personenidentität auf der Seite des Gericht besteht. Der Inertia-Effekt wirkt sich also voll zu Lasten des Angeklagten aus, und die Hauptverhandlung droht zu einem bloßen Aktennachvollzug zu degenerieren. Ein entscheidendes Mittel ist hierbei der sog. *Vorhalt.* Wenn ein Zeuge in der Hauptverhandlung von seiner in den Ermittlungsakten protokollierten Aussage abweicht, so kann der Gerichtsvorsitzenden ihm das frühere Protokoll vorhalten[32], woraufhin der Zeuge meist schon aus Angst, wegen Falschaussage belangt zu werden, auf den Inhalt des Polizeiprotokolls zurück gehen wird. Dieser Inhalt ist aber wiederum, wie ich schon dargelegt habe, von den Tathypothesen der Polizei beeinflusst. Durch die Praxis des Vorhalts wird also eine Art *Schulterschlusseffekt*[33] zwischen Gericht und Ermittlungsbehörden bewirkt, der die Wahrheitsfindung zum Nachteil des Angeklagten beeinträchtigt.

b) Weitere Mängel kommen hinzu: Der inquirierende Richter wird durch die Pflicht, sich um die Überführung des schuldigen Angeklagten zu bemühen, mit psychologischer Notwendigkeit zum Widerpart des Angeklagten, gegenüber dem er unbequeme Fragen stellen, Widersprüche aufzudecken versuchen und sich einer möglichst erfolgreichen Überführungstaktik bedienen muss. Die *Gewaltenhäufung* beim Gericht gerät schließlich dadurch zur *rechtsstaatlichen Achillesferse* des deutschen Strafprozessmodells, dass der Inhalt der Beweisaufnahme weder (wie in den USA) durch Stenographen noch (wie in vielen anderen Ländern) durch Videoaufzeichnung festgehalten, sondern der allein maßgeblichen Schilderung in dem erst viel später abgesetzten schriftlichen Urteil des Richters selbst überantwortet wird, wobei keinerlei Garantie gegen Vergesslichkeit oder Missverständnisse besteht[34], von der Gefahr eines

---

31 Auch hier war es wieder die unselige Emminger-Notverordnung (RGBl. 1924 I, S. 15 ff., abgedruckt in Schubert [Hrsg.], Quellen zur Reform des Straf- und Strafprozeßrechts, Bd. IV, 1999, S. 640 ff.), die in ihrem § 21 S. 1 bestimmte: „Die Mitwirkung bei der Eröffnung des Hauptverfahrens bildet keinen Auschließungsgrund für die Teilnahme am Hauptverfahren". Bemerkenswert ist, dass keine der o. Fn. 8 zitierten Stellungnahmen auf diese grundlegende Umorientierung eingeht.

32 Roxin/Schünemann, Strafverfahrensrecht (Fn. 2), § 46 Rn. 25; Fezer, Strafprozeßrecht, Juristischer Studienkurs, 2. Aufl. 1995, Fall 13/43–46; krit. Eisenberg, Beweisrecht der StPO, 7. Aufl. 2011, Rn. 871 ff.

33 Erklärbar durch die Theorie der sozialen Vergleichsprozesse, wobei die Prägung der Richter und Staatsanwälte durch die sie beide umfassende Justizorganisation und ihre sich darin abspielenden Karrieren noch verstärkt wird, siehe Schünemann, in: Kaiser/Kury/Albrecht (Fn. 28), S. 265 ff.; ders, in: Bierbrauer/Gottwald/Birnbreier-Stahlberger (Hrsg.), Verfahrensgerechtigkeit, 1995, S. 223 ff.; ders., StV 20000, 159, 162.

34 BGH 43, 212; BGH NStZ 90, 35; OLG Brandenburg, NStZ-RR 09, 209; Herdegen JZ 98, 55; ders. Salger-FS 313; Meyer-Goßner § 261 Rn. 38a.

planmäßigen sog. „revisionssicheren Nagelns" des schriftlichen Urteils ganz abgesehen..

3. Damit hat das deutsche Modell zwar die Mängel des Schwurgerichtsverfahrens vermieden, leidet aber an anderen Mängeln, die sich ausnahmslos zu Lasten des Beschuldigten auswirken und deshalb noch weniger akzeptabel sind. Daraus darf man aber nicht den falschen Schluss ziehen, statt dessen den Schwurgerichtsprozess (wieder)einzuführen, denn dieser steht ja, wie ich schon gesagt habe, in den USA nur auf dem Papier, während in der Realität ein rein polizeiliches Verfahren mit anschließendem plea bargaining praktiziert wird. Die Lösung muss deshalb in einer Reform des deutschen Modells unter Beseitigung von dessen Mängeln gesucht werden, wofür es zwei unterschiedliche Ansatzpunkte gibt, die in der deutschen Reformdiskussion intensiv diskutiert, zur Zeit aber vom deutschen Gesetzgeber ignoriert werden: entweder durch eine Veränderung der Richterrolle in der Hauptverhandlung oder durch Veränderungen im Ermittlungsverfahren. Lassen Sie mich diese Verbesserungsvorschläge nacheinander betrachten.

IV. Partielle Reformen der Hauptverhandlung?

Es könnte einerseits die richterliche Aktenkenntnis und Aufklärungspflicht (§ 244 II StPO) erhalten bleiben, wenn andererseits die Vernehmung zur Sache und die Beweisaufnahme in der Hauptverhandlung zunächst dem *Wechselverhör* von Staatsanwaltschaft und Verteidigung überantwortet würde und das Gericht nur Zusatzfragen zu stellen und erforderlichenfalls anschließend ergänzende Vernehmungen durchzuführen hätte. Dies geschähe dann nicht mehr anhand des Anklagekonzepts, sondern auf Grund des Bildes, das sich bisher in der Hauptverhandlung entwickelt hat (sog. „Passivrichtermodell")[35]. Dagegen wird eingewandt, dass der „Passivrichter" kraft seiner Aktenkenntnis ebenfalls dem Urteilsperseveranzeffekt unterliege, ohne dass dies aber für die Prozessbeteiligten erkennbar und dadurch u. U. korrigierbar würde[36]. Die Abhilfe müsse deshalb darin liegen, dass die Zeugenaussagen durch ein Inhaltsprotokoll noch in der Hauptverhandlung fixiert und deren Verarbeitung durch das Gericht in „Beweiswürdigungs-Statements" erkennbar und damit einer kommunikativen Gegenkontrolle seitens der Verteidigung zugänglich gemacht würde, etwa durch Hinweise auf Missverständnisse oder Widersprüche in der vorläufigen

35 Roxin, in: Probleme der Strafprozessreform, 1975, 52; ders., Festschrift Schmidt-Leichner, 1977, 145; Alternativ-Entwurf, Novelle zur StPO, Reform der Hauptverhandlung, 1985.

36 Schünemann, GA 1978, 161; ähnl. Schlüchter, Das Strafverfahren, 2. Aufl. 1983, Rn. 459; ausgebaut von Schünemann/Bandilla (Fn. 28), Schünemann, in: Bierbrauer et al. (Fn. 33); ders., ZStW 114 (2002), 1.

Beweiswürdigung durch das Gericht[37]. Aber angesichts der Struktur des Strafrechts und der Kriminalität in der modernen Industriegesellschaft sind beide Vorschläge viel zu schwach, um die weltweit zu beobachtende Vorherrschaft des polizeilichen Ermittlungsverfahrens einzudämmen[38]. In Wirtschafts-, Steuer- und Umweltstrafsachen ebenso wie in allen Fällen organisierter Kriminalität beherrschen die extrem umfangreichen Ermittlungsakten auch unvermeidbarer Weise die Hauptverhandlung, einfach weil es unmöglich ist, alle Beweiserhebungen noch einmal komplett von vorne durchzuführen. Die rechtsstaatliche Balance des Strafverfahrens kann deshalb ohne eine Reform des Ermittlungsverfahrens nicht wiederhergestellt werden.

V. Notwendige Reformen des Ermittlungsverfahrens

1. Das Ermittlungsverfahren ist im Grunde bis heute identisch mit dem alten Inquisitionsprozess und leidet damit an allen seinen Einseitigkeiten und Gebrechen, die vor 200 Jahren zur Reform des Strafverfahrens in Europa geführt haben. Man muss also die Kontrollmechanismen und Ausbalancierungen, die damals durch die Erfindung der öffentlichen und mündlichen Hauptverhandlung geschaffen wurden, in einer geeigneten Weise schon in das Ermittlungsverfahren einbauen. Die Grundidee bei der Einführung der Hauptverhandlung bestand in der Aufwertung des Beschuldigten zum Prozesssubjekt und der Ausgestaltung seiner Verteidigung mit eigenen Rechten, die einen nachhaltigen Einfluss auf die Beweiserhebung und eine Kontrolle ihrer Korrektheit und Objektivität sicherstellten. Insoweit bieten sich vier Prinzipien an, um schon im Ermittlungsverfahren eine wenigstens einigermaßen hinreichende Balance zwischen den Verfolgungsinteressen des Staates und der Kontrollierbarkeit durch die Verteidigung herzustellen.

---

37 So bereits Schünemann, GA 1978, 161; in letzter Zeit aufgegriffen von König, Festschrift Friebertshäuser, 1997, 211.

38 Zu meinem Vorschlag aus dem Jahre 1978 würde ich heute auch deshalb nicht mehr stehen, weil nach meinen eigenen, naturgemäß quantitativ beschränkten Erfahrungen, die aber in vielen Gesprächen mit Strafverteidigern bestätigt worden sind, die Stärke des inertia-Effekts bei deutschen Strafrichtern in den letzten 35 Jahren parallel zum Abbau der liberalen Strukturelemente des Strafverfahrens durch den Gesetzgeber und durch die Rechtsprechung des Bundesgerichtshofes (umfassend nachgewiesen bei Roxin/ Schünemann, Strafverfahrensrecht, 27. Aufl. 2012) deutlich angewachsen ist, wobei als Ursache außerhalb der allgemeinen gesellschaftlichen Entwicklungen ein sich in Richtung auf eine kritiklose Selbstgefälligkeit hin entwickelndes Selbstbewusstsein des Strafrichtertypus vermutet werden darf, ohne den ja die über Jahrzehnte hinweg contra legem und damit streng genommen unter Beugung des Rechts entwickelte Absprachenpraxis gar nicht vorstellbar gewesen wäre.

a) Als erstes muss für alle *heimlichen* Ermittlungsverfahren eine neue und zusätzliche *Institution* geschaffen werden, die nicht mit der Staatsanwaltschaft oder Strafjustiz identisch ist, sondern ausschließlich die Aufgabe eines *Schutzes der Verteidigungsinteressen* verfolgt. In meinen Vorschlägen für die Reform des europäischen Strafrechts habe ich sie „Proto-", also „Voraus-Verteidigung" genannt[39]. Sie wäre vom Staat zu finanzieren, würde anders als der Verteidiger selbst zur Verschwiegenheit gegenüber dem Beschuldigten verpflichtet sein, hätte aber dessen Interessen und in diesem Sinn eine Kontrollaufgabe bei allen heimlichen Ermittlungsmaßnahmen wahrzunehmen. Für alle Einzelheiten muss ich auf die für die transnationalen Ermittlungsverfahren in der Europäischen Union vorgeschlagene Einrichtung eines „Eurodefensors" (=europäischen Verteidigers) verweisen[40]. Nur durch eine solche Institution kann die Benachteiligung eines Beschuldigten angesichts der heute in weitem Umfang mit den Methoden der Geheimdienste arbeitenden und deshalb unkontrollierbaren Ermittlungspraxis der Polizei halbwegs ausgeglichen werden.

b) Zum zweiten müssen sämtliche Zeugenvernehmungen vom Anfang des Ermittlungsverfahrens an per *Video aufgezeichnet* werden, weil nur auf diese Weise der Verteidiger später, wenn er volle Akteneinsicht bekommt, die Verlässlichkeit einer Zeugenaussage beurteilen kann[41]. Denn die gegenwärtige Praxis, die Zeugenaussage nur schriftlich aufzuzeichnen, führt, wie die bereits erwähnten empirischen Untersuchungen bewiesen haben, zu einem künstlichen Produkt aus dem Wissen des Zeugen und den leitenden Hypothesen der Vernehmungsbeamten. Und es ist später nicht mehr zuverlässig feststellbar, was als eigenes Wissen des Zeugen und was als Mutmaßung und Formulierung des Vernehmungsbeamten in das schriftliche Protokoll eingeflossen ist. Allein die komplette Videoaufzeichnung ermöglicht es deshalb später dem Verteidiger, in der Aussage eines Belastungszeugen dessen wirkliches Wissen von den von der Polizei hineingetragenen Vermutungen zu unterscheiden und dadurch zuverlässig zu beurteilen, ob die Ermittlungen zur Auffindung der materiellen

---

39 Schünemann, in: ders. (Hrsg.), Ein Gesamtkonzept für die Europäische Strafrechtspflege, 2006, 49 ff., 166 ff.

40 Vgl. die Nachweise Fn. 39.

41 Dieser Vorschlag, den ich schon seit längerem unterbreitet habe (Schünemann, ZStW 114 [2002], 1, 45; ders. ZStW 119 [2007], S. 957; ders. FS Fezer, S. 573 f.), ist mittlerweile vom Strafrechtsausschuss der Bundesrechtsanwaltskammer (notabene ohne Erwähnung früherer Protagonisten) aufgegriffen worden (s. Entwurf eines Gesetzes zur Verbesserung der Wahrheitsfindung im Strafverfahren durch verstärkten Einsatz von Bild-Ton-Technik, http://www.brak.de/w/files/stellungnahmen/Stn1-2010.pdf). Das Papier der Bundesrechtsanwaltskammer bleibt aber hinter meinem Vorschlag deutlich zurück, indem die aus strukturellen Gründen ausnahmslos gebotene Video-Aufzeichnung eingeschränkt und letztlich dem Beurteilungsspielraum des Ermittlungsbeamten überantwortet wird.

Wahrheit geführt haben und deshalb als Basis für die Abschlussentscheidung akzeptiert werden können.

c) Drittens muss der Verteidiger, wie es heute unter gewissen Bedingungen in Manchen Staaten schon möglich ist[42], ein *gesichertes Recht zur eigenen Zeugenvernehmung* bekommen. Derartige eigene Beweiserhebungen des Verteidigers sind zwar auch heute schon im europäischen Strafprozess zulässig[43]. Es fehlt aber jede Pflicht des Zeugen, zur Vernehmung vor dem Verteidiger zu erscheinen, so dass es völlig vom guten Willen des Zeugen abhängt, ob er aussagt oder nicht. Nur durch ein gesichertes Vernehmungsrecht kann aber eine Waffengleichheit im Ermittlungsverfahren erreicht und dadurch eine als Basis der Abschlussentscheidung unverzichtbare Balance zwischen Verfolgungs- und Verteidigungsrechten hergestellt werden. Selbstverständlich müsste auch die Vernehmung durch den Verteidiger vollständig per Video aufgezeichnet werden, um etwaige Versuche des Verteidigers zur Zeugenbeeinflussung zu dokumentieren.

d) Viertens ist es, nachdem der Gesetzgeber in den letzten Jahren und Jahrzehnten nicht müde geworden ist, die *moderne* Observations- und *Kommunikationstechnik* für die polizeiliche Überwachung wie für die Strafverfolgung fruchtbar zu machen, höchste Zeit, sie zur Herstellung der Verfahrensbalance auch *zu Gunsten* des Beschuldigten zu nutzen, namentlich indem die Untersuchungshaft weitestgehend durch die *elektronische Fußfessel* als mildere Maßnahme ersetzt wird[44].

2. Nur wenn diese vierfache Reform des Ermittlungsverfahrens durchgeführt würde, ließe sich davon sprechen, dass die Verteidigung an dessen Ende zuverlässig beurteilen kann, ob dessen Ergebnisse die von der Staatsanwaltschaft erhobene Anklage tragen und ob es deshalb zur Abkürzung des Verfahrens sinnvoll ist, das von der Staatsanwaltschaft oder von einem Richter vorgeschlagene Ergebnis ohne Hauptverhandlung zu akzeptieren. Damit das betreffende Angebot der Justiz nicht zu einem die Entschlussfreiheit des Angeklagten praktisch zerstörenden strukturellen Druck führt, müssen freilich drei weitere Garantien für die plea negotiations hinzukommen.a) Eine Urteilsabsprache kann es nur mit einem professionell verteidigten Angeklagten geben, alles andere wäre die unfaire Ausnutzung seiner konstitutionellen Unterlegenheit. Weil aber jeder Angeklagten diese Chance besitzen muss (die gegenwärtige

---

42 Dazu Park, Die Wahrheitsfindung im Ermittlungsverfahren, 2003, S. 98 ff.

43 Vgl. im italienischen Recht Art. 498 Nr. 1 und 2 Codice di Procedura Penale, im spanischen Art. 708 I 1, 2 Ley de Enjuiciamiento Criminal, im österreichischen § 249 S. 1 StPO, im französischen Art. 332 S. 2 Code de Procédure Pénale.

44 Dazu Roxin/Schünemann (Fn. 2), § 30 Rn 3, § 69 Rn 8 m.w.N. Dass sie im Rahmen der Führungsaufsicht mit großer Behändigkeit eingeführt werden konnte (dazu Brauneisen, StV 2011, 311), macht erst recht deutlich, dass sie im Rahmen der Untersuchungshaft von der Justiz mit Fleiß bisher blockiert worden ist.

Willkür, ob der Richter sich überhaupt auf eine Abspracheverhandlung einlässt, was er normalerweise nur mit einem Verteidiger tut, bedeutet eine inakzeptable Verletzung der Chancengleichheit aller Angeklagte), muss die *Verteidigung ausnahmslos* eine *notwendige* werden.

b) Der *Strafrabatt*, der bei einem Verzicht auf die Hauptverhandlung möglich ist, muss *eng begrenzt* werden. Allein dies würde auch mit dem Strafzumessungsrecht in Übereinstimmung sein, denn danach könnte man die Abkürzung des Verfahrens als eine kleine Wiedergutmachung gegenüber der Rechtsordnung qualifizieren und daraus eine freilich vom Umfang sehr beschränkte Strafmilderung legitimieren[45]. In der Praxis würde das etwa so ablaufen können, dass die Staatsanwaltschaft mit der Anklage zwei verschiedene Strafmaßvorschläge unterbreitet, einen für den Fall nach Durchführung einer vollständigen Hauptverhandlung und einen für den Fall des Verzichts des Angeklagten auf die Hauptverhandlung, wobei die Differenz maximal 20 % ausmachen dürfte. Wenn sich der Angeklagte aufgrund der verbesserten Garantien im Ermittlungsverfahren davon überzeugt hat, dass er ohnehin kaum reelle Freispruchschancen besitzt, wird er auf die Hauptverhandlung verzichten und sich der ermäßigten Strafe unterwerfen. Legitimierend wirkt hier dann aber nicht sein Konsens als solcher[46], sondern seine Einsicht darin, dass die Ermittlungen bereits zur Auffindung der materiellen Wahrheit geführt haben. Wählt er die Hauptverhandlung, so ist er durch den zweiten Strafmaßvorschlag der Staatsanwaltschaft davor geschützt, zur „Strafe“ für seine prozessuale Hartnäckigkeit mit einer exorbitant höheren Strafe belegt zu werden. Es muss also die höhere Strafmaßbenennung der Staatsanwaltschaft mit einem *Verbot der reformatio in peius* verbunden werden, wovon man Ausnahmen zulassen kann, wenn die Hauptverhandlung ganz entscheidend schwerere Delikte zutage fördert, etwa dass statt einer unerlaubten Schießerei ein Mord gegeben war[47].

c) Drittens muss eine *Inkompatibilität* zwischen dem die Abspracheverhandlung führenden und dem im Falle ihres Scheiterns die Hauptverhandlung leitenden Richter statuiert werden, weil der Angeklagte nur in diesem Fall sicher sein kann, dass er das Abspracheangebot ohne nachteilige prozesspsychologische Wirkungen ablehnen kann.

---

45 Schünemann, FS Fezer, S. 574; Hauer, Geständnis und Absprache, 2007, S. 164 ff.; Schünemann/Hauer, AnwBl 2006, 439, 444.

46 Entgegen der an der Realität vorbeigehenden Konzeption von Jahn, GA 2004, 272, 285 ff.; dagegen bereits durchschlagend Lien, GA 2006, 129, 143 ff.

47 Ein Vorbild könnte hierfür die Vorschrift des § 373 a StPO bieten.

VI. Schlussbemerkung

Als Ergebnis möchte ich festhalten, dass man die kategoriale Unterscheidung zwischen inquisitorischer und adversatorischer Struktur der Hauptverhandlung in ihrer Bedeutung nicht überschätzen sollte. Die vor 200 Jahren durch die Einführung der öffentlichen, mündlichen und die Beweise unmittelbar erhebenden Hauptverhandlung hergestellte Verfahrensbalance zwischen Strafverfolgung und Strafverteidigung ist durch den Siegeszug des Ermittlungsverfahrens als entscheidender Schaltstelle des ganzen Strafverfahrens weitgehend zerstört worden, und zwar in den USA mit Sicherheit noch viel stärker als in Deutschland. Wenn die Balance im Strafprozess der Zukunft wiedergewonnen werden soll, kann das deshalb nur durch eine Reform des Ermittlungsverfahrens geschehen. Wenn dies gelingt, ist die Struktur der Hauptverhandlung zwar nicht gleichgültig, aber ein nachrangiges Problem. Beide Modelle haben ihre Schwächen, doch ist das inquisitorische Modell insgesamt zur Wahrheitsfindung besser geeignet und verdient deshalb nach Berücksichtigung der von mir angeführten Verbesserungsvorschläge den Vorzug.

Befugnisse des Gerichts bei der Anklagerücknahme durch den Staatsanwalt oder bei einer Anklageänderung

Leonid Golovko

Das Problem der prozessualen Folgen der Anklagerücknahme durch den Staatsanwalt im Hauptverfahren wird in der postsowjetischen Doktrin schon ziemlich lange diskutiert, und zwar seit der Zeit, als diese Doktrin noch keine „postsowjetische", sondern eine „sowjetische" Doktrin war. In der Regel wird darüber polemisiert, ob das Gericht in einer solchen Situation die Hauptverhandlung zur Sache fortsetzen und den Fall nach freiem Ermessen im Sinne des Konzepts der „objektiven (materiellen) Wahrheit" erledigen oder das Verfahren im Sinne des gegensätzlichen Konzepts der „reinen Adversarität" unverzüglich einstellen soll (wenn es keine aktive Anklagepartei, mithin keinen Rechtsstreit gibt, dann gibt es auch keinen Prozess). Die Frage nach der Möglichkeit und den prozessualen Folgen der Anklageänderung durch den Staatsanwalt nach der Eröffnung des Hauptverfahrens stand zwar immer gewissermaßen „im Schatten" einer lebhafteren Polemik über die „Rücknahme der Anklage" und löste viel weniger Diskussionen aus. Die ganze Polemik läuft jedoch auch hier darauf hinaus, wie aktiv das Gericht ist und ob es durch die Position der Parteien gebunden oder nicht gebunden ist, wobei zunächst selbstverständlich die durch den Staatsanwalt vertretene Anklagepartei gemeint wird.

Während in der spätsowjetischen Epoche die Befürworter der strengen Pflicht des Gerichts, im Falle der Rücknahme der Anklage vom Staatsanwalt das Verfahren einzustellen, also die Apologeten des – bedingt gesagt – „adversatorischen Paradigmas", diese „Schlacht" ausschließlich de lege ferenda[1] geführt hatten und dabei ihren Opponenten auf dem normativen Schlachtfeld unterlegen waren, änderte sich in den 1990er Jahren diese Situation in vielen postsowjetischen Staaten grundlegend. In Russland gerieten beispielsweise nun schon die Befürworter des Paradigmas der „materiellen (objektiven) Wahrheit" nach dem Erlass des Beschlusses des Verfassungsgerichts der RF vom 20. April 1999 und nach der Verabschiedung der neuen StPO in eine eigenartige theoretische Opposition[2], weil heute der auf der Rechtsposition des Verfassungsgerichts der RF

---

1 Vgl. u.a.: *Петрухин И. Л.* Правосудие: время реформ. Москва. Наука. 1991. С. 172 (Hier ist der Verfasser noch weiter gegangen: Er vertritt die Ansicht, dass im Falle einer staatsanwaltschaftlichen Anklagerücknahme eine Freisprechung und nicht eine Einstellung des Verfahrens geboten sei).

2 Vgl. u.a.: *Васильев О. Л.* Состязательность как принцип организации судебного следствия в уголовном процессе (размышления над Постановлением Конституци-

gegründete Abs. 7 Art. 246 der StPO lautet, dass die im Hauptverfahren erfolgte staatsanwaltschaftliche Anklagerücknahme ganz oder zum Teil zur Einstellung des Strafverfahrens bzw. der Strafverfolgung ganz oder im entsprechenden Teil führt. In Bezug auf Russland kann heute dieser Standpunkt beinahe als orthodox gelten – nicht nur in der normativen, sondern auch in der äußerst doktrinellen Hinsicht.[3]

Inwieweit ist dieser Ansatz auch für die anderen postsowjetischen Länder, u.a. für die zentralasiatischen Staaten, orthodox? Sie scheinen denselben konzeptuellen Weg zu gehen, verhalten sich dabei technisch viel vorsichtiger, indem sie einen *Kompromiss* zwischen dem alten „nicht modischen" Modell, bei dem das Gericht die Verhandlung auch nach der staatsanwaltschaftlichen Anklagerücknahme fortzusetzen hat, und dem neuen „modischen" Modell, bei dem dasselbe Gericht im Falle eines solchen Anklageverzichts das Verfahren einzustellen hat, zu finden suchen.

Kaum musterhaft ist in diesem Sinne die Strafprozessordnung Usbekistans, die nach wie vor fest auf dem Grundsatz der „Wahrheitsfindung" gründet (Art. 22 StPO Usbekistans), welcher zwar den Staatsanwalt, falls er die Überzeugung von der Unschuld des Angeklagten gewonnen hat, zur Anklagerücknahme durch die Vorlage schriftlicher Begründung verpflichtet (Art. 409 StPO Usbekistans), jedoch das Gericht von der Pflicht nicht entlastet, den vollständigen Sachverhalt offiziell festzustellen.[4] Man sollte nicht vergessen, dass die StPO Usbekistans im Jahre 1994 verabschiedet worden war, als die „Traditionalisten" und „Erneuerer" erst im Aufmarsch zur dogmatischen Schlacht auf dem strafprozessualen Raum der ehemaligen UdSSR waren, also lange vor Ausgestaltung der allgemeinen postsowjetischen und regionalen zentralasiatischen Entwicklungstrends des hier angesprochenen Problems.

Eine typisch zentralasiatische Antwort auf die Frage nach den Rechtsfolgen der Rücknahme der Anklage durch den Staatsanwalt, welche wir als ein „Kompromissparadigma" bezeichnen würden, wurde in der zweiten Hälfte der 1990er

---

онного суда РФ от 20 апреля 1999 г.) // Вестник Московского университета. Серия 11. Право. 1999. № 5. С. 56 – 57 и др.

3 Es ist kennzeichnend, dass sogar die Autoren, denen ein „adversatorischer Radikalismus" kaum vorzuwerfen ist und die eher zu den Vertretern der kontinentalen Tradition im Geiste einer „sanften" (gemäßigten) Befolgung des Grundsatzes der materiellen Wahrheit gezählt werden könnten, die in Art. 246 Abs. 7 festgeschriebene allgemeine Idee nicht mehr bezweifeln, dass das Gericht verpflichtet sei, das Verfahren nach der Rücknahme der Anklage durch den Staatsanwalt einzustellen. Vgl. u.a.: *Михайлов А. А.* Изменение прокурором обвинения и отказ прокурора от обвинения в суде первой инстанции. Автореф. дисс... канд. юрид. наук. Томск. 2008. С. 25.

4 Siehe: StPO der Republik Usbekistan: Уголовно-процессуальный кодекс Республики Узбекистан // Сборник уголовно-процессуальных кодексов стран Центральной Азии (Казахстан, Кыргызстан, Таджикистан, Туркменистан и Узбекистан). Алматы. ОБСЕ-БДИПЧ. 2010. С. 879, 1011.

Jahre nach der Annahme der StPO der Republik Kasachstan (1997) und – ein wenig später (1999) – der StPO der Kirgisischen Republik gefunden. Das Wesen der vorgeschlagenen Lösung bestand in der Verankerung des adversatorischen Ansatzes mit einer gleichzeitigen Reverenz vor dem Grundsatz der materiellen (objektiven) Wahrheit, indem das Opfer eine subsidiäre Kriminalklage erheben darf, falls der offizielle Ankläger auf die Anklage verzichtet. Das wird in P. 7 Art. 317 StPO Kasachstan (in der Fassung vom 11. Juli 2001) geregelt: „Im Fall eines völligen Absehens des Staatsanwalts von einer Anklage, wenn auch der Geschädigte von der Klage absieht, hat das Gericht das Verfahren durch eine Entscheidung einzustellen. Besteht der Beschädigte auf der Klage weiter, hat das Gericht die Verhandlung fortzusetzen und den Fall nach der festgelegten Ordnung zu erledigen. In diesem Fall wird der Staatsanwalt von der weiteren Beteiligung am Verfahren freigestellt, und die Klage wird vom Geschädigten persönlich oder durch seinen Vertreter vertreten.“[5] Ein ähnlicher Ansatz, wenn auch in einer komplizierteren Fassung, findet sich in Art. 27, 28 und 258 der StPO der Kirgisischen Republik, wo den Kerngedanken die These ausmacht, dass „die staatsanwaltschaftliche Anklagerücknahme dem Geschädigten das Recht nicht entzieht, die Anklage zu vertreten“ (Abs. 2 Art. 27 StPO Kirgisien).[6]

Auf diese Art und Weise hat sich eine zentralasiatische Tendenz ausgestaltet, welche erst vor kurzem von den neuen StPO Tadschikistans und Turkmenistans (2009) aufgegriffen wurde. Der Unterschied besteht lediglich darin, dass der tadschikische Gesetzgeber das „Kompromissparadigma“ in einer absoluten Lehrbuch-Form verankert hat, indem er sich seinen kasachischen und kirgisischen Kollegen völlig angeschlossen hat (Art. 279 Abs. 10 und 11StPO Tadschikistan[7]), während der turkmenische Gesetzgeber hier eine gewisse Vorsicht, ja einen, wenn man so will, Konservatismus an den Tag legte. Das „Kompromissparadigma“ in der neuen Strafprozessordung Turkmenistans gilt ausschließlich in den Fällen leichter und mittlerer Kriminalität, vorausgesetzt, dass der Angeklagte zum ersten Mal straffällig geworden ist. In den Fällen schwerer und schwerster Kriminalität verhandelt das Gericht nach wie vor bis zum Abschluss des Verfahrens, weil es dem Gericht obliegt, die „Wahrheit“ von

5 Siehe: die StPO der Republik Kasachstan (ibid., S. 183 – 184): Уголовно-процессуальный кодекс Республики Казахстан // Сборник уголовно-процессуальных кодексов стран Центральной Азии (Казахстан, Кыргызстан, Таджикистан, Туркменистан и Узбекистан). С. 183 – 184.

6 Siehe: die StPO der Kirgisischen Republik (ibid., S. 314 – 315, 408): Уголовно-процессуальный кодекс Кыргызской Республики // Сборник уголовно-процессуальных кодексов стран Центральной Азии (Казахстан, Кыргызстан, Таджикистан, Туркменистан и Узбекистан). С. 314 – 315, 408.

7 Siehe: die StPO der Kirgisischen Republik (ibid., S. 594): // Сборник уголовно-процессуальных кодексов стран Центральной Азии (Казахстан, Кыргызстан, Таджикистан, Туркменистан и Узбекистан). С. 594.

Amts wegen (Art. 356 Abs. 7 StPO von Turkmenistan[8]) zu erforschen, auch in dem Fall, wenn der Staatsanwalt die Anklage zurückgenommen hat. Es scheint jedoch, dass der turkmenische „erste Schritt" das Vorhandensein einer gesamten zentralasiatischen Tendenz nur hervorhebt.

Ist aber das zentralasiatische „Kompromissparadigma" eine theoretisch adäquate und, was besonders wichtig ist, endgültige Lösung des Problems der prozessualen Folgen der staatsanwaltschaftlichen Anklagerücknahme im Zwischen- oder Hauptverfahren? Die Frage ist kaum zu bejahen, auch wenn wir für dieses Paradigma tiefe und absolut aufrichtige Sympathie empfinden. Es handelt sich eher um eine provisorische Maßnahme, die Atem schöpfen lässt und zum gründlichen Nachdenken über eine wirklich konzeptionelle Lösung anregt. Eigentlich ist es gerade der provisorische (nicht endgültige) Charakter eines solchen gesetzgebenden Ansatzes, der uns den wirklichen „Kompromiss" des eigentlichen Paradigmas erkennen lässt, wodurch, streng genommen, unsere Sympathie dafür zu erklären ist.

Hier entstehen jedoch sofort zahlreiche Fragen auf der konzeptionellen Ebene. Erstens ist es klar, dass das Opfer bei weitem nicht zu den obligatorischen Akteuren des Strafverfahrens zählt – bei einigen Deliktkategorien, u.a. höchst gefährlichen, gibt es kein Opfer und kann es auch keines geben. Zweitens hängt das Vorhandensein oder das Fehlen des tatsächlich Geschädigten von absolut zufälligen Umständen ab, was, wie wir annehmen, für Terroranschläge kennzeichnend ist. Drittens kann das Opfer einfach tot sein, etwa wenn ein vorsätzlicher Mord gelungen ist. Soll denn in einem modernen Staat der prozessuale Mechanismus des Strafverfahrens, einschließlich des aktuellen Verständnisses der Adversarität, davon abhängen, ob die durch die Straftat Schaden erlittene Person überlebt (dann führt die staatsanwaltschaftliche Anklagerücknahme nicht unbedingt zur Einstellung des Verfahrens durch das Gericht) oder nicht überlebt hat (dann hat das Gericht keine Wahl), ob das Opfer erwachsen oder minderjährig ist? Außerdem kommt es in solcher Situation zu einer merkwürdigen und paradoxen Gesetzmäßigkeit: Je gefährlicher eine Straftat hinsichtlich ihrer Folgen ist (ein ausgeführter Mord, eine Straftat gegen einen Minderjährigen usw.), desto adversatorischer wird der Strafprozess. Es scheint, dass gerade auf diese Gesetzmäßigkeit die Entscheidung des turkmenischen Gesetzgebers zurückzuführen ist, in den Fällen schwerer und schwerster Kriminalität auf das „Kompromissparadigma" zu verzichten und einen herkömmlichen Ansatz beizubehalten. Das ist schon logisch, obwohl diese Logik bei Weitem nicht prozessual ist.

Für uns ist es absolut klar, dass die Gewährung dem Geschädigten des Rechts, im Falle einer staatsanwaltlichen Anklagerücknahme die Klage

---

8 Уголовно-процессуальный кодекс Туркменистана. Aşgabat. Türkmen döwlet neşirÿ at gullugy. 2009. C. 379 (Der entsprechende Artikel ist hier in der russischen Sprache angeführt).

eigenständig zu vertreten, keine Lösung des Problems der staatsanwaltlichen Anklagerücknahme darstellt, sondern ein vollkommen anderes Problem löst, nämlich das Problem der Rechte des Geschädigten im Strafverfahren. Mit anderen Worten: Wenn es in einem Strafverfahren ein konkretes Opfer gibt, so dürfen seine Rechte nicht beeinträchtigt werden. Das ist ein Axiom. Es existiert jedoch ohne Rücksicht auf das Institut der staatsanwaltlichen Anklagerücknahme. Ein gewisser Einfluss dieses Axioms auf das uns interessierende Institut ist zwar nicht zu leugnen, er ist aber ziemlich lokal, und darauf kommen wir noch zurück. Keinesfalls sollte aber das eine Problem durch ein anderes auszuwechseln. Bei dem „Kompromissparadigma" findet gerade eine solche Auswechselung statt, was weder methodologisch noch theoretisch zulässig ist. Aus methodologischer Sicht und zur Vermeidung der oben erwähnten Auswechselung muss das Problem der prozessualen Folgen der staatsanwaltschaftlichen Anklagerücknahme als ein völlig *autonomes* Problem verstanden werden, das in absolut allen Straffällen entsteht und zwar unabhängig davon, ob konkrete Opfer beteiligt oder nicht beteiligt sind. Auch die Figur des Opfers werden wir selbstverständlich nicht vergessen, ab und zu wird sie in unserer Analyse auftauchen und ihren prozessualen Platz neben dem Staatsanwalt haben. Unser Interesse gilt aber zunächst, bedingt gesagt, einem „allein auftretenden Staatsanwalt", dem es obliegt, die Anklage auch in solchen Straffällen zu vertreten, in denen es überhaupt keine Opfer gibt, wenigstens im physischen Sinne dieses Wortes.

Gerade im Kontext des „allein auftretenden Staatsanwalts" versuchen wir noch einmal, das Instituts der Rücknahme der Anklage durch einen Amtsankläger anzuschauen, um zu verstehen, wie seine Aussichten im postsowjetischen Raum und speziell in Zentralasien sind. In theoretischer Hinsicht kann uns dabei das „Kompromissparadigma" weder helfen noch hindern, weil es im Kontext des „allein auftretenden Staatsanwalts" jeglichen konzeptionellen Sinns entbehrt, was uns einen weiteren Beweis für die Schwäche dieses Paradigmas liefert.

Ich möchte eine weitere methodologische Bemerkung machen. Bei manchen Lesern hätte der Eindruck entstehen können, als ob wir in dieser „Vorbemerkung" zu unserer Analyse das Institut der Anklageänderung außer aller Acht gelassen und uns nur auf das Institut der Anklagerücknahme konzentriert hätten. In Wirklichkeit liegen die Dinge ganz anders. Aber das Institut der Änderung der Anklage, das in der Doktrin herkömmlicherweise immer neben dem Institut der Anklagerücknahme steht[9] (man kann sagen, es sei eingeklammert), sollte nun

9 Vgl. u.a.: Михайлов А. А. ibid. (Kennzeichnend ist schon der Name dieser Doktorarbeit - „Änderung der Anklage durch den Staatsanwalt und Rücknahme der Anklage durch den Staatsanwalt im erstinstanzlichen Gericht", der die einschlägige doktrinelle Tradition glänzend veranschaulicht, was die Vorteile der Doktorarbeit keinesfalls herabmindert).

ausgeklammert werden und in der strafprozessualen Theorie einen selbstständigen Platz einnehmen. Die bedingte Nachbarschaft der Institute der Anklagerücknahme und der Anklageänderung ist nur auf der Ebene der Problemstellung zulässig, jedoch nicht auf der Ebene der Problemlösung, worauf wir im Zuge dieser Forschung gestoßen sind. Die mit dem Institut der Anklagerücknahme verbundenen Fragen sind tiefer, konzeptioneller und, wenn man so will, existenzieller, weil sie nicht nur im rechtlichen, sondern auch im politischen Bereich liegen. Eine ganz andere Konstellation ist in Bezug auf das Institut der Anklageänderung zu beobachten, das ausschließlich in einer prozessual-technischen Dimension existiert und weniger an das Institut der Anklagerücknahme (wie es auf den ersten Blick vorkommt), sondern mehr an das Institut der Grenzen der Gerichtsverhandlung grenzt, welches gar keine existenziellen oder außerhalb des rechtlichen Bereichs liegenden Merkmale aufweist. Gerade deshalb wollen wir hier die Institute der Anklagerücknahme und der Anklageänderung nicht durch die schon vertrauten Klammern betrachten, sondern als zwei autonome prozessuale Phänomene, die unterschiedliche prozessuale Probleme hervorrufen und unterschiedlicher prozessualer Lösungen bedürfen.

I. Das Institut der Anklagerücknahme: Wo liegt der theoretische Fehler?

1. Das existenzielle Problem der Adversarität im Strafprozess

Der heute in den postsowjetischen Staaten herrschende theoretische Ansatz zum Institut der Anklagerücknahme durch den Staatsanwalt gründet bekanntlich auf der Verhandlungsmaxime (im Folgenden: der adversatorische Grundsatz) und ist mit einem äußerst technischen (prozessualen) Verständnis dieses Grundsatzes verknüpft. Denn die Gerichtsverhandlung müsse adversativ sein. Zur Wahrung der Adversarität brauche man eine Anklagepartei. Wenn die Anklagepartei vom Rechtsstreit absehe, weil sie der Verteidigungspartei recht gebe, sei das Gerichtsverfahren unverzüglich einzustellen, indem man zugunsten der Verteidigungspartei entscheide. Anschließend kann über die Berücksichtigung der Rechtsposition des Opfers u.ä. diskutiert werden, die Tatsache aber, dass in Abwesenheit der Anklagepartei das Gericht angehalten wird, das Verfahren einzustellen, lässt anscheinend keine Zweifel aufkommen, wenigstens ist es eine an sich unbedenkliche Tatsache, solange wir das Fahrwasser der rein prozessualen Logik nicht verlassen und keinen Versuch anstellen, das „adversatorische Paradigma" von der äußeren (nichtprozessualen) Seite her zu analysieren.

Sobald wir uns aber von der enggefassten prozessualen Logik lossagen, entsteht vor uns sofort das fundamentale Problem der Adversarität des Strafverfahrens, vor dem jedes prozessuale System (sei es das angelsächsische, das kontinentale, das postsowjetische etc.) steht. Wollen wir dieses Problem als *ein existenzielles Problem der Adversarität* bezeichnen. Es ist mit den Schwierigkeiten bei der Identifizierung der Anklagepartei im Strafprozess verbunden. Von wem ist denn eigentlich die Rede? Die Straftat stellt eine Gefährdung für die Gesellschaft dar, die Anklage wird also von der ganzen Gesellschaft erhoben. Die Gesellschaft lässt sich jedoch nur politisch und nur unter einem gewissen Vorbehalt personifizieren. Eine juristische Personifizierung der Kategorie „Gesellschaft" ist völlig undenkbar. Sollte dann etwa der Staat als Anklagepartei anerkannt werden? Aus welchem Grund aber hat sich der Staat das Recht angemaßt, im Namen der Gesellschaft anzuklagen? Das ist wiederum eine politische oder wenigstens eine verfassungsrechtliche Frage. Sie wird ergänzt durch ein ausgesprochen rechtliches Problem, weil die Kategorie „Staat" sich kaum einfacher personifizieren lässt, als die Kategorie „Gesellschaft". Kann dann vielleicht die Anklagepartei auf den „Staatsanwalt" reduziert werden, was übrigens viele Prozessrechtler auch tun? Wer hat aber den Staatsanwalt befugt, im Strafverfahren als Anklagepartei zu agieren, wer hat ihn befugt, „nach eigenem Ermessen [...] über die Anklage zu verfügen"[10], wenn es um die Fälle geht, die als **gemeingefährlich** gelten, die also jedes Mitglied der Gesellschaft betreffen? Etwa sein Vorgesetzter? Und wer hat dann den Vorgesetzten befugt, und wo liegen die Grenzen seiner Befugnisse? Ergänzen wir die Triade „Gesellschaft – Staat – Staatsanwalt" durch das Opfer, so bekommen wir eine Tetrade, wodurch die Konstellation noch verworrener wird.

Es sei betont, dass das „existenzielle Problem der Adversarität" nur im Strafprozess vorkommt. Der Zivilprozess kennt das Problem nicht. Zum einen entstehen hier kaum Fragen nach der Personifizierung des Klägers, der als eine konkrete Privatperson auftritt. Zweitens: In den relativ seltenen Fällen, wenn die Personifizierung des Klägers mit gewissen Schwierigkeiten verbunden ist, etwa falls der Staatsanwalt eine Anklage zugunsten der „schwächeren" Partei (der Minderjährigen, Geschäftsunfähigen, Kranken u.ä.) erhebt, kann das Zivilprozessrecht diese Schwierigkeiten mit prozessual-technischen Mitteln vortrefflich bewältigen, indem der Kläger im prozessualen Sinne und der Kläger im materiell-rechtlichen Sinne getrennt und sämtliche mit der hypothetischen Kollision ihrer prozessualen Positionen verbundenen Probleme etc. eindeutig gelöst werden.[11]

Die Situation ist mehr als paradox. Die postsowjetische Zivilprozesstheorie, die mit Privatdelikten zu tun hat, ist sehr ernsthaft darum bemüht, die Fragen

10 Siehe: *Петрухин И. Л.* Теоретические основы реформы уголовного процесса в России. Часть I. Москва. Проспект. 2004. С. 82 – 83.

11 Vgl. u.a. Art. 45 ZPO der Russischen Föderation.

nach dem wirklichen Kläger, dem formalen Kläger (Staatsanwalt) etc. zu beantworten, obwohl es nur um einen unbedeutend kleinen Anteil der Zivilstreitfälle geht, während die postsowjetische Strafprozesstheorie, die mit gemeingefährlichen Straftätern zu tun hat, deswegen gar nicht besorgt ist, obwohl es um ausnahmslos alle Straffälle geht.

Im Großen und Ganzen ist es klar, dass „das existenzielle Problem der Adversarität" einer tiefgehenden konzeptionellen Lösung bedarf, die allein imstande ist, zur adäquaten theoretischen Grundlage des Instituts der Anklagerücknahme durch den Staatsanwalt zu werden. Aus ganz plausiblen Gründen darf eine solche Lösung keine zivilprozessualen Ansätze blindlings übernehmen, was eben zu einer Unzulänglichkeit des zentralasiatischen „Kompromissparadigma" führt, die manchmal zivilprozessuale Konstrukte *mutatis mutandis* nachbildet und das Opfer als so etwas wie „einen Kläger im materiellrechtlichen Sinne" (einen wirklichen Kläger), der neben dem Staatsanwalt aktiv wird, betrachtet. Wir wiederholen noch einmal: Eine Straftat gefährdet die Gesellschaft und ist mit den Interessen der ganzen Gesellschaft verbunden, was das Problem der Adversarität im Strafprozess wesentlich verkompliziert und es nicht nur „existenziell", sondern auch in einem erheblichen Maße politisch ausformt. Dieses Problem lässt sich nur auf einer sehr globalen Ebene adäquat lösen, indem der Staatsanwalt in einen echten Vertreter der Gesellschaft im Strafverfahren verwandelt wird und über seine Handlungen eine Art öffentliche Kontrolle ausgeübt wird. Mit anderen Worten sind rechtliche und/oder politische Mechanismen für eine gesellschaftliche Legitimierung der Anklagetätigkeit des Staatsanwalts erforderlich, die eine sichtbare Beziehung zwischen der Gesellschaft und dem Staatsanwalt herstellen und die adversative Logik des Strafgerichtsverfahrens nicht zerstörten. Solche Mechanismen sind aus dem Rechtsvergleich bekannt.

2. Wege zur Überwindung des „existenziellen Problems der Adversarität"

a) Politische Legitimierung des Staatsanwalts durch die Gesellschaft (amerikanische Version)

Entgegen den im postsowjetischen Raum bestehenden, etwas „schulmäßigen" (man könnte sagen: einfältigen) Vorstellungen von einer „reinen" angloamerikanischen Adversarität entwickelte der angelsächsische Strafprozess kein deutliches methodologisches Verhältnis gegenüber dem Institut der staatsanwaltlichen Anklagerücknahme im Ganzen und insbesondere gegenüber dem Recht des Staatsanwalts auf Anklagerücknahme. Es genügt zu sagen, dass in England die Regel: „Falls vor Gericht eine Anklagepartei steht, die sich weigert, Beweise für die Schuld des Angeklagten vorzutragen, darf das Gericht weder ihre Position überwältigen noch die Leitung der Strafverfolgung übernehmen, um selbstständig die Anklagezeugen zu vernehmen" auf der Präzedenzebene erst im Jahre 1993 erschien, als die Berufungsinstanz im Fall von R. v. Grafton das berühmte Präzedenzurteil (1993 Cr App R 156 at 161)[12] verkündete. Diese Regel kam also nicht in der Zeit der Magna Charta Libertatum oder wenigstens des Habeas Corpus Amendment Act, sondern gleichzeitig mit den „postsowjetischen theoretischen Quälereien". Bis dahin war die Situation in England recht verwickelt, nach der herrschenden Meinung war jedoch die Rücknahme der Anklage durch den Ankläger nur mit Zustimmung des Gerichts zulässig, das Verfahren war also fortzusetzen, falls es keine gerichtliche „Billigung" gab.[13] Aber konnte es denn anders sein, wenn man bedenkt, dass in der englischen Geschichte die Anklage immer durch einen von der Krone bestellten Rechtsanwalt vertreten wurde? Die Berechtigung eines solchen Rechtsanwalts eigenständig im Namen der Krone über die Anklage zu verfügen wäre, milde gesagt, merkwürdig, was übrigens auch in der Literatur nach dem Urteil im Grafton-Fall unterstrichen wurde, nämlich im Zusammenhang mit dem „höchst delikaten Problem des Unabhängigkeitsgrades" des durch die Krone (heute – über den Königlichen Dienst der Strafverfolgung *Crown Prosecution Service*) ernannten Rechtsanwalts.[14] In diesem Sinne liefert uns der englische Strafprozess kein nachhaltiges Verhaltensmodell für die Anklagerücknahme durch den Staatsanwalt, und zwar nicht deshalb, weil dieser Prozess nicht adversatorisch ist, sondern weil er keine klare theoretische Antwort auf die Frage nach den Grundlagen der Legitimierung der staatsanwaltlichen Anklagetätigkeit durch die Gesellschaft zu geben vermag.

Eine solche Antwort erhielten wir von dem Rechtssystem der USA, wo wir eines der theoretisch adäquaten Modelle der Legitimierung der staatsanwaltlichen Tätigkeit im Strafprozess finden, darunter auch hinsichtlich der Anklagerücknahme. Dabei geht es hier nicht nur um das „Adversaritätsparadigma". Dieses Paradigma besteht natürlich auch im US-amerikanischen Strafverfahren, und in diesem Zusammenhang ist es prozessual unerwünscht, das Gerichtsverfahren nach der staatsanwaltschaftlichen Anklagerücknahme fortzusetzen. In der Tat ist es aber nicht maßgebend. Die Schlüsselfrage ist dabei die folgende: Aus welchem Grund handelt ein Staatsanwalt im Namen der Gesellschaft und wie kann die Gesellschaft seine Handlungen kontrollieren?

Die US-amerikanische Lösung des Problems liegt nicht auf der rechtlichen, sondern auf der politischen Ebene, und führt dadurch selbstverständlich zu einer vorsätzlichen und in diesem Kontext zu einer recht folgerichtigen Politisierung

---

12 *Spencer J. R.* La procédure pénale anglaise. Paris. PUF. 1998. P. 72.

13 Vgl. u.a.: Procédures pénales d'Europe / sous la dir. de M. Delmas-Marty. Paris. PUF. 1995. P. 167.

14 Ibid..

sowohl des Instituts des Staatsanwaltschaft als auch des gesamten Instituts des Strafprozesses. Bekanntlich werden die District bzw. County Attorneys von den Bürgern gewählt: „Die County Attorneys werden von den Bürgern der jeweiligen County in allgemeiner Wahl gewählt und tragen vor eben diesen Bürgern Verantwortung“.[15] Die United States Attorneys „werden in ihr Amt in allgemeiner Wahl durch die Bürger des jeweiligen Bundesstaates gewählt und können nicht auf Aufforderung des Gouverneurs entlassen werden“.[16] Auf der Bundesebene findet keine direkte Wahl der Attorneys statt, vielmehr erhalten sie (der Attorney General und die United States Attorneys) ihre Mandate vom durch das Volk gewählten Präsidenten der Vereinigten Staaten nach einem strengen Parteikriterium – „wenn ins Amt des Präsidenten der Vereinigten Staaten ein Vertreter einer anderen Partei gewählt wird, hat der US Attorney das Amt niederzulegen und der neue Präsident der USA ernennt für dieses Amt einen Vertreter seiner Partei“.[17] In dieser Situation entsteht eine Konstellation, in der der US-amerikanische Staatsanwalt, wenn er über die Anklage verfügt (bei der Entscheidung, ob er von einer Anklage absehe, eine erhobene Anklage zurücknehme oder nicht usw.), nur im prozessual-technischen Sinne „unkontrolliert“ ist, dabei ist er jedoch „vor seinen Wählern verantwortlich“[18]: manchmal direkt (in den Bundesstaaten), manchmal indirekt (auf der Bundesebene).

Als Ergebnis entsteht zwischen der Gesellschaft, in deren Namen der amerikanische Staatsanwalt handelt, und dem Staatsanwalt selbst eine direkte Beziehung, die die Tätigkeit des Staatsanwalts, u.a. die Anklagerücknahme, legitimiert, was dem Gericht ermöglicht, in die Entscheidung des Staatsanwalts nicht einzugreifen und auf der äußerlichen prozessual-technischen Ebene alle Attribute der „reinen Adversarität“ beizubehalten. Die Gesellschaft befugt zwar den Staatsanwalt a priori, indem ihn die Bürger ins Amt wählen, sie kontrolliert ihn aber a posteriori, indem in den nächsten Wahlen über die Wiederwahl des Staatsanwalts entschieden wird. Wenn der Staatsanwalt die Anklage zurücknimmt, hat er nicht so sehr an die rechtlichen Aspekte des Einzelfalls (der rechtliche Faktor), sondern vielmehr an die Bewertung seiner Handlungen seitens der Wähler (der politische Faktor) zu denken, davon konnten wir uns am Beispiel des legendär gewordenen Falls von Dominique Strauss-Kahn überzeugen, als wir die langen „politischen Quälereien“ des Staatsanwalts Cyrus R. Vance Jr. verfolgten – ein ergiebiges Thema für die amerikanischen Massenmedien.

Die Logik des amerikanischen Ansatzes zeigt sich jedoch in einem weiteren Aspekt. Wie steht es in so einer Situation mit dem Geschädigten? In dem rein

---

15 Siehe: *Бернам У.* Правовая система США. 3-й выпуск / научный ред. В. А. Власихин. Москва. Новая юстиция. 2006. С. 275.

16 Ibid., S. 274.

17 Ibid., S. 272.

18 Siehe: *Николайчик В. М.* Уголовный процесс США. Москва. Наука. 1981. С. 84.

prozessualen Sinne ist er eine offensichtlich überflüssige Figur, die zwischen der Gesellschaft (den Wählern) und dem Staatsanwalt (dem Gewählten) steht. Das ist einer der Gründe dafür, dass das Opfer im US-amerikanischen Prozess keine eigenständige prozessuale Figur darstellt. Sonst wäre Logik des amerikanischen rechtlich-politischen Modells zerstört. Was bleibt dann dem Opfer? Wiederum eine rein „politische" Nische: Nach Maßgabe seiner Kräfte und Möglichkeiten kann es auf den Staatsanwalt einen ausschließlich politischen Druck ausüben. Auch das konnten wir kürzlich am Beispiel des Falls von Strauss-Kahn sehen, als die Geschädigte in den Pressekonferenzen sprach, Interviews gab etc., ihre Rechtsanwälte aber die afroamerikanische Gemeinschaft und die feministischen Kreise des Staates New-York von ethnisch-sexistischen Hintergründen des Falls auf jede Art und Weise zu überzeugen suchten, was die „politischen Quälereien" und das „diskretionäre Ermessen" des Staatsanwalts nicht nur gering beeinflusste, der zwischen zwei politischen Risiken wählen musste – dem höchst wahrscheinlichen Risiko, den Prozess, falls der bis zum Abschluss geführt wird, zu verlieren, und dem nicht weniger hohen Risiko, bei einem bestimmten Wählerkreis an Beliebtheit einzubüßen, falls er die Anklage zurücknimmt. In den USA aber steht dem Geschädigten kein anderes Mittel, außer dem politischen, zur Verfügung, sich in die Wechselbeziehungen der Gesellschaft und des Staatsanwalts einzumischen, was nicht von Mängeln des Modells, sondern von seiner politischen Logik und Eigenart zeugt.

Im Ganzen liegen dem amerikanischen Modell Komponenten zugrunde: a) direkte oder indirekte Wahl der Staatsanwälte durch die Bevölkerung (politische Komponente); b) Fehlen des Opfers im Prozess (prozessuale Komponente). Das erlaubt dem Staatsanwalt, der im Namen der Gesellschaft handelt und unter ihrer Kontrolle steht, die Anklage auf eine legitime Weise zurückzunehmen, was die Interessen des Geschädigten nicht beeinträchtigt (der Geschädigte ist keine eigenständige prozessuale Figur, sondern einer von den Wählern) und dem Gericht ermöglicht, ebenso legitim als ein „passiver Schiedsrichter" zu wirken, ohne sich in die staatsanwaltschaftliche Entscheidung einzumischen oder diese zu kontrollieren.

b) Rechtliche Legitimierung des Staatsanwalts durch die Gesellschaft

Dem kontinentalen System der Strafjustiz liegen ganz andere Ansätze zugrunde, und das ist der Grund, dass hier die beiden Komponenten des amerikanischen Modells der Legitimierung der staatsanwaltschaftlichen Tätigkeit im Strafprozess nicht einfach fehlen, sondern unvorstellbar werden. Erstens stellt die kontinentale Staatsanwaltschaft bei aller Vielfältigkeit der nationalen Varianten einen hierarchisch aufgebauten Korpus der Magistrate dar, die über genügend institutionelle Unabhängigkeit verfügen und jeglicher Politisierung oder Parteizugehörigkeit etc. völlig fremd sind (wenigstens in dem erforderlichen

Maße).[19] In einer solchen Situation kann keine Rede von einer Wahl des Staatsanwalts durch die Bürger sein, ganz zu schweigen davon, dass der Begriff des „öffentlichen Interesses", zu dessen Vertretung der Staatsanwalt berufen ist, im kontinentalen Recht nie den pragmatisch orientierten Interessen einer zahlenmäßig genau bestimmten und streng begrenzten Menschengruppe – der Wähler eines entsprechenden Bundesstaates, einer County, eines Departments etc. – gleichgestellt wurde. Zweitens ist das Verhältnis des kontinentalen Rechts zum Geschädigten und zu seiner Rolle im Strafprozess absolut anders, indem – sei es auch mit unterschiedlicher Intensität (wenn wir etwa Frankreich und Deutschland vergleichen[20]) – diverse Theorien des „vereinigten Prozesses", des „partie civile", des Privatklägers, des Nebenklägers etc. entwickelt werden[21]. Dieser Dualismus der Ankläger führt unausweichlich zu einer Verkomplizierung der Aufgabe, weil er den Staatsanwalt nicht als den einzigen Träger der Anklagefunktion im Strafprozess betrachten lässt.

In dieser Situation musste der kontinentale Prozess ein anderes und zwar ein rein rechtliches Mittel für die Legitimierung der staatsanwaltschaftlichen Anklagetätigkeit durch die Gesellschaft, deren Interessen der Staatsanwalt vertritt, auf der theoretischen Ebene entwickeln. Die amerikanische politische Logik ist auf den kontinentalen Prozess absolut nicht übertragbar, wenigstens von dem uns interessierenden Standpunkt aus. Man brauchte hier andere prozessuale Lösungen, die die Gesellschaft und den Staatsanwalt verbinden.

Zur kontinentalen Antwort auf das Problem der Legitimierung der Anklagetätigkeit des Staatsanwalts durch die Gesellschaft wurde ein besonderes prozessuales Konzept, das wir hier bedingt als die Theorie der Vollmacht bezeichnen. In Übereinstimmung damit hat das Gericht jede Kriminalklage, die der Staatsanwalt vor Gericht im Namen der Gesellschaft erhebt, in der Sache zu verhandeln, und daraus ergibt sich, dass der Staatsanwalt einfach kein Recht hat, die Anklage zurückzunehmen – er hat keine solche Befugnis. In der französischen Rechtsliteratur wird darauf verwiesen, dass der Grundsatz der Zweckmäßigkeit der Strafverfolgung, dem zufolge der Staatsanwalt das Bestehen bzw. Fehlen des öffentlichen Interesses an einem konkreten Strafprozess

---

19 Zum Aufbau der Staatsanwaltschaft und zum Rechtsstatus der Staatsanwälte u.a. im französischen Recht siehe: *Vincent J., Guinchard S., Montagnier G., Varinard A.* Institutions judiciaires. Organisation. Juridictions. Gens de justice. 6 éd. Dalloz. 2001. P. 620 – 646.

20 In Frankreich ist das Recht des Geschädigten auf eine aktive Beteiligung am Strafprozess als eine selbstständige Partei absolut universell, d.h. es gilt ausnahmslos für sämtliche Straffälle, während dieses Recht in Deutschland begrenzter ist, indem es nur für einzelne Straffallkategorien gilt.

21 Für Deutschland vgl. u.a.: *Kühne H. H.* Germany // Criminal procedure systems in the European Community. London – Brussels – Dublin – Edinburgh. Butterworths. 1993. P. 144; Procédures pénales d'Europe / sous la dir. de M. Delmas-Marty. P. 76 – 77. Für Frankreich vgl. u.a.: *Mathias É.* Procédure pénale. Paris. Bréal. 2003. P. 106 – 126.

bei Vorliegen formeller Straftatmerkmale eigenständig bewertet, nur im Zeitpunkt der Erhebung der Kriminalklage gilt. Nachdem die Klage vor Gericht erhoben worden ist, kann von der Bewertung der Zweckmäßigkeit keine Rede mehr sein.[22] Als Vertreter der Gesellschaft ist der Staatsanwalt kein „Herr" der öffentlichen Klage (Kriminalklage), weil die Klage ihm nicht gehört, daher hat der Staatsanwalt nach der allgemeinen Regel kein Recht, mit der Verteidigung Vergleiche abzuschließen (es sei denn, das Gesetz schreibt solche Fälle vor) sowie die Klage zurückzunehmen.[23] Mit anderen Worten „hat der Staatsanwalt kein Recht, über die vor Gericht angestrengte Klage zu verfügen"[24], in seinen Handlungen gibt es also keine Dispositionsmerkmale und es kann auch keine geben, weil er nicht private Interessen, sondern die der ganzen Gesellschaft verteidigt, indem er im Strafverfahren in deren Namen handelt.

Überführen wir das oben Gesagte auf die Schiene der von uns erwähnten „Theorie der Vollmacht", so stellt es sich heraus, dass der Staatsanwalt im Strafprozess aufgrund einer gewissen bedingten Vollmacht handelt, die ihm von der Gesellschaft erteilt worden ist. Die Gesellschaft hat ihm das Recht anvertraut, in seinem eigenen Namen Klagen gegen die Personen zu erheben, die das Strafgesetz verletzt haben, jedoch kein Recht, diese Klagen zurückzunehmen. Gerade das Bestehen dieser bedingten Vollmacht stellt ein kontinentales Rechtskonstrukt dar, das sowohl die Tätigkeit des Staatsanwalts im Strafprozess legitimiert, als auch verhindert, dass diese zur Willkür, zum Voluntarismus, zu einer „Geschmacksache" etc. wird. Dabei bleibt der Strafprozess nicht nur nach wie vor adversatorisch, vielmehr wird er durch fast zivilistische Konstrukte durchdrungen. Es ist ohnehin klar, dass unter diesem Aspekt die Rolle des Staatsanwalts im Strafprozess an die des Vertreters des Zivilklägers im Zivilprozess erinnert, in dessen Mandat ganz einfach steht: „ Ohne Berechtigung zur Klagerücknahme". Bedeutet es etwa, sich an den adversatorischen Grundlagen des Zivilprozess zu vergreifen, wenn der Kläger die Möglichkeit hat, seinem Vertreter eine solche Vollmacht zu erteilen? Gewiss nicht.

Was passiert aber, wenn der Staatsanwalt, dem das Recht auf die Rücknahme einer Klage, also einer Anklage, versagt ist, während der Gerichtsverhandlung zum Schluss kommt, der Angeklagte sei unschuldig? Soll er in solcher Situation an seiner Position weiterhin blindlings festhalten? Selbstverständlich nicht. In der französischen rechtswissenschaftlichen Literatur wird darauf verwiesen, dass der Staatsanwalt berechtigt sei, das Gericht über die Änderung seiner Position zu benachrichtigen, etwa wenn er in den Parteivorträgen das Wort erhält. Noch mehr, es werde die Meinung vertreten, er habe das Recht „die Anklage zurückzunehmen"[25], jedoch werde das Gericht da-

---

22 *Pradel J.* Procédure pénale. 15 éd. Paris. Cujas. 2010. P. 479.

23 Ibid.

24 Ibid.

25 *Pradel J.* Procédure pénale. P. 479.

durch nicht von der Pflicht entbunden, den Fall in der Sache zu erledigen. Wir möchten darauf aufmerksam machen, dass der Begriff „Anklagerücknahme" von den französischen Autoren ausschließlich in den Anführungszeichen gebraucht wird, weil im formellen Sinne *im Strafrecht kein solches Institut existiert*. Die Situation wird aber wiederum verständlich und versetzt keineswegs in Entrüstung, wenn wir an den Zivilprozess denken. Was soll ein angesehener Rechtsanwalt tun, der mit der Vollmacht „Ohne Berechtigung zur Klagerücknahme" einen Zivilkläger vor Gericht vertritt, wenn er im Erkenntnisverfahren zum professionellen Schluss über die Haltlosigkeit der Position seines Mandanten kommt? Sollte er seinen Ruf schwächen, indem er die offensichtlich absurde Anklage vertritt? Kaum. Höchstwahrscheinlich wird er seine Pflicht anders erfüllen, indem er während der Parteivorträge fachmännisch und durchdacht in Erwartung einer fairen Gerichtsentscheidung spricht. Dieser Vortrag kann auch einen offensichtlichen Sachverhalt feststellen. So sehr aber unser Rechtsanwalt bzw. Vertreter auch wollte (sogar ausdrücklich im Interesse seines Mandanten), die Klage formell zurückzunehmen, steht ihm dieses Recht nicht zu, weil seine prozessualen Befugnisse durch eine entsprechende Vollmacht begrenzt sind. Dieselbe Logik gilt *mutatis mutandis* im kontinentalen Strafprozess, dabei bei Weitem nicht nur in Frankreich. Wir finden sie in Belgien[26], in Deutschland[27] und in vielen anderen Staaten.

Wir sehen also, dass sowohl der US-amerikanische, als auch der kontinentale Strafprozess das „existenzielle Problem der Adversarität" im Strafprozess erfolgreich lösen, wenn die in der Person des Staatsanwalts personifizierte Anklage von ihrem echten „Herrn" – der Gesellschaft – nicht loslöst und dadurch sehr legitim aussieht. Im ersten Fall wird die Legitimität durch die *politische Verantwortlichkeit* des Staatsanwalts vor den im jeweiligen Bezirk wohnenden Bürgern (Gesellschaft im konkreten Sinne) erworben, im zweiten Fall durch die feste Bindung des Staatsanwalts an die bedingte *Vollmacht*, die keine Anklagerücknahme zulässt (die Vollmacht, die im abstrakten Sinne von der Gesellschaft erteilt wurde). Die beiden Methoden der Legitimierung sind theoretisch gleich überzeugend, obwohl sie zu verschiedenen Modellen des Strafprozesses gehören, was unausweichlich zu verschiedenen prozessualen Folgen führt. Die beiden Methoden der Legitimierung sind gleichzeitig nicht ideal, weil sie offensichtliche Mängel aufweisen, die jeder dieser Methoden anhaften. Jedoch sind dabei die beiden Methoden der Legitimierung mit der fundamentalen Idee der Adversarität des Gerichtsverfahrens vollkommen kompatibel.

---

26 Siehe: *Bosly H.-D.* Elements de droit de la procédure pénale. Louvain. Académia-Bruylant. 1994. P. 48.

27 Vgl. § 156 StPO Deutschlands: „Die öffentliche Klage kann nach Eröffnung des Hauptverfahrens nicht zurückgenommen werden" (Уголовно-процессуальный кодекс ФРГ / пер. Б. А. Филимонова. Москва. Манускрипт. 1994. С. 88).

Jetzt müssen wir verstehen, wie der russische Strafprozess die Anklagetätigkeit des Staatsanwalts legitimiert, welcher die ganze postsowjetische „strafprozessuale Familie“ beeinflusst hat und weiter beeinflusst. Bei näherer Betrachtung erweist sich diese Frage als nicht so einfach und bedarf einer historischen Analyse.

c) Russisch-sowjetische theoretische Deformation und ihre Folgen

Um die sowjetische doktrinelle Logik verstehen zu können, muss man das vorrevolutionäre russische Recht zum Ausgangspunkt nehmen, genauer gesagt - die Strafgerichtsordnung von 1864 (*Устав уголовного судопроизводства*) (weiter: StGO). Auf der *normativen* Ebene ist hier alles mehr oder weniger klar: Die StGO hielt sich an die kontinentale Legitimierungsweise der Anklagetätigkeit im Geiste der „Theorie der Vollmacht“, was übrigens kaum jemanden überraschen kann. So ging die StGO in voller Übereinstimmung mit dem französischen Modell, wo die Voruntersuchung keine polizeiliche, sondern forensische Tätigkeit ist, davon aus, dass der Zeitpunkt der Einleitung der Strafverfolgung bzw., wenn man so will, der Erhebung der (öffentlichen) Kriminalklage gerade als der Zeitpunkt des Beginns des Ermittlungsverfahrens zu betrachten sei. Ist die Klage eingeleitet worden (auch gegen eine unbekannte Person), so durften nun weder der gerichtliche Untersuchungsführer noch der Staatsanwalt darüber verfügen – „das Ermittlungsverfahren kann nur durch das Gericht eingestellt werden“ (Art. 277 StGO), und zwar durch das erstinstanzliche oder das Berufungsgericht. Nachdem der Fall in die Phase des Hauptverfahrens überführt worden war, verschwand diese Logik nicht, vielmehr wurde sie stärker. Gerade deshalb erwähnte die StGO in voller Übereinstimmung mit der kontinentalen Tradition weder das Institut des Absehens von der Anklage durch den Staatsanwalts noch das Institut der Rücknahme der Anklage durch den Staatsanwalt. Die StGO enthielt eine andere Vorschrift: „Falls der Staatsanwalt einen triftigen Grund für Freisprechung des Angeklagten sieht, so hat er das, ohne die im gerichtlichen Erkenntnisverfahren widerlegte Anklage zu vertreten, vor Gericht gewissenhaft zu erklären „(Art. 740 StGO).

Wie ist dann Art. 740 StGO auszulegen, der zweifellos untrennbar mit Artikel 277 StGO verbunden war (während der ganzen Dauer der vorläufigen und Abschlussphasen des Gerichtsverfahrens waren die Strafverfolgungsorgane nicht berechtigt, über die Anklage zu verfügen)? Genau hier, nämlich auf der doktrinellen Ebene, liegt der Ausgangspunkt der Probleme. Statt die genannten Probleme durch eine einheitliche theoretische logische Kette zu verbinden, trennten sie die vorrevolutionären Rechtswissenschaftler auf unvertretbare Weise. *I. Foinizkij*, der eine allgemein anerkannte Autorität genoss, schrieb ganz berechtigt, indem er sich auf Art. 277 StGO stützte, dass die einmal eingeleitete

Strafverfolgung nur vom Gericht eingestellt werden dürfe[28], soweit hier gemäß dem französischen System dem Ermessen der Parteien keine Bedeutung zuerkannt werde[29]. Man könnte doch sehen, dass der Staatsanwalt kein Recht auf Anklagerücknahme während der ganzen Dauer des Gerichtsverfahrens habe, wenn den Parteien kein Recht auf Ermessen zustehe. Statt aber zu dieser Schlussfolgerung im Geiste der „Theorie der Vollmacht" zu kommen, wies *I. Foinizkij* in Bezug auf Art. 740 auf etwas völlig Gegensätzliches hin – nämlich auf die Gewährung dem Staatsanwalt des *Rechts*, „die Anklage zurückzunehmen und es vor Gericht nach bestem Gewissen zu erklären", obwohl, wie gesagt, die „Anklagerücknahme" in Art. 740 StGO gar nicht erwähnt wurde. Weiter folgte der bei dieser Fragestellung unvermeidliche Gedanke, dass diese Rücknahme das Gericht nicht von der Verhandlung des Falls und von der Entscheidung in der Sache befreie.[30] Übrigens schließen wir gar nicht aus, dass *I. Foinizkij* persönlich den Ausdruck „Anklagerücknahme" nicht im prozessualen, sondern in einem bedingten Sinne gebrauchte – etwa so, wie der gegenwärtige französische Professor J. Pradel, der diesen Ausdruck immer in Anführungszeichen setzt, was wir schon oben gesagt haben. Wichtig ist jedoch etwas anderes: Wie auch die ursprüngliche Position von *I. Foinizkij* in Bezug auf die Möglichkeit, das Institut der Anklagerücknahme im russischen Strafprozess anzuerkennen, gewesen sein mag (wir wissen nicht, ob er den Begriff gedanklich in die Anführungszeichen setzte oder nicht), kannten seine Nachfolger ganz bestimmt keine Anführungszeichen. Auf der doktrinellen Ebene wurde der Begriff der „Anklagerücknahme" bereits vor der Revolution allgemein anerkannt[31], wodurch unserer Wissenschaft die Möglichkeit entzogen wurde, im Geiste der „Theorie der Vollmacht" (oder einer ihr ähnlichen Theorie) nach einer Beziehung zwischen der Gesellschaft und dem Staatsanwalt zu suchen, um die Anklagetätigkeit des letzteren adäquat zu legitimieren. Mit anderen Worten begann die vorrevolutionäre Doktrin entsprechende Vorschriften des strafrechtlichen Gesetzes nicht im Sinne des *Verbots der Anklagerücknahme*, sondern in einem völlig entgegengesetzten Sinne zu entwickeln – im Sinne der *Berechtigung des Staatsanwalts zu einer solchen Rücknahme*. Gerade hier liegt die Wurzel der theoretischen Deformation, deren Früchte wir bis heute ernten. Wir

---

28 *I.Foinizkij in: И.Я.Фойницкий* Курс уголовного судопроизводства. Т. II. Изд. 3-е. Санкт-Петербург. Сенатская типография. 1910. С. 10.

29 Ibid. S. 53.

30 Ibid. S. 428.

31 Vgl. u.a.: Устав уголовного судопроизводства с позднейшими узаконениями, законодательными мотивами, разъяснениями Правительствующего Сената и циркулярами Министерства юстиции / под ред. М. Шрамченко, В. Ширкова. Изд. 2-е. Санкт-Петербург. Издание юридического книжного магазина Н. К. Мартынова. 1902. С. 709 (Dieser Begriff wird hier im doktrinellen Kommentar von M. Shramchenko und V. Shirkov gebraucht); *Розин Н. Н.* Уголовное судопроизводство. Изд. 3-е. Петроград. Издание юридического книжного склада «Право». 1916. С. 502.

möchten noch einmal unterstreichen, dass die StGO den Begriff der „Anklagerücknahme" nicht enthielt und, wenn man an seinen französischen Ursprung denkt, nicht enthalten konnte.

Die sowjetische Prozesstheorie ging noch weiter – sie übernahm das vorrevolutionäre doktrinelle Konstrukt der „Anklagerücknahme", das immer noch eine Möglichkeit für eine „theoretische Umkehr" ließ, ins Gesetz. So lautete nun Art. 306 StPO der RSFSR von 1923 offiziell: „Der Ankläger hat das Recht auf die Anklagerücknahme, wenn er zur Überzeugung kommt, dass die erhobene Anklage nicht durch das gerichtliche Erkenntnisverfahren bestätigt werde. Die Rücknahme der Anklage von dem Ankläger befreit das Gericht nicht von der Pflicht, die Verhandlung in der Sache weiterzuführen und die Frage über die Richtigkeit der erhobenen Anklage und über die Verantwortung des Angeklagten wie üblich zu entscheiden". Es ist klar, dass hier mit minimalen redaktionellen Änderungen „die Foinizkij-Formel" wiedergegeben wird, welcher er selbst wohl keine grundlegende theoretische Bedeutung beigemessen hat. Aber es ist auch klar, dass von nun an die „Anklagerücknahme" zu einem echten Prozessinstitut geworden ist – nun konnte keine Rede von einer „theoretischen Umkehr" sein. Die sowjetische strafprozessuale Doktrin machte sich an eine detaillierte dogmatische Bearbeitung des Begriffs[32], wodurch er zu einem untrennbaren Teil des strafprozessualen Mechanismus wurde. Weder „konservative" noch „liberale" sowjetische Prozessualisten konnten sich den sowjetischen Strafprozess ohne dieses Institut vorstellen, was in Art. 40 Abs. 3 der „poststalinschen" Grundlagen des Strafgerichtsverfahrens der UdSSR und Unionsrepubliken von 1958 sowie in den Strafprozessordnungen der Sowjetrepubliken, insbesondere in der StPO der RSFSR von 1960 (Art. 248) seinen Niederschlag fand. Die streitige Diskussion wurde, wie bereits erwähnt, nur über die Folgen der staatsanwaltschaftlichen Anklagerücknahme, nicht aber über die Möglichkeit solcher Rücknahme geführt.

Was haben wir im Endergebnis erhalten? Inwieweit unterscheidet sich das sowjetische Konzept „der Berechtigung des Staatsanwalts auf die Klagerücknahme + der Pflicht des Gerichts, ungeachtet einer solchen Rücknahme in der Sache zu verhandeln" vom kontinentalen Konzept „der Ablehnung des Rechts des Staatsanwalts auf Anklagerücknahme"? Vom *funktionalen* Standpunkt aus gibt es hier auf den ersten Blick überhaupt keine Unterschiede. In beiden Fällen erläutert der Staatsanwalt seine Position vor Gericht, in beiden Fällen setzt das Gericht die Verhandlung fort und judiziert in der Sache, etc. Die Unterschiede im *konzeptionellen* Sinne sind jedoch enorm. **In einem Fall** liegt der Prozessadversarität eine Depersonifikation der Anklagepartei zugrunde, weil dem Menschen, der eine *gesellschaftlich* gefährliche Tat begangen hat, die gan-

32 Vgl. u.a.: *Строгович М. С.* Уголовный процесс. Москва. Издательство МЮ СССР. 1946. С. 378; *Шифман М. Л.* Прокурор в уголовном процессе. Москва. Издательство МЮ СССР. 1948. С. 238 – 240.

ze Gesellschaft gegenübersteht. Personifiziert ist im Prozess nur der Vertreter der Gesellschaft – der „mit Vollmacht“ handelnde Staatsanwalt. Eine Klagerücknahme durch den Vertreter bedeutet nicht, dass die betroffene Partei (die Gesellschaft) die Klage zurücknimmt, was eben zur Fortsetzung des *adversatorischen* Prozesses führt, die Rechte des Geschädigten berücksichtigen lässt und dem Gericht keine Strafverfolgungsfunktion auferlegt. **Im anderen Fall** liegt ein Streit zwischen einer Amtsperson und einem Angeklagten vor. Die Amtsperson ist berechtigt, über die Anklage zu „verfügen“, was schon ziemlich merkwürdig ist, denn es ist ja einem nicht einfach, über die Rechte zu verfügen, die ihm nicht zustehen. Aber noch merkwürdiger ist es, dass das Gericht aus irgendeinem Grund in der Sache weiter verhandelt, nachdem die Amtsperson die Anklage zurückgenommen hat, wenn wir schon eine Rücknahme zulassen. Wer tritt in dieser Situation als die Anklagepartei auf, wenn die Gesellschaft nicht als solche proklamiert worden ist, der Staatsanwalt aber die Anklage zurückgenommen hat? Es ergibt sich, dass die Anklagepartei schlicht und einfach verschwindet, was der adversatorischen Logik völlig widerspricht.

Es ist klar, dass das sowjetische Konstrukt weiterhin als eine gewisse Legitimierungsmethode der staatsanwaltschaftlichen Anklagetätigkeit in der Gerichtsphase des Strafprozesses diente. In der Literatur wird mit Recht bemerkt: „Die Vorschrift … über die Fortsetzung des Hauptverfahrens im Falle der Weigerung des Anklägers, die Anklage zu vertreten, ist eine Erscheinungsform des notwendigen prozessualen Mechanismus der Kontrolle über die Tätigkeit der staatlichen Ankläger“.[33] Aber es ist auch klar, dass vom konzeptionellen Standpunkt aus diese Legitimierungsmethode äußerst missglückt ist, weil sie zum einen aus dem prozessualen Diskurs die Gesellschaft als den Hauptträger des Anspruchs gegen den Straftäter ausschließt und zweitens das Konstrukt nicht an die Bedingungen der adversatorischen Gerichtsverhandlung anpassen lässt. Es ergibt sich, dass die sowjetische Doktrin der „Anklagerücknahme“ nicht nur keine zufriedenstellende Antwort auf die Frage nach dem derivativen Charakter der staatsanwaltschaftlichen Tätigkeit gegenüber der ihn bevollmächtigten Gesellschaft zu geben vermag, sondern auch den adversativen Aufbau des Strafgerichtsverfahrens missachtet.

Vor diesem Hintergrund war das sowjetische Konstrukt der „Anklagerücknahme“, die eine Folge der historisch-theoretischen Deformationen war, bei der Umstellung vom sowjetischen auf das postsowjetische Recht dem Untergang geweiht. Allerdings wurde nicht das Konstrukt selbst, sondern nur eines seiner Elemente kritisch verrissen: die Pflicht des Gerichts, die Gerichtsverhandlung nach der staatsanwaltschaftlichen Anklagerücknahme fortzusetzen. Mit anderen Worten wurde ausschließlich der technische Aspekt der Adversarität kontrovers diskutiert, während ihr „existenzielles Problem“, nämlich die Schwierigkeiten bei der Personifizierung der Anklageseite sowie die Notwendigkeit einer ver-

---

33 Siehe: *Васильев О. Л.* Ibid. S. 56 – 57.

nehmlichen Bezeichnung der die Gesellschaft und den Staatsanwalt verknüpfenden Nabelschnur, in Vergessenheit geriet. Als sich in Russland, dem unser vorrangiges Interesse in diesem Teil der Analyse gilt, nach der Annahme der neuen StPO von 2001 der Rauch der prozessualen Schlachten verflüchtigt hatte, erwies sich der Strafprozess zwar als sehr adversatorisch, wenigstens vom normativen Standpunkt aus (eine staatsanwaltschaftliche Anklagerücknahme führt bindend zur Einstellung des Strafverfahrens), jedoch jeglicher Mittel für Legitimierung der staatsanwaltschaftlichen Tätigkeit durch die Gesellschaft völlig beraubt. Vom kontinentalen rechtlichen Weg sind nicht einmal theoretisch deformierte sowjetische „Bruchstücke" erhalten geblieben, und der amerikanische politische Weg konnte natürlich nicht eingesetzt werden. In dieser Situation waren für das russische strafprozessuale System irgendwelche Mechanismen für die Legitimierung der staatsanwaltschaftlichen Anklagetätigkeit dringend notwendig, zumal die Doktrin in einen ausgelassenen, obwohl menschlich verständlichen „adversatorischen Eifer" geriet und direkte Behauptungen aufstellte, es sei eine Erscheinungsform des „Verfügungsgrundsatzes (sic! – L.G.) in Anwendung auf die Tätigkeit eines Beamten im Gericht».[34]

d) Die jüngsten russischen Versuche, die Legitimität der staatsanwaltschaftlichen Anklagetätigkeit wiederherzustellen

Es sei daran erinnert, dass die geltende StPO der RF *mutatis mutandis* den amerikanischen Ansatz nachbildet, gemäß welchem der Staatsanwalt berechtigt ist, die Anklage zurückzunehmen, was das Gericht verpflichtet, das Strafverfahren mangels des Rechtsstreits zwischen den Parteien einzustellen. Im Unterschied zu den USA hat der russische Strafprozess kein für solchen Ansatz günstiges Rechtsklima geschaffen und will auch keines schaffen, zum einen, weil die Staatsanwaltschaft in Russland keine politische Verantwortung vor den Wählern trägt, was sogleich die Frage nach der Legitimität ihrer Entscheidungen über das Absehen von der weiteren Strafverfolgung aufkommen lässt, zum anderen baut das russische strafprozessuale Modell auf der umfassenden Berechtigung des Geschädigten, im Prozess als ein aktiver Prozessteilnehmer aufzutreten, was sofort eine andere Frage stellt, nämlich die nach den Garantien der Rechte des Geschädigten bei der staatsanwaltschaftlichen Anklagerücknahme.

Gleich nach Inkrafttreten der StPO der RF stieß das russische Strafprozesssystem erwartungsgemäß auf die Notwendigkeit, die beiden fehlenden „amerikanischen Elemente" auf der praktischen Ebene einzuführen. Begnügten sich einige Theoretiker mit den Ausführungen über den „Verfügungsrundsatz", so war es auf der Rechtsanwendungsebene erforderlich, irgendwelche Mechanismen für Überwindung dieser „neuen Wendung" der konzeptionellen Deformationen zu finden, die mit dem dubiosen Institut der staatsanwaltschaftlichen Anklagerücknahme zusammenhängen. Es sei von vornherein betont, dass sich

34 Siehe: *Петрухин И. Л.* Ibid. S. 83.

die erfundenen Mechanismen als äußerst unzufrieden stellend erwiesen. Worin bestanden sie also?

Ungeachtet der wissenschaftlichen und völlig haltlosen „Fantasien über den Verfügungsgrundsatz" wurde das Problem der staatsanwaltschaftlichen Verfügung über die Anklage, des Vorliegens seiner ungerechtfertigten Ermessensbefugnisse und des Fehlens jeglicher politischer und rechtlicher Kontrolle seitens der Gesellschaft in einer für Russland herkömmlichen Weise gelöst – und zwar auf einem strikt *bürokratischen* Wege. Bald nach dem Inkrafttreten der StPO der RF erließ die Staatsanwaltschaft der RF einen harten Befehl, welcher Folgendes präskribierte: „ Im Falle einer Abweichung der Position des Staatsanwalts von der in der Anklageschrift festgehaltenen Position hat der Staatsankläger dem ihn mit der Vertretung der Staatsanklage beauftragten Staatsanwalt darüber unverzüglich zu berichten, der ausschöpfende Maßnahmen zur Sicherstellung der Gesetzmäßigkeit und Begründetheit der Staatsanklage treffen soll. Falls er der Position des Staatsanklägers zustimmt, soll er davon den Staatsanwalt benachrichtigen, der den Anklagebeschluss oder die Anklageschrift bestätigt hat. Falls er mit der Position des Staatsanklägers grundsätzlich nicht einverstanden ist, soll er gemäß Art. 246 StPO der RF den Wechsel des Staatsanklägers rechtzeitig beschließen oder selbst die Vertretung der Staatsanklage übernehmen".[35]

Wir wollen diesen Befehl der Staatsanwaltschaft keinesfalls kritisieren, weil er einen erzwungenen Charakter trägt. Sollten wir etwa den Staatsankläger in eine Person verwandeln, die „frei" und ohne die schwächste Außenkontrolle seitens der Gesellschaft, des Gerichts etc. über die Anklage verfügt? Wenn das strafprozessuale System keine vernehmliche Antwort auf die Frage nach „checks and balances" in Bezug auf das Ermessen des Staatsanklägers vor Gericht gibt, die Doktrin aber in ein unverhohlenes „Manilowtum" gerät (wie in Russland nach N. Gogol leeres Geschwätz und liberale Verträumtheit genannt werden), dann führt es unweigerlich zu kleinlichen, bürokratischen und außerprozessualen Kontrollformen über einen Vertreter der Staatsanwaltschaft vor Gericht, die diesen in ein unpersönliches, seinem „Vorgesetzten" völlig untergebenes „Rädchen" verwandeln und das Institut der Staatsanklage selbst oder wenigstens seine kreative Komponente töten. Kann etwa von einer „inneren Überzeugung", einer „unmittelbaren Beweisaufnahme" etc. die Rede sein, wenn der Ankläger verpflichtet ist, seine Position mit dem „Vorgesetzten" abzustimmen, der im Gerichtssaal nicht anwesend ist, die Aussagen der Zeugen nicht hört etc.? Wieder einmal wird das System deformiert, in diesem Fall – vom

35 Befehl der Generalstaatsanwaltschaft der RF vom 20. November 2007 Nr. 185 (in der Fassung vom 26. Mai 2008) „Über die Beteiligung der Staatsanwälte am Erkenntnisverfahren" (Приказ Генеральной прокуратуры РФ от 20 ноября 2007 № 185 (ред. от 26 мая 2008) «Об участии прокуроров в судебных стадиях уголовного судопроизводства».)

Standpunkt des fundamentalen und von jeher beobachteten kontinentalen Grundsatzes *la plume est serve, mais la parole est libre* (franz.: „Die Feder ist Sklavin, aber das Wort ist frei") aus, gemäß welchem der Staatsanwalt bei der Abfassung von Schriftstücken weisungsgebunden ist, jedoch in der Gerichtsverhandlung während der mündlichen Vorträge von einer hierarchischen Kontrolle frei ist und als ein angesehener Jurist seine persönliche Position darlegt.[36] Gerade deshalb werden manchmal Anklagereden zu Vorbildern der prozessualen Klassik (es sei hier etwa auf die russische vorrevolutionäre Rechtspflege erinnert), soweit sie durch einen kreativen Ansatz, nicht aber durch hierarchische „servile Unterwürfigkeit" geprägt sind. Darüber hinaus wird unter den heutigen Umständen selbst die Möglichkeit der „Anklagerücknahme" vernichtet, dabei nicht auf einer juristischen Ebene (ein Verbot der Anklagerücknahme samt der Möglichkeit, vor Gericht seine professionelle Position darzulegen), sondern auf einer rein faktischen Ebene, wenn der Ankläger schlichtweg kein Recht hat, ohne Abstimmung mit seinem „Vorgesetzten" Beweise *in favorem* des Angeklagten dem Gericht vorzutragen, und stur, manchmal sogar dem gesunden Menschenverstand zuwider, die „offizielle Position" ohne jede Rücksicht auf die Ergebnisse der Gerichtsermittlung weiter erläutert. Hier sei aber erneut betont, dass wir der Generalstaatsanwaltschaft diese Deformation kaum vorwerfen können. So paradox es anmuten mag, dient die Deformation eher als ein schönes Anschauungsbeispiel für die guten Vorsätze, mit denen „der Weg zur Hölle gepflastert ist", weil sie sich aus den konzeptionellen Irrtümern russischer Reformväter ergibt, die den „adversatorischen Prozess" aufzubauen versuchten und überall ziemlich naiv den „Verfügungsgrundsatz" etc. sahen.

Was das Problem der Rechte der Geschädigten angeht, ist es wohl bekannt, dass Russland bei der Annahme der neuen Strafprozessordnung das „Kompromissparadigma" abgelehnt hat, das für zentralasiatische Staaten kennzeichnend ist, obwohl dieser Gedanke nach wie vor in der russischen Literatur *de lege ferenda* ausgedrückt wird[37], und eine unnachgiebige Position vertritt, dass das Gericht verpflichtet sei, im Falle einer staatsanwaltschaftlichen Anklagerücknahme das Strafverfahren ohne Rücksicht auf die Meinung des Geschädigten einzustellen. Dass dem Geschädigten das Recht abgesagt wurde, in dieser Situation die gerichtliche Entscheidung auf irgendeine Weise zu beeinflussen (u.a. die entsprechende gerichtliche Entscheidung anzufechten), geriet sofort, wie es zu erwarten war, in einen dramatischen Widerspruch mit dem allgemeinen prozessualen Status eines aktiven Strafprozessteilnehmers, welcher dem Geschädigten durch das russische strafprozessuale System gewährt worden war.

Das Verfassungsgericht der RF, das von mehreren Geschädigten mit der Begründung angerufen wurde, die entsprechenden Vorschriften der StPO seien

36 Über die Umsetzung dieses Grundsatzes beispielsweise im modernen französischen Recht, u.a. auf der normativen Ebene, siehe: *Pradel J.* Procédure pénale. P. 121.

37 Vgl. u.a.: *Михайлов А. А.* Ibid. S. 10.

verfassungswidrig, versuchte auch einen *Kompromiss* zu finden, der sich von der klassischen zentralasiatischen Version technisch unterscheidet. In seinem Beschluss vom 8. Dezember 2003 hat das VerfG der RF die Verfassungsmäßigkeit des Art. 246 der StPO der RF, der die prozessualen Folgen einer staatsanwaltschaftlichen Anklagerücknahme regelt, im Großen und Ganzen anerkannt, jedoch mit Ausnahme von Abs. 9 dieses Artikels, der das Verbot enthielt, die gerichtliche Entscheidung über die Einstellung des Strafgerichtsverfahrens wegen der staatsanwaltschaftlichen Anklagerücknahme auf dem ordentlichen Instanzenweg anzufechten. Etwas konkreter gesagt sieht der russische prozessuale Mechanismus der Anklagerücknahme nach dem Erlass dieses Beschlusses des VerfG der RF wie folgt aus: Will der Staatsanwalt eine Anklage zurücknehmen, so hat er seine Entscheidung zu begründen und darf es erst nach der gerichtlichen Aufnahme der entsprechenden Beweise tun. Anschließend hat das Gericht über die Einstellung des Strafverfahrens zu entscheiden, dann stehen dem Geschädigten Berufung, Kassation und andere Rechtsmittel zu. Wenn man weitere Überlegungen anstellt, so darf das übergeordnete Gericht in der gegebenen Situation die erstinstanzliche Gerichtsentscheidung über die Einstellung des Verfahrens aufheben, etwa mit der Feststellung, die Anklagerücknahme sei unbegründet. Nach der Aufhebung der Entscheidung soll der Fall scheinbar an die erste Instanz zurückverwiesen werden, wo der Staatsanwalt die Anklage, wie gesagt, zurückgenommen hat. Wer hat dann die Anklage zu vertreten, wenn die Staatsanwaltschaft es nicht für nötig hält und von ihrem Recht auf die Rücknahme Gebrauch macht? Der Kreis schließt sich. Entweder kommen wir, ungeachtet aller „doppeldeutigen Kompromisslösungen“ des Verfassungsgerichts der RF und Reformanstrengungen des Gesetzgebers, zum klassischen sowjetischen Paradigma (aber erst über die zweite Instanz): Der Staatsanwalt hat die Anklage zurückgenommen, das Gericht setzt aber das Hauptverfahren in Abwesenheit des Anklägers fort. Oder wir gehen von dem jüngsten russischen Paradigma aus (kein Gerichtsverfahren ohne Ankläger, das Gericht hat also nach der Zurückverweisung des Falls an die erste Instanz und nach der erneuten Anklagerücknahme vom Staatsanwalt das Verfahren einzustellen), wodurch dem Opfer zwar das Recht auf Rechtsmittel gewährt wird, jedoch nicht die Möglichkeit, die „Früchte“ der Anfechtung zu ernten – dieser Gedanke verdient keine andere Bezeichnung als „zynisch“. Oder wir setzen das „zentralasiatische Paradigma“ um, welches dem Geschädigten ermöglicht, nach der Aufhebung des Urteils die Anklage selbstständig zu vertreten. Im letzteren Fall ist es aber nicht klar, warum es nicht sofort gemacht werden könnte, also in der ersten Instanz? Wozu ist das zweitinstanzliche Gericht anzurufen? Haben etwa unsere Richterinnen und Richter nichts zu tun – sind sie in Russland etwa unausgelastet und der Haushalt weiß nicht, wohin mit dem Geld? Im Großen und Ganzen ist es klar, dass sich der vom VerfG der RF vorgeschlagene „Kompromiss“ als äußerst verfehlt erwies und dem bei weitem nicht perfekten zentralasiatischen

Modell deutlich nachsteht. Das russische strafprozessuale System hat sich wieder in eine Sackgasse verrannt, ohne einen adäquaten Ausweg gefunden zu haben. Auf der praktischen Ebene ist es keine Krisensituation, wohl aber nur deshalb, weil die Anzahl der Anklagerücknahmen drastisch zurückgegangen ist, auch im Vergleich zur Sowjetzeit. Kann es aber heute anders sein, wenn die justizielle Kreativität des Staatsanklägers völlig in die „bürokratische Klemme" getrieben wurde, worauf wir bereits hingewiesen haben?

Im Großen und Ganzen ist es offensichtlich, dass bei den heutigen Ansätzen das Problem des Instituts der Anklagerücknahme zur „Quadratur des Kreises" wird. Davon konnten wir uns am Beispiel vieler postsowjetischer strafprozessualer Systeme überzeugen können, obwohl der Misserfolg des russischen Systems mit seinem stark vorgerückten „adversatorischen Radikalismus" besonders markant und deprimierend ist. Bei dem natürlichen Fehlen der „amerikanischen Elemente" kann das Problem nur im Geiste der kontinentalen „Theorie der Vollmacht" gelöst werden, was uns ermöglichen wird, die eingebüßte Legitimierung der staatsanwaltschaftlichen Anklagetätigkeit im adversativen Strafprozess wieder zu finden. Ein solcher Ansatz ist nicht mit einer Modifizierung der Anklagerücknahme, sondern mit einer völligen Absage von diesem Institut verknüpft, weil es theoretisch nicht stichhaltig ist. Der Staatsanwalt soll seine persönliche Position nach den Ergebnissen der gerichtlichen Beweisaufnahme frei vor Gericht vortragen dürfen (insbesondere *in favorem* des Angeklagten), jedoch das Recht, die Anklage formell zurückzunehmen, wird ihm abgesprochen, weil er als Vertreter der Gesellschaft handelt und die ihm durch die Gesellschaft erteilte bedingte Vollmacht lautet: „Ohne Berechtigung zur Anklagerücknahme".

II. Das Institut der Anklageänderung und der Umfang der gerichtlichen Selbstständigkeit bei der rechtlichen Würdigung einer Straftat

Die Probleme der Anklageänderung, die, wie bereits bemerkt, zunächst einen prozessual-technischen Charakter haben, sind damit verbunden, dass jedes strafprozessuale System den *natürlichen* Widerspruch zu überwinden hat, der im Schnittpunkt der beiden unverbrüchlichen Postulate des gegenwärtigen Strafgerichtsverfahrens entsteht.

Gemäß dem **ersten** Postulat ist das Gericht nicht berechtigt, *ex officio*, also nach seinem Ermessen, das Strafgerichtsverfahren zu eröffnen. Mit anderen Worten darf das Gericht das Strafverfahren ausschließlich aufgrund der durch die bevollmächtigte Amtsperson oder (fakultativ) durch die entsprechend berechtigte Privatperson offiziell erhobenen Anklage eröffnen, welche als ein Akt abzufassen ist, der in verschiedenen Rechtssystemen unterschiedlich bezeichnet wird (Anklageschrift, Anklageakt, Kriminalklage, öffentliche Klage etc.), was aber im Grunde genommen das Gleiche ist, nämlich ein offizieller Antrag an das jeweilig zuständige Gericht, das Erkenntnisverfahren gegen einen Angeschuldigten, dem eine vom Strafgesetz verbotene Tat vorgeworfen wird, zu eröffnen, und dieser Antrag stellt eine unbedingte Voraussetzung für die Zuständigkeit des jeweiligen Gerichts im Straffall dar. Es ist bemerkenswert, dass dieses Postulat einen universellen Charakter sowohl für den angelsächsischen, den kontinentalen u.a. Prozesse, als auch *mutatis mutandis* für den sowjetischen und damit für den postsowjetischen Prozess hat. Unterschiede bestehen nur auf der Ebene seiner normativen Institutionalisierung und begrifflichen Identifizierung. So ist dieses Postulat in vielen westlichen Staaten unter der Bezeichnung *Akkusationsgrundsatz* bzw. *Akkusationsmaxime* bekannt (lat. *accusatio* – Anklage). Nehmen wir als ein plausibles Beispiel die Schweiz, wo die „Akkusationsmaxime", die früher zwar einen allgemein anerkannten, jedoch hauptsächlich doktrinellen Charakter getragen hat[38], heute als einer der fundamentalen Grundsätze des neuen bundesweit geltenden Strafprozesses normativ verankert ist. So lautet Art. 9 der ersten in der Geschichte der Eidgenossenschaft verabschiedeten Schweizerischen Strafprozessordnung (StPO), die am 1. Januar 2011 in Kraft getreten ist: „Eine Straftat kann nur gerichtlich beurteilt werden, wenn die Staatsanwaltschaft gegen eine bestimmte Person wegen eines genau umschriebenen Sachverhalts beim zuständigen Gericht Anklage erhoben hat". Natürlich ist es in dieser Situation unzulässig, dass das Gericht über die Grenzen der Anklage hinausgeht, es wäre eine Verletzung des Akkusationsgrundsatzes, soweit das Gericht nicht zuständig ist, gegen eine Person (*in personam*) oder eine Sache (*in rem*) über den durch die Anklage vorgegebenen Rahmen hinaus zu judizieren. Mit anderen Worten gilt hier die Regel „Wo keine Klage, da kein Prozess".

Gemäß dem **zweiten Postulat** ist das Gerichtsverfahren das Kernstück und eine Art Höhepunkt jedes gegenwärtigen Strafprozesses. Es setzt keine mechanische „Bestätigung" oder „Nichtbestätigung" des bereits gesammelten Prozessstoffes, sondern eine kreative Verhandlung der Parteien, Erhebung neuer Beweise, unmittelbare Vernehmung der Zeugen u.ä. vor. Im Ergebnis einer solchen kreativen Tätigkeit der Verfahrensteilnehmer kann sich das im Erkenntnisverfahren entstandene Vorstellung vom Sachverhalt oft grundlegend davon, was früher festgestellt und in der Anklage festgehalten wurde, unterscheiden. Darauf hat seinerzeit *M. S. Strogovitch* absolut zu Recht hingewiesen. Ferner hat er ebenso zu Recht hinzugefügt, dass daraus das Problem einer im Gerichtsprozess vorzunehmenden Änderung der ursprünglichen Anklage wegen der während der Beweisaufnahme festgestellten neuen Umstände entstehe. Eine solche Änderung sei vollkommen möglich und gesetzmäßig, die Frage bestehe jedoch darin, sol-

---

38 Vgl. u.a.: *Piquerez G.* Précis de procédure pénale suisse. 2 éd. Lausanne. Payot. 1994. P. 196 – 198.

che Bedingungen für die Änderung der Anklage zu bestimmen, die einerseits dem Gericht ermöglichten, auf der Grundlage der Ergebnisse der Gerichtsermittlung zu einer freien Schlussfolgerung zu kommen, andererseits aber das Recht des Angeklagten auf Verteidigung nicht verletzten.[39] Diese Logik weist keine spezifisch sowjetischen Merkmale auf. Der Verweis auf diesen sowjetischen Klassiker demonstriert hier nicht die sowjetische Spezifik, sondern demonstriert den technischen Universalismus der Situation aus funktioneller Sicht.

Das Problem ist also klar. Einerseits ist das Gericht an die Anklage gebunden, andererseits muss ihm technisch möglich sein, zu den während der Gerichtsermittlung festgestellten neuen Angaben Stellung zu nehmen, ganz zu schweigen von seinem Recht auf eine selbstständige rechtliche Tatbewertung (worin eigentlich die Rolle des Gerichts gerade besteht). Wie ist dieses Problem zu lösen? Der sowjetische Strafprozess hat einen allgemein bekannten Mechanismus vorgeschlagen, der mehr oder weniger von seinen postsowjetischen „Rechtsnachfolgern" geerbt wurde und dem zwei mögliche Situationen zugrunde liegen. Schematisch gesagt darf das Gericht über die neue Tat selbstständig judizieren, wenn es zu dem Schluss kommt, dass der Angeklagte eine weniger schwere Tat begangen hat, als die ihm zu Last gelegte Tat, weil erstens die Anklage ausschließlich den Höchstmaß und nicht den Mindestmaß der Grenzen des Hauptverfahrens festsetzt, mithin wird hier das Akkusationsprinzip nicht verletzt und zweitens ist eine solche Gerichtsentscheidung für den Angeklagten günstig (weil er sich gegen einen schwereren Vorwurf verteidigt hat), das Recht auf Verteidigung wird hier also nicht verletzt. Kommt das Gericht zu dem Schluss, dass der Angeklagte eine quantitativ (neue Anklagepunkte) oder qualitativ (strengere Qualifikation, höheres Strafmaß) schwerere Tat, als die ihm vorgeworfene begangen hat, so hat es schon kein Recht, nach der neuen Anklage selbstständig zu judizieren. In einer solchen Situation ist ein spezielles Prozedere der Anklageänderung erforderlich – sonst wird der Akkusationsgrundsatz sowie das Gebot der Wahrnehmung des Verteidigungsrechts verletzt. Zu einem solchen speziellen Prozedere ist die legendäre sowjetische „Zurückverweisung des Falls zur Nachuntersuchung" geworden, wonach gegen den Angeklagten eine neue Anklage erhoben wurde und ihm alle Möglichkeiten gewährt wurden, sich dagegen zu verteidigen; er studierte erneut die Akten, und schließlich kam er vor einen neuen Richter, der die neue Anklage in einer vollen Übereinstimmung mit dem Akkusationsprinzip prüfte.

Im Großen und Ganzen stellte das Institut der Zurückverweisung des Falls zur Nachuntersuchung einen untrennbaren Bestandteil des sowjetischen Mechanismus der Anklageänderung dar. Hier entstand jedoch ein weiteres Problem, das mit der *härtesten* Kritik (aus dem Ausland sowie seitens der Vertreter der postsowjetischen Doktrin) des Instituts der Zurückverweisung zur Nachuntersuchung verbunden war. Im Wesentlichen war diese Kritik zwar gerechtfertigt, je-

39 Siehe: *Строгович М. С.* Ibid. S. 412.

doch war sie in einer mehr oder weniger adäquaten Technik der Anklageänderung *in defavorem* nach den Ergebnissen der Gerichtsermittlung keinesfalls verbunden. Übrigens wollen wir uns hier weder mit dieser Kritik noch mit dem Institut der Zurückverweisung zur Nachuntersuchung als solchem auseinandersetzen.[40] Für uns ist etwas anderes wichtig, nämlich die einzig mögliche Alternative der technischen Lösung des Problems der Anklageänderung (unter Berücksichtigung der oben genannten Postulate) zu begreifen, die sich auf zwei Möglichkeiten beschränkt: Entweder das Institut der Zurückverweisung zur Nachuntersuchung (wenigstens in einem Teil) zu erhalten oder das herkömmliche sowjetische Konzept der Einschränkung der Grenzen des Erkenntnisverfahrens zu revidieren, welches eine Anklageänderung zuungunsten des Angeklagten unmittelbar im Erkenntnisfahren strikt verbietet. Eben das Missverständnis dieser Alternative in Russland, wo ein Versuch unternommen wurde, das Institut der Zurückverweisung zur Nachuntersuchung aufzugeben und den sowjetischen Ansatz der Einschränkung des Erkenntnisverfahrens zu erhalten (an und für sich ist dieser Ansatz attraktiv), hat zum Erlass des Beschlusses des VerfG der RF vom 8. Dezember 2003, zu einer partiellen Wiederherstellung der „Nachuntersuchung" sowie zu sonstigen fragwürdigen Ergebnissen geführt, die mit dem Fehlen einer einvernehmlichen institutionellen Lösung des Problems der Anklageänderung zuungunsten des Angeklagten verbunden sind. In diesem Sinne ist die russische Lektion zwar negativ, jedoch aus rein pädagogischer Sicht nützlich.

Betrachtet man die unvermeidliche Alternative auf der analytischen Ebene, so sind wir von einer „Dämonisierung" des Instituts der Zurückverweisung zur Nachuntersuchung weit entfernt. An und für sich ist diese Lösungsvariante für das Problem der Anklageänderung zuungunsten des Angeklagten wegen der Feststellung neuer Tatsachen während der Beweisaufnahme gar nicht so schlecht. Jedoch ist der Gesichtsverlust des Instituts der Zurückverweisung eines Straffalls zur Nachuntersuchung im postsowjetischen Raum so groß, dass er nicht zu übersehen ist. Höchstwahrscheinlich wird der Entwicklungsvektor des postsowjetischen Strafprozesses *mutatis mutandis* auf die Suche nach neuen Ansätzen zum Institut der Einschränkung der Gerichtsverhandlung und auf den Verzicht auf das strikte Verbot der Anklageänderung *in defavorem* des Angeschuldigten während der Gerichtsphasen des Strafprozesses gerichtet werden, zumal hier ein überaus reiches westliches Rechtsvergleichsstoff vorliegt.

Diese Hypothese hat schon ihre Bestätigung erhalten, darunter auch in Zentralasien. So wird in dem heute in der Republik Kasachstan (RK) diskutierten

---

40 Siehe darüber in unserem Beitrag: *Головко Л. В.* Истоки и перспективы института дополнительного расследования уголовных дел на постсоветском пространстве // Государство и право. 2009. № 11. С. 54 – 67.

Gesetzentwurf[41] vorgesehen, der zum völligen Verzicht auf die Zurückverweisung eines Straffalls zur Nachuntersuchung ausdrängt. Zur Verwirklichung dieser Idee wird dem Staatsanwalt vor Gericht das Recht gewährt, die Anklage, auch „zu Ungunsten des Angeklagten“, zu ändern (Art. 317 Abs. 6 der vorgeschlagenen Fassung der StPO der RK). Dabei sieht der Gesetzentwurf einen bestimmten Mechanismus vor, der dem Angeklagten das Recht auf Verteidigung gegen eine neue Anklage sicherstellt und die sowjetische „Zurückverweisung zu einer Nachuntersuchung“ ersetzen soll. Der Sinn des Mechanismus besteht darin, dass, wenn der Staatsanwalt während der Gerichtsverhandlung die Anklage durch „eine schwerere oder eine sich wesentlich von der ursprünglichen unterscheidende“ ersetzt hat, das Gericht den Straffall nicht zur Nachuntersuchung zurückverweist, sondern völlig anders vorgeht: Es fragt den Angeklagten, „ob ihm die Anklage verständlich ist, erörtert das Wesen der Anklage und stellt die Zeit fest, die er für Vorbereitung seiner Verteidigung braucht“. Dabei kann das Gericht auf Antrag des Angeklagten die Verhandlung um höchstens sieben Tage verschieben, wonach die Hauptverhandlung schon in den neuen Grenzen (Art. 346 Abs. 5 und Art. 321 der vorgeschlagenen Fassung der StPO der RK) wieder aufgenommen wird.

Zweifellos hat die kasachische Idee einen westlichen Einfluss erfahren[42], sie passt also völlig in den rechtsvergleichenden Kontext. Es bestehen auch keine Zweifel darüber, dass die Federführenden des kasachischen Gesetzentwurfs den Schmerzpunkt des postsowjetischen Strafprozesses richtig festgestellt haben und das einzig mögliche technische Mittel gefunden haben, um die Zurückweisung zur Nachuntersuchung im Zusammenhang mit einer erforderlichen Änderung der Anklage „zuungunsten des Angeklagten oder durch Aufnahme wesentlicher Unterschiede von der ursprünglichen Anklageschrift“ aufzugeben. Das ist schon ein ganz anderes Problem, und es bringt uns zu einem vergessenen und im postsowjetischen Raum völlig unausgearbeiteten technischen Aspekt des Instituts der Anklageänderung vor Gericht, der die Angemessenheit des Instituts selbst infrage stellt.

In einer Situation, in der ein Staatsanwalt selbstständig entschieden hat, eine Anklage zuungunsten des Angeklagten zu ändern, sieht der kasachische Mechanismus einwandfrei aus. Was ist aber zu tun, wenn sich die gerichtliche Würdigung der Straftat von der staatsanwaltschaftlichen unterscheidet, mit an-

41 Der Gesetzentwurf der Republik Kasachstan „Über die Aufnahme der Änderungen und Ergänzungen in einige gesetzgebende Akte der Republik Kasachstan zu den Fragen der weiteren Reform des Strafprozesses“ (Siehe auch das Konzept des Gesetzentwurfes). Diese Dokumente wurden (unter Mitwirkung des Verfassers des vorliegenden Beitrags) während des Runden Tisches diskutiert, der am 3. Juni 2011 in der Stadt Almaty von der Generalstaatsanwaltschaft der RK und dem OSZE-Zentrum in Kasachstan veranstaltet wurde). Das Schicksal des Gesetzentwurfs ist mir unbekannt. Wir verfügen heute über die einschlägigen Unterlagen mit dem Stand vom 3. Juni 2011.

42 Vgl. u.a. § 265 StPO Deutschlands.

deren Worten, wenn nicht der Staatsanwalt zum Schluss kommt, dass der Angeschuldigte eine schwerere Tat begangen hat, sondern das Gericht in der Hauptverhandlung? Wie ist überhaupt die Rolle des Gerichts bei der rechtlichen Würdigung der vor Gericht aufgeklärten Umstände? Der kasachische Mechanismus enthält keine Antwort auf diese Fragen. Sie dürfen aber nicht unbesprochen bleiben, und in diesem Zusammenhang möchten zwei Umstände hervorheben.

Erstens ist es bei der Analyse des vorgeschlagenen Schemas absolut unklar, wie sich das Gericht im Beratungszimmer zu verhalten hat, wenn es bei der *Beweiswürdigung* zum Schluss kommt, dass der Beschuldigte eine schwerere Tat begangen habe, als diejenige, die in der Anklageschrift genannt wird, also keinen Diebstahl, sondern einen Raub o.ä., obwohl der Staatsanwalt die Beweise anders gewürdigt (es ist sein Recht) und die Anklage nicht geändert hat? Was soll das Gericht tun? Etwa seiner Schlussfolgerung entgegen entscheiden, also das Strafgesetz wissentlich falsch (nach der Meinung des Richters selbst) anwenden? Es wäre absurd. Soll es in den Verhandlungsraum zurückkehren und dem Ankläger offiziell vorschlagen, die Anklage zu ändern? Es wäre noch absurder. Den Angeklagten freisprechen, weil in der Hauptverhandlung die Tatsache bewiesen worden ist, dass er eine schwerere Tat begangen hat? Das wäre nicht einmal mehr absurd, sondern würde das Rechtssystem völlig zerstören. Es gibt schlichtweg keine technisch korrekte und dem gesunden Menschenverstand entsprechende Antwort auf die gestellte Frage, und vor diesem Hintergrund ist es höchstwahrscheinlich, dass solche Fragen in der Praxis durch eine geheime Abmachung zwischen dem Richter und dem Staatsanwalt entschieden werden (dabei wird es vor der Verteidigung geheim gehalten).

Zweitens entsteht der Eindruck, als würde in den letzten Jahren im postsowjetischen Raum der Anklagemechanismus ausschließlich im Kontext der Vertretung der Anklage vor dem Jury modelliert (übrigens unbewusst), wenn das Gericht die vom Staatsanwalt gefasste Anklage lediglich einsilbig beantworten soll (mit „ja" oder „nein") und kein Recht auf eine selbstständige Würdigung der Tat hat. Möglicherweise ist eine solche Auswechselung der Logik unter dem Einfluss des amerikanischen Gerichtsverfahrens eingetreten sein. Hier ist aber zu berücksichtigen, dass in einem klassischen US-amerikanischen Gerichtsverfahren das Berufsgericht *Straffälle in der Hauptverhandlung überhaupt nie prüft*, weil der Richter entweder (falls kein Rechtsstreit vorliegt) nur eine Absprache (*plea bargaining*) bestätigt oder (bei Vorliegen eines Rechtsstreits) das Recht auf Würdigung der Schuld bzw. Unschuld des Beschuldigten an das Jury abtritt und sich dem Urteil nur zur Verhängung der Strafe anschließt. Daher kann das Gericht im US-amerikanischen Strafverfahren nicht in die uns interessierende Situation geraten, wenn ein begründetes Urteil zu fällen ist, im Beratungszimmer aber klar wird, dass der Meinung des Staatsanwalts entgegen der Angeklagte keinen Diebstahl, sondern einen Raub o.ä. begangen hat. In den

USA stellt der Staatsanwalt tatsächlich und ausschließlich das einzige Subjekt der Anklageänderung dar, und die Jury kann nur entweder seiner Anklagethese zustimmen oder diese widerlegen. Bei der erstinstanzlichen Verhandlung eines Straffalls durch Berufsrichter ist alles anders – der Richter handelt hier nicht in der Qualität eines „Geschworenen", indem er die staatsanwaltschaftliche Qualifizierung der Straftat einsilbig bestätigt oder nicht bestätigt, sondern als das höchste Rechtsanwendungsorgan, das nicht nur berechtigt, sondern auch verpflichtet ist, seine eigene, sich oft von der Meinung des Anklägers unterscheidende Meinung über die rechtliche Würdigung der bewiesenen Tatsachen zu haben, zumal diese Meinung in einem motivierten Urteil begründet darzulegen ist.[43] Eine solche Situation bedarf einer besonderen prozessualen Technik, die nicht so sehr auf den Mechanismus der Anklageänderung hinausläuft, sondern eher auf das Institut der Grenzen des Erkenntnisverfahrens, dabei konnte solche Technik aus verständlichen Gründen ausschließlich im Rahmen der kontinentalen Strafprozesstheorie entstehen und sich entwickeln.

Vor diesem Hintergrund ist es daran zu erinnern, dass eine „Anklage" zwei miteinander verbundene, jedoch in prozessualer Hinsicht unterschiedliche Komponenten beinhaltet: Die tatsächliche Komponente (eine Tatsache, ein zu beweisendes Ereignis) und ihre rechtliche Würdigung gemäß dem Strafgesetz, also die legendäre „Qualifikation". Nehmen wir zum Beispiel die Behauptung, X habe Y einen tödlichen Schlag versetzt: das ist eine Tatsachenbehauptung. Dieser Grundtatbestand erfordert eine Qualifikation, soweit seine rechtliche Würdigung unterschiedlich sein kann (vorsätzliche Tötung, fahrlässige Tötung, Überschreitung der Notwehr, Rechtskasus etc.). Was ist eine „Anklageänderung"? In welchem Sinne ist das Gericht an die erhobene Anklage gebunden? Vom Standpunkt der vorgetragenen Tatsachen oder ihrer rechtlichen Würdigung aus oder von den beiden Standpunkten gleichzeitig aus? Es entsteht der Eindruck, dass in der letzten Zeit die postsowjetische Doktrin von der letzteren Variante ausgeht, wodurch sie unausweichlich in eine theoretische Sackgasse gerät, weil in solcher Situation ein Berufsrichter zu einem Geschworenen wird und aufhört, ein selbstständiges Subjekt der Qualifizierung von Delikten zu

43 Das wird oft sogar auf der höchsten Ebene der Rechtsanwendung vergessen. Beispielsweise enthält die Begründung des Beschlusses des Verfassungsgerichts der RF vom 8. Dezember 2003 den Gedanken über die Trennung der Funktionen des Staatsanwalts (Anklägers) und des Gerichts, wenn das Prärogativ des Staatsanwalts „die Eröffnung der Strafverfolgung, Abfassung der Anklageschrift und Vertretung der Anklage vor Gericht" ist, das Gericht aber soll lediglich „ein objektiver und unparteiischer Schiedsrichter" bleiben. Was ist aber ein „Schiedsrichter" im Berufsgericht? Selbstverständlich kein Geschworener. Viel weniger klar ist aber, ob nach der Idee des Verfassungsgerichts der RF ein „Schiedsrichter" die rechtliche Seite der Straftat zu würdigen hat, ob er ein selbstständiges Subjekt der Tatqualifizierung ist oder nicht, etc. Das erörtert das Verfassungsgericht der RF nicht, obwohl nur eine Deklaration dieses Begriffes hier nicht ausreicht.

sein, mit anderen Worten hört er auf, das Schlüsselsubjekt bei der Auslegung des Strafgesetzes zu sein. Bei diesem Ansatz werden der Schwerpunkt und die volle Verantwortung für die „materiell-rechtliche Rechtsanwendung“ auf den Staatsanwalt übertragen, was unzulässig ist, weil es zur Marginalisierung der rechtsanwendenden Rolle des Gerichts führt.

In der Tat besteht der Sinn der Akkusationsmaxime darin, dass der Richter an die ihm vom Ankläger vorgelegten Tatsachen absolut gebunden ist (das sind eben die Grenzen des Erkenntnisverfahrens *in rem*), nicht jedoch an ihre rechtliche Würdigung. In Bezug auf eine rechtliche Beurteilung (Qualifikation) dieser Tatsachen ist der Richter frei, soweit jede Qualifikation dieser Tatsachen von den Parteien, darunter auch von der Anklagepartei, lediglich eine vorläufige ist. In diesem Sinne trägt der Ankläger die Beweislast, nicht aber die Last der rechtlichen Qualifikation der Tatsachen. Das letztere ist ein Prärogativ des Gerichts, was noch nie jemand bezweifelt hat.[44]

Schauen wir uns nun das Institut der „Anklageänderung“ aus dieser Sicht an. *Ist der Staatsanwalt berechtigt, die tatsächliche Konkretisierung in der Anklageschrift zu ändern?* Nein, er ist nicht dazu berechtigt, weil die Fragestellung selbst jeglichen Sinnes entbehrt: Die „Änderung“ der Konkretisierung der Anklageschrift bedeutet entweder Absehen von irgendwelchen Tatsachen oder Auswechselung der vorgetragenen Tatsachen durch andere oder Anführung zusätzlicher Tatsachen. Im ersten Fall geht es um das Institut der Anklagerücknahme in Form der „Rücknahme eines Teils der Anklage“. Im zweiten und dritten Fall geht es um neue Tatsachen, für deren Erhebung das Gericht gemäß der Akkusationsmaxime nicht zuständig ist (diese Tatsachen sind in der Anklageschrift nicht angeführt). Hier handelt es sich schon nicht von einer Anklageänderung, sondern um die Zulässigkeit der Erhebung einer neuen Anklage (nach den neuen Tatsachen) durch den Staatsanwalt, was ein separates Problem darstellt und der allgemeinen prozessualen Logik der Erhebung einer Anklage wegen einer vor Gericht nicht erhobenen Tatsache unterliegt. *Ist der Staatsanwalt berechtigt, im Hauptverfahren die rechtliche Würdigung (Qualifikation) der erhobenen Anklage zu ändern?* Aber gewiss: Er ist berechtigt, vor Gericht zu jeder während der Gerichtsverhandlung entstehenden Frage Stellung zu nehmen. Jedoch sowohl die ursprüngliche als auch eine neue Würdigung der Tatsachen vom Staatsanwalt (bei der sog. „Anklageänderung“) sind für das Gericht nicht bindend und können es auch nicht sein, soweit sie immer *vorläufig* sind. Die endgültige und für alle bindende Würdigung der Tatsachen, die der Anklage gegen eine konkrete Person zugrunde liegen, nimmt der Richter vor, und diese findet ihren Niederschlag im Urteil.

---

44 Vgl. u.a. § 155 und § 264 StPO Deutschlands. In § 264 Steht es ausdrücklich: „Das Gericht ist an die Beurteilung der Tat, die dem Beschluss über die Eröffnung des Hauptverfahrens zugrunde liegt, nicht gebunden“.

Worin besteht dann der Sinn des Instituts der „Anklageänderung“? Eigentlich in nichts – denn es ergibt überhaupt keinen Sinn. Ebenso wie das Institut der Anklagerücknahme stellt dieses Institut eine Ausgeburt theoretischer Deformationen sowjetischer und postsowjetischer Herkunft dar, die sich nach und nach auskristallisiert haben und ihren Höhepunkt unter den Bedingungen des gegenwärtigen „adversatorischen Radikalismus“ mit seinem zweifelhaften theoretischen Niveau erreicht haben. Es ist kein Zufall, dass wir in vielen anderen kontinentalen strafprozessualen Systemen nicht einmal eine Frage nach diesem Institut finden können, insbesondere im französischen Strafprozess, wo hingegen die Konstrukte der Grenzen des Verfahrens, der Hauptverhandlung, der prozessualen Voraussetzungen für Erhebung einer Nachtragsanklage (jedoch nicht für eine Anklageänderung!) vom Staatsanwalt im Hauptverfahren, also einer Anklage wegen neuer Tatsachen, etc. sehr eindeutig geregelt sind. Mit anderen Worten stellen sowohl die „Anklagerücknahme“ als die „Änderung der Anklage im Hauptverfahren“ ein theoretisch nicht stichhaltiges Konstrukt dar, das in Wirklichkeit keine Existenzberechtigung als separates prozessuales Institut hat. Das wird sofort offensichtlich, sobald wir die Idee der „Anklageänderung“ einer mehr oder weniger eingehenden Analyse unterziehen, welcher sie nicht standhält und unter den Bedingungen einer „nichtamerikanischen“ Strafprozesslogik (die nicht ausschließlich mit *„plea bargaining“* und einer Jury verbunden ist) auch nicht standhalten vermag.

Und zum Schluss die letzte Frage: Wenn das Gericht nur an die vom Ankläger vorgetragenen Tatsachen und nicht an ihre rechtliche Würdigung gebunden ist, hat er dann das Recht, bei der Urteilsberatung die Anklage nach einem für den Angeklagten *schwereren* als in der Anklageschrift angegebenen Artikel zu qualifizieren? Das sowjetische sowie die postsowjetischen strafprozessualen Systeme geben auf diese Frage nach wie vor eine verneinende Antwort. Die Logik dieser Antwort ist einleuchtend und mit der Wahrnehmung vom Beschuldigten seines Rechts auf Verteidigung verbunden. In dieser Situation sehen wir jedoch keine technische Möglichkeit, völlig vom Institut der Zurückweisung zur Nachuntersuchung abzukommen, soweit dem Gericht eine Entscheidungsvariante bleiben sollte, falls es zum Schluss kommt, dass die bewiesene Straftat des Beschuldigten nach einem „schwereren“ Artikel des Strafgesetzbuches zu qualifizieren sei. Übrigens sehen wir kein Drama auch darin, dem Gericht, ähnlich wie in den meisten anderen kontinentalen Rechtssystemen, das Recht zu gewähren, bei der rechtlichen Würdigung der Tat – sowohl zugunsten, als auch zuungunsten des Angeklagten völlig frei zu handeln. Das entspricht vollkommen der klassischen kontinentalen Theorie, ihrem Verständnis der Gerichtsrolle und der allgemeinen materiell-rechtlichen Theorie der Qualifikation von Straftaten. Etwaige Einwände unter dem Aspekt des Rechts auf Verteidigung sind verständlich. Wir achten sie. Aber früher oder später muss doch eine Wahl zwischen einer solchen Variante (die bei Weitem nicht ideal ist) und der Variante mit der Zurückweisung zur Nachuntersuchung (die vom Ideal ebenso weit entfernt ist) getroffen werden. Letztlich sind beispielsweise in Japan die in der erstinstanzlichen Hauptverhandlung vom Ankläger vorgetragenen neuen Beweise unzulässig, weil der Vortrag solcher Beweise [...] das Recht des Angeklagten auf Verteidigung verletze (der Angeklagte müsse im Voraus mit sämtlichen Beweisen bekannt gemacht werden)[45]. Dieser Ansatz scheint uns merkwürdig zu sein. Aber ebenso merkwürdig erscheint einem das sowjetisch-postsowjetische Verbot, welches bei der rechtlichen Würdigung einer Tat die Ermessung des Berufsgerichts einschränkt und dieses entweder zu einer „Geschworenenbank" macht oder dazu zwingt, den Fall an die Untersuchungsorgane zur Neuqualifizierung nach einem „schwereren" Artikel zurückzuverweisen.

45 Vortrag von Akio Komorida, Prof. an der Staatlichen Universität Yokohama (Japan), im theoretischen Seminar für Rechtsfragen, Moskau. Veranst.: Unabhängiger Expertenrechtsrat, am 12. September 2011.

Die Rechte des Angeklagten bei der Beweisaufnahme

Shohrud Fayziev

Eine der Schlüsselprioritäten der demokratischen Erneuerung in der Republik Usbekistan ist die konsequente Demokratisierung, die Liberalisierung des Rechts- und Justizsystems, die auf die Sicherstellung der Rechtsstaatlichkeit, der Gesetzmäßigkeit, auf einen sicheren Schutz der Rechte und Interessen der Persönlichkeit gerichtet ist – mit anderen Worten: auf den Aufbau eines Rechtsstaates und die Gestaltung des Rechtsbewusstseins der Bürger.

Die Vorwärtsbewegung unserer Gesellschaft auf dem Wege zur Demokratie und der Erfolg der demokratischen Reformen hängen vom Niveau des Rechtsbewusstseins und von der Rechtskultur der Bürger weitgehend ab. Eine hohe Rechtskultur ist die Grundlage der demokratischen Gesellschaft und ein Gradmesser der Ausgereiftheit des Rechtssystems.

Zum grundlegenden Schritt der Rechts- und Justizreform im Bereich der Vervollkommnung des Strafgerichtsverfahrens in Usbekistan wurde die Annahme der Strafprozessordnung der Republik Usbekistan am 22. September 1994, die am 1. April 1995 in Kraft gesetzt wurde. Es ist zu betonen, dass Usbekistan der erste Mitgliedsstaat der GUS (Gemeinschaft unabhängiger Staaten) ist, in dem eine neue StPO angenommen worden ist.

Es muss darauf hingewiesen werden, dass gerade die Strafprozessordnung der Republik Usbekistan, einer der ersten im postsowjetischen Raum, zu einem wichtigen Richtwert bei der Verabschiedung der Modellstrafprozessordnung für die Mitgliedstaaten der GUS durch die Interparlamentarische Versammlung der GUS-Mitgliedstaaten am 17. Februar 1996 sowie bei der Entwicklung der Strafprozessordnungen anderer GUS-Mitgliedstaaten geworden ist[1].

Die Verfassung der Republik Usbekistan garantiert: „Alle Bürger der Republik Usbekistan haben gleiche Rechte und Freiheiten und sind gleich vor dem

---

1 Die Strafprozessordnung der Republik Kasachstan wurde am 13. Dezember 1997 verabschiedet, Inkrafttreten am 1. Januar 1998; die Strafprozessordnung der Republik Belarus wurde am 16. Juli 1999 verabschiedet, Inkrafttreten am 1. Januar 2001; die Strafprozessordnung der Republik Aserbaidschan wurde am 14. Juli 2000 verabschiedet, Inkrafttreten am 1. September 2000; die Strafprozessordnung der Russischen Föderation wurde am 18. Dezember 2001 verabschiedet, Inkrafttreten am 1. Juli 2002; die Strafprozessordnung der Kirgisischen Republik wurde am 24. Mai 1999 verabschiedet; die Strafprozessordnung der Republik Moldau wurde am 16. Juli 1999 verabschiedet; in der Republik Lettland 2005; in der Republik Armenien 1998; in Georgien 1998; in der Republik Tadschikistan am 4. Dezember 2009; in Turkmenistan wurde die neue Strafprozessordnung am 1. Juli 2009 in Kraft gesetzt.

Gesetz ohne irgendeinen Unterschied nach Geschlecht, Rasse, nationaler Herkunft, Religion, sozialer Herkunft, Anschauungen, persönlichem und gesellschaftlichem Stand. Vergünstigungen können nur durch Gesetz bestimmt werden und müssen den Grundsätzen der sozialen Gerechtigkeit genügen".

Das Grundgesetz garantiert auch dem Beschuldigten, Angeschuldigten und Angeklagten das Recht auf Verteidigung; es verkündet nicht nur, dass die Personen, die zur Strafverantwortug gezogen werden, Rechte auf Verteidigung haben, sondern betont dabei die Garantiertheit dieses Rechts. Das Institut der Verteidigung im Strafgerichtsverfahren stellt einen ganzen Komplex der dem Beschuldigten, Angeschuldigten und Angeklagten gewährten Rechte, die ihnen ermöglichen, als Prozesspartei aufzutreten, die Anklage zu widerlegen, auf der Nichtbeteiligung an der Straftat zu bestehen, Milderung der Strafverantwortung zu erwirken.

In allen Prozessphasen ist der Angeklagte ein Rechtssubjekt, der Umfang seiner prozessualen Rechte ist jedoch unterschiedlich. Besonders umfassend sind diese Rechte im Erkenntnisverfahren, wo der Angeklagte den mit der Anklagepartei gleichen Stand hat. Das bedeutet, das er sich aktiv an der Wahrheitsfindung zu beteiligen hat, indem er die Position der Verteidigung gegen die Anklage einnimmt.

Durch die Strafprozessordnung werden die prozessualen Rechte und Pflichten der Teilnehmer am Strafverfahrens, darunter der Beschuldigte, Angeschuldigte oder Angeklagte, deren festgesetzter prozessualer Stand praktisch ähnlich ist, ausdrücklich geregelt, während in jeder Phase des Gerichtsverfahrens die prozessualen Möglichkeiten der Person, der eine Straftat vorgeworfen wird, unterschiedlich sind. Insbesondere ist dem Angeklagten nicht nur das Recht auf Verteidigung zu gewähren, sondern auch eine aktive Beteiligung an der Beweisaufnahme im Erkenntnisverfahren sicherzustellen.

Sämtliche Rechte des Angeklagten während der Beweisaufnahme im Erkenntnisverfahren sind durch die StPO der Republik Usbekistan (RU) nicht eindeutig geregelt (Art. 46 der StPO der RU).

Gemäß der Unschuldsvermutung trägt der Beschuldigte, der Angeschuldigte oder der Angeklagte keine Beweislast (Art. 23 StPO der RU). Der Beschuldigte, der Angeschuldigte und der Angeklagte genießen das Recht auf Verteidigung. Das Recht auf Verteidigung wird durch die Pflicht des Ermittlers, des Untersuchungsführers, des Staatsanwalts, des Gerichts gewährleistet, dem Beschuldigtem, Angeschuldigtem, Angeklagten die ihnen gewährten Rechte zu erörtern und Maßnahmen zu treffen, damit diese Personen sämtliche durch das Gesetz vorgesehenen Mittel und Wege zum Schutz gegen die gegen sie erhobene Anklage benutzen könnten.[2]

---

2 Siehe Art. 10 Abs. 1 des Gesetzes „Über die Gerichte" in der Neufassung: Vgl. auch P. 14 Abs. 2 des Beschlusses des Plenums des Obersten Gerichts und des Plenums des Obersten Wirtschaftsgerichts vom 20.12.1996 Nr. 1/60 „Über die rechtsprechende Ge-

Während des Strafverfahrens sind der Ermittler, der Untersuchungsführer, der Staatsanwalt und das Gericht angehalten, die Beweise unmittelbar zu erheben: Dazu gehören: Verhör der Beschuldigten, Angeschuldigten, Angeklagten; Aussagen der Zeugen; Anhörung von Sachverständigengutachten; Augenschein an sachlichen Beweismitteln; Verlesung von Protokollen und anderen Akten (Art 26 der StPO der RU).

In der Strafprozesstheorie wurde schon versucht, die Sicherstellung der Rechte des Angeklagten in der ersten Instanz durch seinen Verteidiger[3] sowie theoretische und praktische Aspekte der Beteiligung des Angeklagten am Erkenntnisverfahren zu diskutieren[4]. Da die Sicherstellung einer aktiven Beteiligung des Angeklagten an der Beweisaufnahme ohne Einbeziehung des Verteidigungsanwalts praktisch unmöglich ist, ist ausdrücklich zu betonen, dass in Usbekistan ein Maßnahmenkomplex umgesetzt wird, der auf Sicherstellung der Gleichberechtigung des Staatsanwalts und des Rechtsanwalts, der Adversarität in allen Phasen des Straf- und Zivilgerichtsverfahrens, Steigerung der Qualität und Handlungsfähigkeit der Rechtspflege gerichtet ist[5].

Vor diesem Hintergrund hatte die Annahme des Gesetzes „Über die Aufnahme von Änderungen und Ergänzungen in einige Gesetzgebungsakte der Republik Usbekistan im Zusammenhang mit der Vervollkommnung des Instituts der Rechtsanwaltschaft" (2008) eine besondere Bedeutung. In die geltende Gesetzgebung wurde eine Reihe von Änderungen und Ergänzungen aufgenommen, die der weiteren Festigung der Selbstständigkeit und Unabhängigkeit der Rechtsanwaltschaft als der wichtigsten Komponente des Liberalisierungsprozesses des Rechts- und Justizsystems, der Sicherstellung des Schutzes der Menschenrechte dienen.

Laut Gesetz wird dem Verteidiger das Recht gewährt, einen qualifizierten rechtlichen Beistand in jeder Phase des Strafprozesses unabhängig von den für das Strafverfahren jeweilig zuständigen Staatsorganen und Amtspersonen zu leisten. Weggefallen sind die StPO-Vorschriften, die den Verteidiger verpflichteten, bei den Rechtsschutzorganen eine schriftliche Bestätigung seiner Zulassung zum Strafprozess sowie eine Genehmigung für Besuche seines Mandanten

---

walt"; Punkte 2, 3, 7 des Beschlusses des Plenums des Obersten Gerichts vom 19.12.2003 Nr. 17 „Über die Praxis der Anwendung durch Gerichte der Gesetze, die dem Beschuldigten und Angeklagten das Recht auf Verteidigung gewährleisten".

3 E. Smirnova Sicherstellung der Rechte des Angeklagten durch den Verteidiger bei der erstinstanzlichen Gerichtsverhandlung: Dissertation zur Erlangung des akademischen Grades eines Doktors der juristischen Wissenschaften. – Moskau, 2006.

4 D. Yemelyanov Theorie und Praxis der Beteiligung des Angeklagten am gerichtlichen Erkenntnisverfahren: Autorreferat der Dissertation zur Erlangung des akademischen Grades eines Doktors der juristischen Wissenschaften. – Moskau, 2009.

5 Vortrag des Präsidenten der Republik Usbekistan Islam Karimov in der gemeinsamen Sitzung der gesetzgebenden Kammer und des Senats des Oliy Majlis der Republik Usbekistan am 12. November 2010.

einzuholen. Hierfür reichen nun der Rechtsanwaltsausweis und eine durch die jeweilige Rechtsanwaltseinrichtung ausgestellte Genehmigung.

Das Gesetz setzt die Verantwortung für eine Erschwerung der Ausübung der rechtsanwaltlichen Berufstätigkeit, für Versuche, in irgendeiner Weise auf den Rechtsanwalt einzuwirken, um seine Position gegenüber seinem Mandanten zu ändern, fest.

Laut dem genannten Gesetz stellt jetzt der Verteidiger ein aktives Subjekt der Beweisaufnahme dar. Insbesondere darf der Verteidiger die Informationen erheben, die als Beweise benutzt werden können, und zwar durch Befragung der Personen, die über die sachbezogenen Informationen verfügen, und Einholung ihrer freiwilligen Erklärungen; durch Anfragen und Einholung von Bescheinigungen, Beurteilungen, Stellungnahmen und sonstigen Schriftstücken von staatlichen und sonstigen Behörden sowie von Unternehmen, Ämtern und Einrichtungen.

Dem vom Verteidiger gestellten Antrag auf Beifügung zu den Akten der Beweismaterialien, die gesammelt sind, ist vom Ermittler, Untersuchungsführer, Staatsanwalt unbedingt stattzugeben. (Dieser Absatz wurde in den Wortlaut des Artikels gemäß dem Gesetz Nr. ЗРУ-198 vom 31. Dezember 2008 aufgenommen).

Zum Schluss meines Beitrags möchte ich auf Folgendes hinweisen: Erstens sollte man neben dem Gesetz „Über die operative Fahndungs- und Ermittlungstätigkeit" auch das Gesetz „Über die rechtsanwaltliche Untersuchung" annehmen, das der Regelung der Tätigkeit des Rechtsanwalts bei der Sammlung der die Schuld seines Mandanten mildernden oder widerlegenden Beweise in einem Straffall dienen würde. Dadurch würden die Voraussetzungen geschaffen, unter welchen der Verteidigungsrechtsanwalt seine eigene parallel verlaufende Untersuchung führen und dem Gericht ein gewichtiges Paket der rechtfertigenden Beweise vorlegen könnte, was seinerseits den Grundsatz der Adversarität und der Gleichberechtigung der Parteien gewährleisten würde.

Zweitens sieht Art. 440 StPO der RU vor, dass sich das Gericht nach der Frage an die Angeklagten, ob sie sich zu ihrer Schuld bekennen oder nicht, die Vorschläge der Parteien über die Reihenfolge der Beweisaufnahme anhört. Diese Reihenfolge wird durch einen Gerichtsbeschluss festgelegt. Das heißt, dass die Beweisaufnahme und ihre Reihenfolge im Erkenntnisverfahren durch die Verfahrensnorm nicht eindeutig geregelt werden. Es erscheint notwendig, eine konkrete Reihenfolge zu bestimmen. So sollte man in Art. 440 Abs. 2 StPO der RU festlegen, dass die Anklagepartei ihre Beweise als erste vortrage. Nach der Aufnahme der von der Anklagepartei vorgelegten Beweise würden die Beweise der Verteidigungspartei erhoben. Bei einer solchen Regelung der gerichtlichen Prozedur werden keine alternativen doppelsinnigen Auslegungen der Verfahrensnorm entstehen, und den Parteien werden gleiche prozessuale Möglichkeiten gewährt.

Die Verständigung im deutschen Strafverfahren

Arndt Sinn

I. Einleitung

Verständigungen im Strafverfahren sind auch unter den Begriffen „Absprache“, „Vergleich“ oder „Deal“ bekannt. Das Gericht und die Verfahrensbeteiligten – vornehmlich Staatsanwaltschaft, Angeklagter und Verteidigung, aber auch die Nebenklage – versuchen dabei, sich über den Verfahrensfortgang und insbesondere den Verfahrensausgang zu verständigen.

Die Motivation der an solchen Verständigungen Beteiligten dürfte unterschiedlich sein. Für die Justiz steht die Schonung ihrer knappen Ressourcen im Vordergrund. Dieses Ziel kann durch ein „abgesprochenes“ und damit möglichst rasches Verfahren erreicht werden. Hinzu kommt der Wunsch, komplexe bzw. komplizierte Verfahren überhaupt abschließen zu können. Der Angeklagte versucht mit einer Verständigung, einen für ihn günstigen Verfahrensausgang zu erreichen. Der Preis, den er dafür zahlt, ist ein Geständnis.

Über den Deal, Absprachen oder Verständigungen im Strafverfahren ist in Deutschland in den letzten Jahren viel gestritten worden.[1] Wollte man alle Veröffentlichungen zu diesem Thema auswerten, so würde das diesen Beitrag sprengen. Die Anhänger der beiden Lager – Befürworter und strenge Gegner – haben sich positioniert und es hat den Anschein, dass die Anhänger von Verständigungen im Strafprozess gewonnen haben. Denn mit § 257c StPO findet sich seit dem Sommer 2009[2] eine Regelung zu Verständigungen in der deutschen Strafprozessordnung.

Auch ich will mich mit meinem Vortrag klar positionieren – und zwar als Gegner. Bevor ich dazu komme, soll kurz der Inhalt der neuen Regelungen widergegeben werden:

1 Vgl. etwa Meyer-Goßner ZRP 2004, 187 (187 f.); Roxin/Schünemann, Strafverfahrensrecht, 27. Auflage 2012, § 17 Rn. 9 ff.; Schünemann ZRP 2009, 104 (105).
2 § 257c eingef. mWv 4.8.2009 durch Gesetz vom 29.7.2009 (BGBl. I S. 2353).

II. Die Regelung zur Verständigung im Strafverfahren - § 257c StPO

§ 257c StPO enthält Regelungen zum zulässigen Inhalt, zum Zustandekommen und den Folgen einer Verständigung.[3] Der Rahmen, den die Grundsätze des geltenden Strafprozessrechts ziehen, wird dabei nicht verändert.[4] Die Vorschrift unterscheidet bewusst nicht zwischen verteidigtem und unverteidigtem Angeklagten und schließt auch amtsgerichtliche Verfahren nicht von den Regelungen über die Verständigung aus. Damit soll verhindert werden, dass eine ungerechte „Zwei-Klassen-Justiz" entsteht. Außerdem wird dies der Praxis gerecht, denn auch vor den Amtsgerichten finden Verständigungen statt.[5]

Die erforderliche Transparenz und Dokumentation des mit einer Verständigung verbundenen Geschehens – nicht zuletzt zum Zweck einer Nachprüfung in der Revision – soll durch umfassende Mitteilungs- und Protokollierungspflichten des Gerichtes sichergestellt (§ 243 Abs. 4, § 257c Abs. 4, 5, § 273 Abs. 1a StPO) werden.[6]

1. Gegenstand der Verständigung

Der Inhalt einer Verständigung ist ausdrücklich in § 257c Abs. 2 StPO geregelt:[7] „Gegenstand dieser Verständigung dürfen nur die Rechtsfolgen sein, die

3 Vgl. insg. BT-Drs. 16/12310 v. 18.3.2009, S. 1 ff.
4 Vgl. BT-Drs. 16/12310 v. 18.3.2009, S. 1.
5 Vgl. BT-Drs. 16/12310 v. 18.3.2009, S. 2.
6 Vgl. BT-Drs. 16/12310 v. 18.3.2009, S. 1.
7 Die Vorschrift des § 257c StPO umfasst fünf Absätze: Absatz 1 S. 1 stellt die Zulässigkeit von Absprachen fest. In S. 2 wird nochmals herausgehoben, dass die sich aus § 244 Abs. 2 StPO ergebende Amtsaufklärungspflicht unberührt bleibt. In Abs. 2 S. 1 wird der Gegenstand einer Verständigung umschrieben: Hiernach sind nur die Rechtsfolgen zulässiger Inhalt einer Verständigung, mit ihnen jedoch auch sonstige Verfahrensmaßnahmen sowie das Prozessverhalten der Verfahrensbeteiligten. In S. 2 wird herausgestellt, dass ein Geständnis Bestandteil der Verständigung sein sollte. Diese Formulierung zeigt jedoch, dass das nicht zwingend ist. In S. 3 werden der Schuldspruch und die Maßregeln als Inhalt einer Verständigung ausgeschlossen. In Abs. 3 S. 1 werden die Mitteilungspflichten des Gerichts geregelt und in S. 2 wird die Zulässigkeit der Angabe einer Strafober- und Untergrenze normiert. Abs. 4 regelt die Möglichkeit eines Wegfalls der Bindung des Gerichts an die Verständigung. Die Bindung entfällt, wenn „rechtlich oder tatsächlich bedeutsame Umstände übersehen worden sind oder sich neu ergeben haben und das Gericht deswegen zu der Überzeugung gelangt, dass der in Aussicht gestellte Strafrahmen nicht mehr tat- oder schuldangemessen ist" oder wenn das Prozessverhalten des Angeklagten nicht den Erwartungen des Gerichts entspricht. Gem. S. 3 darf das Geständnis eines Angeklagten in einem solchen Fall nicht

Inhalt des Urteils und der dazugehörigen Beschlüsse sein können, sonstige verfahrensbezogene Maßnahmen im zugrundeliegenden Erkenntnisverfahren sowie das Prozessverhalten der Verfahrens- beteiligten. Bestandteil jeder Verständigung soll ein Geständnis sein. Der Schuldspruch, die Ankündigung, auf Rechtsmittel zu verzichten, sowie Maßregeln der Besserung und Sicherung dürfen nicht Gegenstand einer Verständigung sein."

2. Belehrungspflichten

Zusätzlich ist für jeden Fall, in welchem dem Urteil eine Verständigung vorausgegangen ist, eine Belehrung des Betroffenen über seine Freiheit, Rechtsmittel einzulegen, vorgesehen (§ 35a S. 3 StPO). Die Befugnis zur Einlegung von Rechtsmitteln bleibt also für alle Verfahrensbeteiligten unberührt. Weder Berufung noch Revision gegen ein Urteil, dem eine Verständigung vorausgegangen ist, werden ausgeschlossen oder beschränkt. Damit soll die erforderliche Kontrolle durch das Rechtsmittelgericht gewährleistet bleiben.

3. Transparenzpflichten

Schließlich muss die erfolgte Verständigung auch in den Urteilsgründen erwähnt werden (§ 267 Abs. 3 S. 5 StPO), auch im Fall eines abgekürzten Urteils (§ 267 Abs. 4 S. 2 StPO).

4. Weitere flankierende Vorschriften

Neben der Kernvorschrift des § 257c StPO wurden weitere Normen eingefügt.

Der neue § 243 Abs. 4 StPO soll garantieren, dass alle Verfahrensbeteiligten von Verständigungsgesprächen erfahren und damit die gewünschte Transparenz sicherstellen.

Mit der Reform sollen auch kommunikative Elemente im Strafverfahren gestärkt[8] werden, die außerhalb einer Verständigung zur Verfahrensförderung geeignet sind (§§ 160b[9], 202a[10], 257b[11] StPO), aber im gerichtlichen Verfahren

---

mehr verwendet werden; des Weiteren muss das Gericht eine Abweichung unverzüglich mitteilen, so S. 4. Abs. 5 enthält die Pflicht zur Belehrung des Angeklagten über den Inhalt des Abs. 4.

8 Vgl. BT-Drs. 16/12310 v. 18.3.2009, S. 2.

9 § 160b: Die Staatsanwaltschaft kann den Stand des Verfahrens mit den Verfahrensbeteiligten erörtern, soweit dies geeignet erscheint, das Verfahren zu fördern. Der wesentliche Inhalt dieser Erörterung ist aktenkundig zu machen.

auch zur Vorbereitung einer Verständigung dienen können. Die §§ 160b, 202a und 212 StPO stellen dementsprechend klar, dass sowohl im Ermittlungs-, als auch im Zwischen- und nach Eröffnung des Hauptverfahrens Gespräche über eine Verständigung möglich sind.

In § 273 StPO sind die Protokollierungspflichten enthalten, die sowohl für bloße Erörterungen für eine Verständigung (§ 257b StPO) als auch im Falle der Einigung auf eine Absprache (§ 257c StPO) gelten. Weiterhin ist die Beachtung der in §§ 243 Abs. 4, 257c Abs. 4 und Abs. 5 StPO genannten Mitteilungen und Belehrungen protokollierungspflichtig.

5. Zwischenergebnis

Dieser sehr kurze Einstieg in die Materie genügt schon, um die Systemrelevanz dieser Neuregelung zu hinterfragen. Denn mit der Stärkung kommunikativer Elemente insbesondere in der Hauptverhandlung stehen die das deutsche Strafprozessrecht leitende Inquisitionsmaxime und weitere Grundsätze auf dem Prüfstand. Es ist zu fragen, ob diese Regelung nicht das Leitprinzip im deutschen Strafprozess – die Wahrheitsermittlung – auflöst und an diese Stelle ein pseudo-adversatorisches Verfahren setzt, das Gleichheit und Gerechtigkeit hinter Verfahrensökonomie und Ressourcenschonung zurücktreten lässt.

III. Hintergründe der Neuregelung

Die Einführung einer Regelung zur Absprache wird als eine der einschneidendsten Änderung der Strafprozessordnung seit ihrer Einführung im Jahr 1877 angesehen.[12]

Dabei war im 19. Jahrhundert sowie in der ersten Hälfte des 20. Jahrhunderts noch kein Ruf nach einer derartigen Regelung hörbar.

Erst in den 1960er und 1970er Jahren wurde zunehmend beklagt, dass die Justiz der wachsenden Anzahl von Verfahren und der Beweisaufnahme nicht mehr Herr werde. Parallel zu diesen Klagen begann die Diskussion, wie eine Entlastung der Gerichte erreicht werden könnte.

---

10 § 202a Erwägt das Gericht die Eröffnung des Hauptverfahrens, kann es den Stand des Verfahrens mit den Verfahrensbeteiligten erörtern, soweit dies geeignet erscheint, das Verfahren zu fördern. Der wesentliche Inhalt dieser Erörterung ist aktenkundig zu machen.

11 § 257b Das Gericht kann in der Hauptverhandlung den Stand des Verfahrens mit den Verfahrensbeteiligten erörtern, soweit dies geeignet erscheint, das Verfahren zu fördern.

12 Jahn/Müller NJW 2009, 2625.

Der erste Schritt in Richtung „Entlastung“ sollte dadurch erreicht werden, die zu verhandelnden Verfahren zu reduzieren. Die Bestrebungen galten dem Ziel, für weniger Verfahren eine aufwendige Hauptverhandlung durchführen zu müssen. Das konnte nur durch Herabsetzung der Verfahrensanzahlen bereits im Ermittlungsverfahren gelingen. Um dieses Ziel zu erreichen, bedurfte es rechtlicher Mechanismen, das Legalitätsprinzip zu durchbrechen. Mit dem Opportunitätsprinzip, das bei leichteren bis mittelschweren Straftaten anwendbar ist, wurde eine Lösung gefunden. Die gesetzliche Normierung der Möglichkeit einer folgenlosen Einstellung ist in § 153 StPO zu finden, der 1975 eingeführt wurde.[13] Eine Einstellung des Verfahrens ist bei Vergehen dann möglich, wenn die Schuld des Täters als gering anzusehen wäre und kein öffentliches Interesse an der Verfolgung besteht, vgl. § 153 Abs. 1 StPO. Für eine derartige Einstellung benötigt die Staatsanwaltschaft, wenn das Vergehen nicht mit einer im Mindestmaß erhöhten Strafe bedroht ist und die Folgen der Tat gering sind, nicht die Zustimmung des Gerichts. Sollte die Klage bereits erhoben worden sein, verbleibt diese Möglichkeit auch noch dem Richter gem. § 153 Abs. 2 StPO.

Neben dieser Einstellungsmöglichkeit wegen Geringfügigkeit wurde 1975[14] auch § 153a StPO eingeführt, der in seiner ursprünglichen Fassung eine Einstellung ermöglichte, wenn das öffentliche Interesse bei geringer Schuld durch die Erteilung von Auflagen beseitigt werden kann.[15] Diese Norm war für leicht über der Geringfügigkeitsschwelle liegende Taten vorgesehen. Die Praxis nutze sie bald aber auch für schwerere Straftaten und der Gesetzgeber folgte dem im Jahr 1993. Seither kann das Verfahren gem. § 153a StPO eingestellt werden, wenn die Schwere der Schuld einer Einstellung unter Auflagen und Weisungen nicht entgegensteht.

Was hat das nun mit einer Verständigung zu tun?

Insbesondere zwei Umstände stellen den Zusammenhang zu meinem Thema her. Zum einen der Entlastungsaspekt: Die Einführung insb. der §§ 153 und 153a StPO wie auch des § 257c StPO wurde von dem Gedanken nach einer Entlastung der Justiz geleitet. Zum anderen wohnt auch den eben genannten Opportunitätsregelungen ein „kommunikativer Aspekt“ bis in die Hauptverhandlung hinein inne. Nicht selten ist eine Einstellung gemäß § 153a StPO an eine geständige Einlassung gebunden oder es finden Gespräche darüber statt,

---

13 § 153 StPO eingef. mWv 1.1.1975 durch Art. 21 EGStGB (BGBl. I S. 469); Vorläufer dieser Vorschrift war § 23 der Verordnung über Gerichtsverfassung und Strafrechtspflege vom 4.1.1924 (RGBl I, 15); ausführlich zur Geschichte des § 153 vgl. Beulke, in: Löwe-Rosenberg, StPO, 26. Auflage 2008, Band 5, § 153 vor Rn. 1.

14 § 153a StPO eingef. mWv 1.1.1975 durch Art. 21 EGStGB (BGBl. I S. 469); ausführlich zur Geschichte der Norm Beulke, in: Löwe-Rosenberg, StPO, 26. Auflage 2008, Band 5, § 153a vor Rn. 1.

15 Kritisch zu § 153a StPO Schroeder/Verell, Strafprozessrecht, 5. Aufl. 2011, § 13 Rn. 99.

welche Auflagen eine Einstellung begleiten sollen. Jedenfalls muss der Beschuldigte eine „Gegenleistung" in Form der Erfüllung von Auflagen und Weisungen erbringen, damit das Verfahren gegen ihn eingestellt wird.

Wie gesehen bieten sich derartige „frühe Verständigungen" aber nur bei Bagatellkriminalität und mittlerer Kriminalität an. In allen anderen Fällen muss also eine umfangreiche Hauptverhandlung durchgeführt werden. Auch in diesen Fällen, im Bereich schwererer bis schwerster Kriminalität, konnte in den 1960er und 1970er Jahren beobachtet werden, dass die Verfahrensbeteiligten außerhalb einer rechtlichen Regelung und vereinfacht in der Form „Strafnachlass gegen Geständnis" Absprachen trafen. Das war übliche Praxis, eine Diskussion darüber fand aber nicht statt.

Als Detlef Deal aus Mauschelhausen – ein Pseudonym - dann im Jahre 1982 im Strafverteidiger über die Absprachenpraxis berichtete, konstatierte er einen Zustand, der dem erfahrenen Strafverteidiger, dem Gericht und der Staatsanwaltschaft wohl bekannt und vertraut war. „Fast jeder kennt es, fast jeder praktiziert es, nur keiner spricht darüber."[16] In der Rechtswissenschaft entbrannte erst im Anschluss an diese Veröffentlichung eine lebhafte Diskussion über das Für und Wider der Absprachen.[17]

1987 erkannte das Bundesverfassungsgericht Absprachen grundsätzlich als verfassungsgemäß an.[18] Die Grundsätze eines fairen, rechtsstaatlichen Strafverfahrens verböten nicht, außerhalb der Hauptverhandlung eine Verständigung zwischen Gericht und Verfahrensbeteiligten über Stand und Aussichten der Verhandlung herbeizuführen, der schon das Strafrecht Grenzen setze. Die Handhabung der natürlichen Aufklärungspflicht, die rechtliche Subsumtion und die Grundsätze der Stoffbenutzung dürften dabei jedoch nicht ins Belieben oder zur freien Disposition des Verfahrensbeteiligten und des Gerichts gestellt werden. „Dem Gericht und der StA ist es deshalb untersagt, sich auf einen „Vergleich" im Gewande des Urteils, auf einen „Handel mit der Gerechtigkeit" einzulassen."[19]

Auch auf dem Deutschen Juristentag 1990 wurde sich mit Absprachen im Strafprozess befasst. Die Beschlüsse hierzu richteten sich zwar nicht eindeutig für oder gegen diese Praxis, es erfolgte jedoch ein Appell an den Gesetzgeber, durch eine Regelung die bestehenden Unsicherheiten zu beseitigen.[20]

Der BGH befasste sich erstmals 1997 vertieft mit Verfahrensabsprachen im Strafprozess. Der 4. Strafsenat stellte zunächst einige allgemeine Grundsätze als

---

16 Weider StV 1982, 545.

17 Vgl. die umfangreichen Nw. bei Roxin/Schünemann, Strafverfahrensrecht, 27. Auflage 2012, § 17 D.

18 BVerfG NJW 1987, 2662.

19 BVerfG NJW 1987, 2662 (2663).

20 NJW 1990, 2991 (2993).

Voraussetzung für wirksame Absprachen heraus.[21] Grundlagen sollten auch hier das Rechtsstaatsprinzip und ein faires, rechtsstaatliches Verfahren sein. Die Eckpunkte der vom BGH für zulässig gehaltenen Absprachenpraxis waren:

- Eine Absprache über den Schuldspruch ist auf der Grundlage des Rechtsstaatsprinzips ausgeschlossen.
- Die Absprache muss in der öffentlichen Hauptverhandlung in Anwesenheit aller Beteiligten durchgeführt werden, es sind jedoch Vorgespräche unter einzelnen Beteiligten möglich, über deren wesentlichen Inhalt jedoch in der Hauptverhandlung berichtet werden muss.
- Die Vereinbarung eines Rechtsmittelverzichts mit dem Angeklagten vor der Urteilsverkündung ist unzulässig.
- Eine verbindliche Zusage zu einer bestimmten Strafe ist unzulässig, das Gericht kann dem Angeklagten jedoch eine Strafobergrenze zusichern, die es im Falle eines glaubhaften Geständnisses nicht zu überschreiten erklärt.
- Die freie Willensentschließung des Angeklagten darf nicht durch die Drohung mit einer höheren Strafe oder dem Versprechen eines gesetzlich nicht vorgesehenen Urteils beeinflusst werden.
- Die Aufklärungspflicht des Gerichts bleibt bestehen. Grundlage eines Urteils kann daher nur der nach Überzeugung des Gerichts tatsächlich geschehene Sachverhalt sein, ein leeres Formalgeständnis oder ein Geständnis, welches das Gericht nicht überzeugt, reichen nicht aus.
- Auch ein abgesprochenes Geständnis kann strafmildernd berücksichtigt werden.
- Das Gericht ist an eine unter diesen Voraussetzungen zustande gekommene Verständigung gebunden und kann nur von dieser Absprache abweichen, wenn sich schwerwiegende neue Umstände ergeben, die dem Gericht zuvor nicht bekannt waren.

Durch diese Entscheidung wurde die Praxis zur Verständigung bestätigt. Der BGH verfolgte das Ziel, der wuchernden Absprachenpraxis Konturen zu verleihen und durch richterliche Rechtsfortbildung den rechtsfreien Raum für Absprachen zu beseitigen.

In der Praxis zeigte sich jedoch, dass die Vorgaben des BGH nicht immer beachtet wurden und die alte Verständigungspraxis beibehalten wurde. Außerdem waren sich die Strafsenate über die Frage, wie mit Rechtsmittelverzichten umzugehen sei, nicht einig. Deshalb entschied am 3.3.2005 der Große Senat in Strafsachen.[22] In seiner Entscheidung appellierte er an den Gesetzgeber, die Zulässigkeit und, bejahendenfalls, die wesentlichen rechtlichen Voraussetzungen und Begrenzungen von Urteilsabsprachen gesetzlich zu regeln.[23] Es sei

21 BGH NStZ 1998, 31.
22 BGHSt (GrS) 50, 40.
23 BGHSt (GrS) 50, 40 (64).

primär Aufgabe des Gesetzgebers, die grundsätzlichen Fragen der Gestaltung des Strafverfahrens und damit auch die Rechtsregeln, denen die Urteilsabsprache unterworfen sein soll, festzulegen.

In Bezug auf mögliche Vereinbarungen eines Rechtsmittelverzichts stellte der Große Senat klar, dass diese unzulässig sind. Wenn ein Gericht sein Urteil einer revisionsrechtlichen Kontrolle entziehe, verletze dies die Würde des Gerichts. Ebenso unzulässig sei auch die Erklärung eines Rechtsmittelverzichts im Anschluss an die Hauptverhandlung. Lediglich ein Rechtsmittelverzicht, dem eine Absprache vorherging, in der der Angeklagte eine qualifizierte Belehrung erhalten habe, auch trotz einer Urteilsabsprache die Möglichkeit zu haben, Rechtsmittel einzulegen, sei möglich.

Der Große Senat ergriff auch die Chance, die Möglichkeit einer Abweichung des Gerichts von der Absprache zu erweitern: Eine Lösung von der Absprache durch das Gericht sei auch möglich, „wenn schon bei der Urteilsabsprache vorhandene relevante tatsächliche oder rechtliche Aspekte übersehen wurden".[24] In seinem Beschluss verwies der Große Senat jedoch auch auf die Grenzen solcher richterlicher Rechtsfortbildung. Dieser Feststellung folgte ein Appell an den Gesetzgeber, eine Regelung zu Absprachen zu treffen und die Ausgestaltung dieser nicht den Gerichten zu überlassen.

Bereits vor der Entscheidung des Großen Senats wurde in der Literatur der Gesetzgeber aufgerufen, eine Regelung zu Absprachen zu in die StPO aufzunehmen.[25] Nach der Entscheidung des Großen Senats konnte oder wollte der Gesetzgeber diese Rufe nicht länger ignorieren.

Nun könnte man angesichts einer Regelung in der StPO und der höchstrichterlichen Entscheidungen versucht sein anzunehmen, dass endlich eine rechtsstaatliche Lösung für ein bisher außerhalb der StPO stattgefundenes Absprachenproblem gefunden worden ist. Schon die Terminologie im neuen § 257c StPO verzichtet auf den Begriff „Absprache" – natürlich wird der „Deal" auch nicht erwähnt – und nennt das Ergebnis des zwischen den Verfahrensbeteiligten gewonnenen Einvernehmens „Verständigung". Der Gesetzgeber wollte mit dieser feinen sprachlichen Unterscheidung dem Eindruck entgegenwirken, dass die Grundlage des Strafurteils eine quasivertragliche Vereinbarung ist. Über Begrifflichkeiten will ich an dieser Stelle auch nicht streiten, denn wie man es sprachlich auch dreht und wendet, positiv oder negativ ausdrückt, klar ist, bei einer Verständigung geht es um den Austausch von Verhandlungsmasse[26]: Geständnis gegen Vergünstigung – und daran ist das Gericht (§ 257c Abs. 4 Satz 1 StPO) auch gebunden.

---

24 BGHSt (GrS) 50, 40 (50).

25 Landau ZRP 2004, 146 (147).

26 Ähnlich Schroeder/Verell, Strafprozessrecht, 5. Aufl. 2011, § 25 Rn. 205.

Die Befürworter der Verständigungsregelung bringen aber immerhin vor, dass ein Parlamentsgesetz Transparenz, Vorhersehbarkeit und Vertrauen in die Lauterkeit der Strafverfolgungspraxis mit sich bringe.

Diesem Argument kann man sich nicht ohne weiteres entziehen, und deshalb bemühen es die Befürworter einer Regelung zu Verständigung im Strafverfahren wohl auch immer wieder. Übersehen wird dabei jedoch, dass diese Regelung ein Fremdkörper im deutschen Strafverfahren ist und zu zahlreichen Systembrüchen führt. Diese Systembrüche möchte ich im Folgenden mit drei Thesen beweisen.

IV. Drei Thesen zur Systemwidrigkeit von sog. Verständigungen

1) Verständigungen im Strafprozess gefährden die Wahrheitsfindung.
2) Verständigungen im Strafprozess gefährden die Gerechtigkeit.
3) Verständigungen im Strafprozess können Verträge zu Lasten Dritter sein.

Zu 1. Verständigungen im Strafprozess gefährden die Wahrheitsfindung.

Eine wesentliche Säule des deutschen Strafprozesses ist der sog. Ermittlungsgrundsatz. Mit diesem Grundsatz verbindet sich das Prinzip der materiellen Wahrheit. Das Gericht hat also den Sachverhalt selbst zu ermitteln, ist an Geständnisse des Angeklagten nicht gebunden und auf Beweisanträge nicht beschränkt. Kurz: Dem Ermittlungsgrundsatz wohnt ein konsensuales Element im Unterschied zu kommunikativen Elementen zwischen Gericht und Angeklagtem nicht inne.

Die Gesetzesbegründung zu § 257c StPO bemüht sich nun,[27] den Paradigmenwechsel von Amtsermittlung hin zur konsensualen Erledigung des Strafverfahrens zu überspielen, in dem erklärt wird, es sei „keine neue – dem deutschen Strafprozess bislang unbekannte – Form einer konsensualen Verfahrenserledigung, die die Rolle des Gerichtes, insbesondere bei seiner Verpflichtung zur Ermittlung der materiellen Wahrheit, zurückdrängen würde“, wünschenswert. Vielmehr sollen weiterhin die Grundsätze des Strafverfahrens gelten. Wie soll man das verstehen? Ermittlungsgrundsatz und materielle Wahrheit vertragen sich nicht mit konsensualen Elementen, die in der Natur der Sache liegend, auf eine Zurückdrängung der Amtsermittlungspflicht zugunsten einer schnellen Verfahrenserledigung abzielen. Die richterliche Aufklärungspflicht gemäß § 244 Abs. 2 StPO hat keine Bedeutung mehr, wenn sich das Gericht die Überzeugung vom Tathergang nicht durch eigene Sachaufklärung verschafft, sondern die Plausibilität des Geständnisses aus dem ihm vorliegendem Aktenmaterial fol-

---

27 BT-Drs. 16/12310 v. 18.3.2009, S. 8.

gert.[28] Im Ergebnis ergeht das Urteil nicht aufgrund des Inbegriffs der mündlichen und die Beweise unmittelbar enthaltenen Hauptverhandlung (§ 261 StPO), sondern aufgrund der von der Staatsanwaltschaft gewonnen Ermittlungsergebnisse in Verbindung mit dem Geständnis.[29] Gerade in Wirtschaftsstrafverfahren, die nicht nur langwierig, sondern auch teuer sind, wird das Interesse an der Feststellung der Wahrheit auf dem Altar der Verfahrensökonomie geopfert.

Das ist umso bedenklicher, als der Strafprozess doch das Instrument ist, um den Rechtsbruch des Bürgers vor aller Augen (gemeint ist die Öffentlichkeit) festzustellen und zu sanktionieren, damit die Normgeltung im Bewusstsein aller bleibt, was man als positive Generalprävention beschreibt. Mit dem Strafprozess wird also dem Ziel des Strafrechts, der Sicherung des gesellschaftlichen Friedens, gedient.

Mit dem Schuldspruch wird der Rechtsbruch negiert, das Recht wiederhergestellt. Mit der konkreten Sanktion wird dem Bürger ein Übel auferlegt, dass seiner Schuld entspricht und nach außen, also im Verhältnis zu allen anderen Bürgern sichtbares Zeichen für die Geltung des Rechts ist. Es gibt also eine gesellschaftliche Komponente der Strafe, die nicht im Belieben des Bürgers steht, sondern um der Wiederherstellung des Rechts wegen geschieht.

Mit einer Verständigung wird dieser Zusammenhang nun aufgehoben. Der Bürger soll und darf in einem Rechtsstaat nur dann bestraft werden, wenn er eine Straftat begangen hat, nicht aber, wenn er sich der Überlegenheit des Staates fügt und sich seinem Schicksal ergibt. Der Rechtsbruch kann aber nur dann festgestellt werden, wenn der Prozess dem Grundsatz der Wahrheitsermittlung von Amtswegen folgt. Der Ermittlungsgrundsatz ist also nicht als Gängelei und unnötige Förmelei, sondern auch als Selbstbeschränkung des Staates zu verstehen. Das schärfste Schwert gegen den Bürger zu führen ist nur dann richtig, wenn sich der Richter vollumfänglich von der Schuld des Angeklagten hat überzeugen können. Aufgrund von Verständigungen abgekürzte Prozesse können diese Funktion nicht erfüllen.

Zu These 2: Verständigungen im Strafprozess gefährden die Gerechtigkeit.

Hier gilt es zwei Dinge zu unterscheiden. Zum einen die *Verfahrensgerechtigkeit* und zum anderen die Gerechtigkeit hinsichtlich der verhängten *Sanktion*.

Wie zu These 1 ausgeführt, beruht die Überzeugung des Gerichts bei einer Verständigung im Wesentlichen nicht mehr auf dem Ermittlungsgrundsatz, sondern auf Konsens. Die Überzeugung darüber, ob in dem konkreten Fall eine Verständigung möglich ist, verschafft sich das Gericht u.a. aus den Ermittlungsakten. Faktisch bedeutet dies, dass der Angeklagte sich dem Ergebnis des Er-

---

28 Schünemann ZRP 2009, 104 (106); vgl. a. Schroeder/Verell, Strafprozessrecht, 5. Aufl. 2011, § 25 Rn. 205.

29 Schünemann ZRP 2009, 104 (106).

mittlungsverfahrens unterwirft.[30] Verteidigungsrechte im Ermittlungsverfahren, die ergebniskorrigierend eingreifen könnten, sind jedoch nur rudimentär ausgebildet. Das System des Strafverfahrens hat dies bisher auch nicht erzwungen, da Ermittlungsgrundsatz und Inbegriff der Hauptverhandlung den Angeklagten bisher auch einen gewissen Schutz boten.

Hinsichtlich der verhängten Sanktion sehe ich ebenfalls die Gerechtigkeit in Gefahr. Nicht zu übersehen ist, dass das Geständnis nun legal zum Druckmittel[31] gegen den Angeklagten werden kann, woran auch die „Soll"-Formulierung in § 257c StPO nichts ändert. Auch dass Strafzumessungserwägungen in die Überlegungen einzubeziehen sind, vermag an der Faktizität des Druckes nichts zu ändern. Besonders brisant wird der Geständnisdruck in der Untersuchungshaft. Nicht von ungefähr wird auch von Seiten der Richterschaft ein Missbrauch der Untersuchungshaft als Druckmittel[32] beklagt. Hat der Beschuldigte aber zur Aussetzung des Haftbefehls gegen ihn bzw. der Angeklagte zur Verhinderung einer massiven Sanktion nur die Verhandlungsmasse „Geständnis" zu Verfügung, so hat das mit Gerechtigkeit nichts mehr zu tun.

Zur 3. These: Verständigungen im Strafprozess können Verträge zu Lasten Dritter sein.

Die These scheint gewagt zu sein. Ein Blick in die Strafverfolgungspraxis belehrt jedoch eines Besseren. Zunächst stellt die Gesetzesbegründung zu § 257c StPO fest, dass Entscheidungen, die in andere Verantwortlichkeit als derjenigen fallen, die am Erkenntnisverfahren beteiligt sind oder Prozesssituationen außerhalb des gegenständlichen Erkenntnisverfahrens betreffen (wie z.B. Entscheidungen im Strafvollstreckungsverfahren oder Entscheidungen in Strafverfahren, die bei anderen Gerichten anhängig sind) ausgeschlossen sind.[33] Derartige Verträge zu Lasten Dritter meine ich auch nicht. Vielmehr habe ich folgende Situation vor Augen:

In einem großen Wirtschaftsstrafverfahren werden zahlreiche Beschuldigte angeklagt und der Sachverhalt teilweise in abgetrennten Verfahren verhandelt. So entstehen Parallelprozesse. Teilweise wird den unterschiedlichen Angeklagten Beihilfe oder Mittäterschaft an bspw. Bilanzmanipulationen vorgeworfen. Um gegen die angeklagten mutmaßlichen Hauptverantwortlichen genügend Zeugenaussagen in deren Prozess einführen zu können, werden zunächst die abgetrennten Verfahren verhandelt. In diesen Verfahren erfolgen alle Verurteilun-

---

30 Roxin/Schünemann, Strafverfahrensrecht, 27. Auflage 2012, § 17 Rn. 27; Schünemann ZRP 2009, 104 (106).

31 Vgl. Roxin/Schünemann, Strafverfahrensrecht, 27. Auflage 2012, § 17 Rn. 27; Schünemann ZRP 2009, 104 (106); vgl. a. Schroeder/Verell, Strafprozessrecht, 5. Aufl. 2011, § 25 Rn. 205 a. E.

32 Gieg GA 2007, 469 (477).

33 BT-Drs. 16/12310 v. 18.3.2009, S. 13.

gen aufgrund einer Verständigung, wobei die Angeklagten alle geständig gewesen sind.

Gerade in diesen Situationen wirkt die Verständigung wie ein Vertrag zu Lasten Dritter der angeklagten Hauptverantwortlichen.

Um die eigene Glaubwürdigkeit nicht zu gefährden, wird die geständige Einlassung, die natürlich zu Lasten der Hauptangeklagten wirkt, nicht von der anschließenden Zeugenaussage abweichen. Ob die geständigen Einlassungen aber allein der Prozesstaktik geschuldet waren, bleibt im Dunkeln. Gerade in komplexen Wirtschaftsstrafverfahren kommt es nicht selten vor, dass die Angeklagten ihre eigene Verantwortlichkeit nicht nachvollziehen können und das Geständnis ein willkommener Ausweg aus der Untersuchungshaft ist. Natürlich wird man dagegen einwenden wollen, dass der Grundsatz der freien richterlichen Beweiswürdigung es erlaubt, ungerechtfertigten Zeugenaussagen keinen Glauben zu schenken. Ist man aber erst einmal beim Glauben oder Nichtglauben angekommen, dann sind Verteidigungsmöglichkeiten kaum noch gegeben.

Lässt man meine drei Thesen Revue passieren, so geht mit der Einführung des § 257c StPO ein Paradigmenwechsel einher. Mit den klassischen Prinzipien des deutschen Strafprozesses lässt sich dieser nicht vereinbaren.

V. Ein Blick in andere Länder

Spricht man über Absprachen, so greift man gern das im Vereinigten Königreich oder in den Vereinigten Staaten praktizierte Plea Bargaining auf.[34] Sieht man sich die Struktur des in diesen Ländern herrschenden adversatorischen Prozesses an, so wird schnell deutlich, dass sich eine Übertragung des Plea Bargaining auf einen der Amtsermittlung verpflichtenden Prozess verbietet.

Im adversatorischen Strafprozess legt die Staatsanwaltschaft mit der Anklage unabänderlich den Prozessgegenstand und den abzuurteilenden Straftatbestand fest. Außerdem erfolgen die Entscheidungen über die Schuld des Täters und die zu verhängende Strafe getrennt voneinander. Nur bei der Entscheidung über die Schuld des Täters ist grundsätzlich eine Jury dazu berufen, diese zu treffen. Entschließt sich der Angeklagte nun zu einer „Guilty Plea“, also einem Schuldbekenntnis, so entfällt dieser Abschnitt vollständig und es schließt sich die Phase zur Feststellung des Strafmaßes durch das Gericht an. Damit ist der Angeklagte in der Lage, dem Gericht die Überprüfung des angeklagten Straftatbestandes zu entziehen bzw. eine Bindung über den Anklagegenstand herbeizuführen, was eine dementsprechende Verurteilung zur Folge hat. Der angeklagte Straftatbestand ist mit der Staatsanwaltschaft ebenso aushandelbar, wie die Herabsetzung der Strafe durch das Gericht gegen das Schuldbekenntnis des

34 Vgl. dazu Hertel ZJS 2010, 198 ff.

Angeklagten. Außerdem kann der Angeklagte mit der Staatsanwaltschaft die Fakten des Prozesses aushandeln, denn da allein Verteidigung und Staatsanwaltschaft den Prozessstoff u.a. durch die Benennung von Zeugen einzubringen haben, haben sie es auch in der Hand, die Fakten des Verfahrens zu bestimmen. Das Gericht hat demgegenüber keine Möglichkeit, selbst offensichtliche Unklarheiten durch die Ladung weiterer Zeugen aufzuklären.[35] Zusammengefasst bedeutet das: der adversatorische Strafprozess ist ein Parteienprozess, während der deutsche Strafprozess dem Vorbild des Inquisitionsverfahrens folgt. Der Inquisitionsprozess folgt dem Ideal der Wahrheitsfindung; der adversatorische Prozess gleicht demgegenüber dem Wettstreit zweier Kämpfer: Staatsanwaltschaft vs. Verteidigung. Allein diese kurzen Ausführungen sollten genügen, um die systematischen Unterschiede zwischen beiden Prozessarten aufzuzeigen.

Nur am Rande sei erwähnt, dass die Praxis des Plea Bargaining in der angelsächsischen Literatur nicht unkommentiert bleibt und die Selbstverständlichkeit von Absprachen kritiklos hingenommen wird.[36] Vielmehr gleichen die Kritikpunkte sehr den in der deutschen Literatur vorgebrachten Argumenten.

Auch andere europäische Länder wie Italien, Frankreich, Polen und ab 2011 auch die Schweiz sehen in ihren Strafprozessrechten die Möglichkeit vor, dass Verfahren durch konsensuale Elemente zu beeinflussen. Es mag sich also durchaus ein Trend hin zu Verfahrensabsprachen erkennen lassen. Ein seriöser Rechtsvergleich macht es jedoch erforderlich, die Strukturen der ausländischen Prozessrechte zu erforschen, um dann eine Vergleichbarkeit mit der deutschen Rechtslage herstellen zu können. So beinhaltet das italienische Recht adversatorische und inquisitorische Elemente, weshalb sich dort auch Absprachen eher rechtfertigen lassen, als in einem reinen Inquisitionsprozess. Der sog. „Blick über den Gartenzaun", sieht häufig nur das Grün, nicht aber die Blattläuse.

Immerhin, einen Leuchtturm und konsequenten Streiter gegen Absprachen konnte ich ausfindig machen: Österreich.

In Österreich hat der OGH[37] den Absprachen eine vollständige Absage erteilt, denn wegen des „eklatanten Widerspruches zur Erforschung der materiellen Wahrheit" seien sie „prinzipiell abzulehnen". Die Beteiligten, so der OGH weiter, würden sich bei Fortsetzung der Absprachenpraxis disziplinärer und strafrechtlicher Verantwortlichkeit aussetzen.

---

35 Vgl. Hertel ZJS 2010, 198 ff..

36 Hertel ZJS 2010, 198 (200 f.) mwN.

37 OGH JBl 2005, 127 f.

VI. Die Praxis der Absprachen nach der Einführung des § 257c StPO

Mit der Gesetzesänderung, deren Kern der neu eingeführte § 257c StPO darstellt, gibt es nun seit zwei Jahren eine Regelung zu den Absprachen im Strafprozess. Noch immer wird die Vorschrift argwöhnisch betrachtet[38], an anderer Stelle wird bereits eine Reform vorgeschlagen[39].

Die Praxis zu § 257c StPO ist kaum zu durchschauen. Man muss sich klar machen: Der Deal außerhalb § 257c StPO bleibt Realität, solange alle Verfahrensbeteiligten zufrieden sind. Insbesondere hinsichtlich des verbotenen Rechtsmittelverzichts ist man in der Praxis sehr kreativ, um diesen zu umgehen.[40] Es gibt verschiedene „Taktiken" der Gerichte, wie dies ermöglicht wird. Eine Option besteht darin, dass das Gericht einen „Vorschlag" zum Verfahrensausgang unterbreitet und die anderen Beteiligten daraufhin schweigen, wobei dieser Vorgang dann nicht als Verständigung iSd § 257c StPO angesehen wird.[41] Bei einer weiteren, von massiver Kritik[42] begleitete Variante wird direkt im Anschluss an die Verkündigung eines Urteils ein Rechtsmittel eingelegt, jedoch unmittelbar danach – wie zuvor abgesprochen – wieder zurückgenommen. Da diese Möglichkeit dem Wortlaut des § 302 Abs. 1 S. 2 StPO nach nicht widerspricht, hat ihn der 1. Strafsenat des BGH für zulässig erklärt.[43] Deshalb forderten die Teilnehmer des 68. Deutsche Juristentags, der 2010 stattfand, in einem ihrer Beschlüsse, in § 302 Abs. 1 S. 2 StPO auch die Unzulässigkeit der Rücknahme des Rechtsmittels während der Einlegungsfrist zu normieren.[44]

Aber auch andere Regelungen der Gesetzesnovelle werden kritisiert: Als problematisch haben sich insbesondere die umfangreichen Protokollierungspflichten erwiesen, da sie für viele Fälle zu komplex sind. Diese detaillierten Vorschriften zielen vielmehr auf aufwendige Großverfahren ab, obwohl Absprachen auch in kleineren, vor einem Einzelrichter geführten Prozessen angewendet werden.[45]

38 Bittmann NStZ-RR 2011, 102.
39 Fezer NStZ 2010, 177.
40 Vgl. etwa BGH NStZ-RR 2010, 213 und 244 f.; OLG Frankfurt a.M. NStZ-RR 2010, 213 f.
41 Fischer ZRP 2010, 249 (250).
42 Fischer ZRP 2010, 249 (250); Niemöller StV 2010, 474 f.
43 BGH NJW 2010, 2294.
44 68. DJT, Beschlüsse Ziff. II(5) a cc.
45 Fischer ZRP 2010, 249 (250).

VII. Zusammenfassung

Die Konzeption des deutschen Strafprozesses hat durch § 257c StPO einen wesentlichen Prinzipienwiderspruch erfahren.

Durch die durch den BGH vorgezeichnete und vom Gesetzgeber übernommene Lösung konnte weder das Ziel einer effektiven Entlastung der Justiz erreicht (da eine Akzeptanz eines „schlanken Geständnisses" unmöglich bleibt), noch der Amtsaufklärungsgrundsatz gewahrt werden (da die Gerichte aus Zeitersparnis eine Prüfung des Geständnisses nur anhand der Aktenlage vornehmen können).[46]

Es gilt nun Farbe zu bekennen: Die Einführung so einschneidender konsensualer Elemente in das Strafverfahren wie § 257c StPO muss zwangsläufig eine Reform des Strafverfahrensrechts[47] nach sich ziehen, andernfalls das Strafprozessrecht nicht nur systematische Brüche aufweist, sondern auch seinen Zweck einbüßt – Instrument zur Wahrung von Gerechtigkeit zu sein. Will man diesen Weg nicht gehen, so bleibt ein wesentlich einfacherer übrig: Man wendet die Vorschrift des § 257c StPO nicht an. In diesem Zusammenhang klingt mir ein Zitat eines Richters in den Ohren: „In meinen Prozessen gibt es keine Absprachen."

---

46 Fezer NStZ 2010, 177 (181).

47 Vgl. Roxin/Schünemann Strafverfahrensrecht, 27. Auflage 2012, § 17 Rn. 31; Schünemann ZRP 2009, 104 (106 f.).

Gerichtsverhandlung aufgrund des Geständnisses des Beschuldigten am Beispiel zentralasiatischer Staaten

Kayrat Osmonaliev

Die zentralasiatischen Länder – darunter verstehen wir fünf postsowjetische Staaten: Kasachstan, Kirgisien, Tadschikistan, Turkmenistan und Usbekistan – haben ihre Unabhängigkeit ungefähr gleichzeitig (Anfang der 90er Jahre des vergangenen Jahrhunderts) errungen. Zu jener Zeit wies das Strafprozessrecht dieser Staaten – wie auch das ganze Rechtssystem – keine wesentlichen Unterschiede auf, denn im Grundsatz entsprach es den Anforderungen und dem Wesen des Sowjetstaates.

Usbekistan war einer der ersten Staaten in Zentralasien, der das nationale Strafprozessrecht modifiziert hat: im Jahre 1994 wurde das Strafprozessgesetzbuch der Usbekischen SSR außer Kraft gesetzt. 1997 wurden in Kirgisien und Kasachstan die neuen Strafprozessgesetzbücher erlassen, während Tadschikistan und Turkmenistan die Strafprozessgesetzbücher aus der Sowjetzeit weiterhin verwendeten. Von Zeit zu Zeit wurden da Änderungen vorgenommen, die auf die Beseitigung offensichtlicher Anachronismen und Einführung strafprozessrechtlicher Novellen abgestellt waren. Vor nicht allzu langer Zeit (2009) wurden in Tadschikistan und Turkmenistan die Ergebnisse der durchgeführten Reformen durch Annahme der neuen Strafprozessgesetzbücher festgehalten. Es ist zu vermerken, dass die Reformen des Strafprozessrechtes in den Staaten Zentralasiens verschiedentlich unter dem Einfluss russischer Strafprozessrechtler sowie westlicher Juristen standen.

Zugleich werden die Reformen des Strafprozessrechtes in Kasachstan und Kirgisien fortgesetzt, 2014 dürfte in Kasachstan ein neues Strafprozessgesetzbuch verabschiedet werden, wo viele Probleme des Strafprozessrechtes und der Rechtsprechung prinzipiell anders gelöst werden sollen: prozessuale Formen des Vorverfahrens werden geändert, das System der prozessualen Funktionen wird revidiert usw. Auch in Kirgisien wird geplant, gegen Anfang 2014 den Entwurf eines neuen Strafprozessgesetzbuches vorzubereiten.

Wie bereits gesagt, gibt es zahlreiche inhaltliche Unterschiede im Strafprozessrecht zentralasiatischer Staaten. Dies fällt sofort auf, wenn konkrete strafprozessrechtliche Institute, beispielsweise das des Strafbefehlsverfahrens näher betrachtet werden. Das Strafbefehlsverfahren aufgrund des Geständnisses des Beschuldigten spiegelt die internationalen Erfahrungen wieder, die zur Beschleunigung der Gerichtsverhandlung tendieren.

Bei der Durchsicht der Strafprozessordnungen zentralasiatischer Staaten im Hinblick auf das Strafbefehlsverfahren aufgrund des Geständnisses des Beschuldigten kann man Folgendes feststellen:

- In Kasachstan ist dieses Verfahren in der geltenden StPO gar nicht vorgesehen, wobei das Institut des beschleunigten Vorverfahrens vorhanden ist. Im Entwurf der neuen StPO Kasachstans ist das Strafbefehlsverfahren auch nicht enthalten, wobei der Zeitpunkt für dessen Einführung mehr als passend wäre.
- In Tadschikistan, Turkmenistan und Usbekistan kennt man dieses Verfahren auch nicht.
- Die StPO Kirgisiens enthält Kapitel 36-1 „Strafbefehlsverfahren und Gerichtsentscheidung aufgrund des Geständnisses des Beschuldigten“

Ausgehend von dieser Sachlage gehen wir nun auf die Besonderheiten des Strafbefehlsverfahrens in Kirgisien ein. Das vereinfachte Verfahren ist 2004 eingeführt worden. Dieses Sonderverfahren ist nicht zulässig:

- wenn dem Beschuldigten ein schwerwiegendes bzw. ein besonders schwerwiegendes Verbrechen zur Last gelegt ist;
- wenn ein Verteidiger fehlt;
- wenn mindestens ein Beschuldigter (Angeklagter) die gegen ihn erhobene Anklage zurückweist.

Was sind Gründe und Voraussetzungen für die Einleitung des Strafbefehlsverfahrens? Es muss ein entsprechender Antrag des Beschuldigten vorliegen. Dabei muss der Beschuldigte die ihm zur Last gelegte Straftat völlig gestehen, den Charakter und die Folgen seines Antrages erkennen. Der Antrag muss den Vermerk haben, dieser sei freiwillig gestellt. Eine andere Bedingung ist, dass weder der öffentliche (private) Kläger noch das Opfer Einwände gegen den Antrag des Beschuldigten geltend gemacht hat.

Sollten die oben genannten Gründe und Voraussetzungen vorliegen, kann ein Strafbefehlsverfahren eingeleitet werden.

Die Prüfung des Antrages über die Verurteilung des Beschuldigten ohne Hauptverfahren beginnt mit der Darlegung der gegen den Angeklagten erhobenen Klage durch den Staatsanwalt, im Fall der Privatklage durch den Privatkläger.

Beim Einspruch des Angeklagten, des Staatsanwaltes bzw. des Privatklägers, des Verletzten gegen die Verurteilung ohne Hauptverhandlung oder von Amts wegen veranlasst der Richter die Einstellung des Strafbefehlsverfahrens und ordnet die Einleitung der üblichen Hauptverhandlung an.

Grundsätzlich bedarf das Strafbefehlsverfahren weder einer Beweisaufnahme noch einer Beweiswürdigung. Dabei können die Umstände erforscht werden, die die Persönlichkeit des Angeklagten charakterisieren, es werden auch die

Milderungs- bzw. Erschwerungsgründe untersucht. Der Richter hört sich die Schlussvorträge der Parteien an, das letzte Wort des Angeklagten und zieht sich unverzüglich zur Urteilsfällung zurück.

Gemäß der StPO verkündet der Richter die Verurteilung und ordnet die Strafe an, die zwei Drittel der maximalen Frist oder der härtesten Strafe für das jeweilige Verbrechen nicht überschreiten darf.

Obwohl die Beweisaufnahme und deren richterliche Würdigung im Urteil nicht dargelegt werden, verhört das Gericht gemäß Art. 328-3, Abs. 9 der „Regelung über Urteilsfällung und Einlegung von Rechtsmitteln" den Angeklagten, den Verletzten, verkündet Zeugenaussagen, Gutachten, hört sich die Stellungnahmen des Staatsanwaltes, des Verteidigers bzw. dessen (legitimen) Vertreters an. Nach unserer Meinung verwischt dadurch die Grenze zwischen dem Strafbefehls- und dem ordentlichen Hauptverfahren.

Nach der Verkündung des Urteils erklärt der Richter den Parteien, dass sie berechtigt sind, das Urteil anzufechten und belehrt über das Verfahren, wie Rechtsmittel eingelegt werden können. Wegen ungenügender Erforschung der Akten und der Unstimmigkeit der Gerichtsentscheidung mit dem Sachverhalt können gegen das Urteil weder Berufung noch Kassation eingelegt, noch aufsichtsrechtliche Maßnahmen getroffen werden.

Die größte Schwierigkeit für die Ermittlung des Nutzeffektes dieses strafprozessrechtlichen Instituts sind die fehlenden statistischen Daten, denn das Oberste Gericht der Republik Kirgisien führt keine entsprechenden Statistiken. Die Befragungen praktizierender Richter in Kirgisien ergaben, dass das Strafbefehlsverfahren in maximal 5% aller Straffälle eingeleitet wird. Als Vergleich: in der RF beläuft sich der Anteil von Straffällen, die aufgrund der jeweiligen Bestimmungen (Kapitel 40 StPO) zur Verhandlung kommen, auf knapp 75%. Historisch gemeinsame rechtliche und tatsächliche Gegebenheiten Russlands und Kirgisiens lassen schlussfolgern, dass dieses Verfahren in der Rechtsprechung intensiver angewandt werden kann, das heißt, die bestehende Praxis erschöpft das Potenzial dieses strafprozessrechtlichen Instituts nicht ganz.

Aus den Befragungen praktizierender Richter geht auch hervor, dass das Strafbefehlsverfahren am häufigsten eingeleitet wird, wenn unrechtmäßige Handlungen mit Drogen (ohne Verkaufsabsicht), Diebstahl und Raub ohne Qualifizierungsmerkmale, beispielsweise Diebstahl von Handys, vorliegen. Solche Fälle werden in der Praxis als Bagatellen bezeichnet. Bezeichnend ist, dass gegen die Beschlüsse, die das Gericht im Ergebnis eines Strafbefehlsverfahrens angeordnet hat, noch nie ein Rechtsmittel eingelegt wurde.

Es liegt auf der Hand, dass die Vorteile des Strafbefehlsverfahrens darin bestehen, dass dieses Verfahren Zeit und Ressourcen spart und zur Entlastung von Gerichten beiträgt, die tatsächlich mit Bagatellklagen überlastet sind.

Die angeführten Argumente sind jedoch nicht die wichtigsten. In den Strafprozessordnungen aller Länder Zentralasiens ist die Anweisung vorhanden, die begangenen Straftaten möglichst bald aufzuklären, den strafrechtlichen Konflikt möglichst schnell zu lösen.

Das sog. Strafbefehlsverfahren ist auf kürzere Fristen der Gerichtsverhandlung ausgerichtet, die Rechtsprechung muss diesem Grundsatz folgen, denn eine angemessene Dauer der Gerichtsverhandlung unter Einhaltung der strafprozessrechtlichen Garantien sorgt für den gerichtlichen Schutz persönlicher Rechte und Freiheiten.

Das strafprozessrechtliche Institut, das Gegenstand dieser Abhandlung ist, geht Hand in Hand mit der genannten Aufgabe des Strafprozesses. Deshalb ruft sein Fehlen in den Strafprozessordnungen von Kasachstan, Tadschikistan, Turkmenistan und Usbekistan berechtigte Fragen hervor.

Wollen wir nun auf einige Probleme bei der Anwendung des Strafbefehlsverfahrens eingehen. Wie schon oben gesagt, ist der Anteil der aufgrund der Bestimmungen des Kapitels 36-1 der StPO der KR verhandelten Straffälle recht gering, wobei der Anteil der Straftaten (von geringer und mittlerer Schwere), die in diesem Verfahren hätten verhandelt werden können, mehr als 70% beträgt. Dies hat mehrere Ursachen. Die Befragung der Beschuldigten und Angeklagten zeigte, dass die meisten von ihnen von diesem Verfahren keine Kenntnis haben. Die Aufklärungsarbeit dahingehend müssten nach unserer Meinung in erster Linie die Untersuchungsführer leisten. Sie tun es aber nicht. Die Richter sind an der Aktivierung dieses strafprozessrechtlichen Instituts auch nicht interessiert. Von den wenigen Beschuldigten und Angeklagten, die über dieses strafprozessrechtliche Institut unterrichtet waren, sagten die meisten, dass sie keinen wahren Grund sehen, um das Strafbefehlsverfahren zu beantragen, denn die in der StPO vorgesehenen Garantien (Strafe nicht höher als zwei Drittel des Höchstmaßes für die jeweilige Straftat) erscheinen ihnen nicht attraktiv genug. Die Beschuldigten und Angeklagten bekommen nämlich von ihren Anwälten erklärt: sollten sie das Geständnis nicht abgeben, würde der Richter sowieso nicht mehr als die zwei Drittel der Höchststrafe ansetzen, weil er nicht hundertprozentige Gewissheit über die Schuld des Angeklagten habe. Hinzu kommt, dass die Verurteilten gegen ein harte Strafe öfter Rechtsmittel einlegen, die Richter sind aber an der Beständigkeit des Urteils interessiert. Zu viele Beschwerden gegen die Urteile eines Richters können bei der Verlängerung der Richterbefugnisse negativ ins Gewicht fallen.

Zweitens ist auch hervorzuheben, dass 2007 in Kirgisien das Gesetz über die Änderungen und Ergänzungen an dem Strafgesetzbuch, der Strafprozessordnung, der Strafvollstreckungsordnung und an anderen Strafgesetzen verabschiedet wurden. Die Juristen haben diese Rechtsakte insgesamt als „Humanisierungsgesetz" bezeichnet. Dies hat das ganze System der Strafjustiz stark beeinflusst, unter anderem die Rechtsprechung. Die Rechtsprechung ist zurzeit im Wesentlichen ausgerichtet, Strafen zu verhängen, die keinen bzw. einen kurzen Freiheitsentzug vorsehen. Das trifft insbesondere für die verübten Verbrechen von geringer Schwere und mittelschwere Verbrechen zu, d.h. für die strafrechtlichen Eingriffe, die unter die Bestimmungen des Kapitels 36-1 der StPO der KR subsumiert werden können. Die Tatsache, dass die Rechtsprechung nur gelegentlich zum Strafbefehlsverfahren greift, ist u. a. auch auf diesen Umstand zurückzuführen.

Drittens existiert – wie in vielen postsowjetischen Ländern – das negative Phänomen der sog. Gerichtskorruption. Korrupte Richter stellen unbegründet das Strafverfahren ein, qualifizieren Straffälle ohne Grund um, ordnen Strafen an, die milder sind als das Gesetz vorsieht oder unter dem gesetzlichen Mindestmaß liegen. Deshalb suchen Beschuldigte und Angeklagte nicht selten den kriminellen Deal mit dem Gericht.

Es sei hervorgehoben, dass in Kirgisien jegliche Konzeption der Einführung dieses Instituts in den nationalen Strafprozess fehlt. Hinzu kommen auch dogmatische Kollisionen der gesetzlichen Normen. Es entsteht z.B. die Frage, ob das Strafbefehlsverfahren im Fall einer Privatklage zulässig ist, wenn eine Vorermittlung nicht durchgeführt wurde. Das Oberste Gericht Kirgisiens erteilt keine Erklärungen zu dieser und anderen Fragen im Zusammenhang mit den Bestimmungen des Kapitels 36-1 StPO der KR. In Russland z.B. gibt es den Beschluss des Plenums des Oberen Gerichtes der Russischen Föderation Nr. 60 vom 5. Dezember 2006 „Über die Anwendung des Strafbefehlsverfahrens durch die Gerichte“.

Für den Fall, dass die anderen Länder Zentralasiens das Strafbefehlsverfahren aufgrund des Geständnisses des Beschuldigten in die nationalen Rechtsordnungen einführen würden, kann man am Beispiel Kirgisiens folgende Empfehlungen in Kurzform formulieren, die dazu verhelfen sollten, die Anwendung der Bestimmungen des Kapitels 36-1 der StPO der KP zu aktivieren:

- es wäre sinnvoll, eine Konzeption festzulegen, die beschreiben würde, wie dieses strafprozessrechtliche Institut funktionieren soll. Dies würde zum erschöpfenden Verständnis dieses Verfahrens wesentlich beitragen;
- das Oberste Gericht hat zur Auslegung des Strafbefehlsverfahrens aktiv Stellung zu nehmen, um eine einheitliche strafprozessrechtliche Politik bei der Anwendung dieses Verfahrens zu sichern. Dazu müssten entsprechende Anleitungen abgefasst werden;
- die Richter sind in Anwendung der Bestimmungen des Kapitels 36-1 der StPO zu schulen;
- es wäre sinnvoll, den Kreis der Straffälle über Verbrechen von geringer Schwere und mittelschwere Verbrechen hinaus zu erweitern, so dass die Anwendung der Bestimmungen des Kapitels 36-1 der StPO öfter möglich ist;
- es wäre sinnvoll festzulegen, dass bei der Strafzumessung aufgrund der Bestimmungen des Kapitels 36-1 StPO das Höchstmaß der angeordneten Strafe

die Hälfte (und nicht zwei Drittel wie im geltenden Gesetz) des gesetzlichen Höchstmaßes nicht übersteigen darf;

- es wäre sinnvoll, die Möglichkeiten für eine weitere Differenzierung des Instituts des Strafbefehlsverfahrens aufgrund des Geständnisses des Beschuldigten zu erwägen, falls der Beschuldigte zur Ermittlung, zur Aufdeckung schwerer und besonders schwerer Verbrechen, zur strafrechtlichen Verfolgung organisierter Krimineller und zur Bekämpfung der Korruption verhilft; kurzum, es geht um die Weiterentwicklung des Instituts einer Verständigung.

Laienbeteiligung und adversarisches Verfahrensmodell – A match made in Heaven?

Michael Bohlander

I. Einleitung

Kasachstan, wie auch die anderen zentralasiatischen Staaten, erwägt gegenwärtig die Reform seines Strafverfahrensrechts mit einer Betonung des adversarischen Verfahrensmodells, welches als fairer und ausgewogener angesehen wird als das bisherige eher inquisitorische Verfahren. Vor dem Hintergrund der jüngeren Geschichte der zentralasiatischen Staaten ist das eine nachvollziehbare, wenn auch aus der Erfahrung der traditionellen adversarischen Rechtsordnungen ggfs. eher fragwürdige Einstellung. Dieser kurze[1] Beitrag widmet sich der Problematik der Auswirkung insbesondere der Laienbeteiligung auf den adversarischen Charakter des Verfahrens und umgekehrt. Mit anderen Worten, die Frage, der nachgegangen werden soll ist: Welche Form der Laienbeteiligung gewährt die bestmögliche Umsetzung des adversarischen Ansatzes? Die Beantwortung dieser Frage ist nicht möglich ohne eine Betrachtung des Verhältnisses der Laien- zu den Berufsrichtern.

Zunächst ist es erforderlich, kurz einige Begrifflichkeiten und die damit verbundenen Unschärfen zu klären. Wenn wir von adversarischem Verfahren sprechen, dann meinen wir ein Modell in welchem die Parteien, d.h. in der Hauptsache[2] die Staatsanwaltschaft und die Verteidigung, die Herrschaft über die Verfahrensführung besitzen. Die Rolle des Berufsrichters wird darin traditionell mit der eines Schiedsrichters verglichen, der lediglich darauf achtet, dass die Parteien die Spielregeln einhalten; dieses schwarz-weiße Bild ist in manchen überkommenen adversarischen Systemen wie z.B. England und Wales vor dem Hintergrund des sogenannten *managerial judging* neuerdings nicht mehr haltbar[3]: Die Gerichte – was in diesem Zusammenhang die *Berufsrichter* heißt –

---

1 Für eine umfassendere Betrachtung der Frage der Laienbeteiligung sei auf meinen Beitrag Laienrichter in der Strafjustiz - Ein Vergleich am Beispiel der Rechtsordnungen von England, Spanien und Frankreich, in Hans-Peter Marutschke (ed.) Laienrichter in Japan, Deutschland und Europa - Japanisch-Deutsches Symposium, Doshisha University Law School, Kyoto, 15. Mai 2005, 2006, 62 verwiesen.

2 Die gesonderte Problematik der Opferbeteiligung im Wege der Privat- oder Nebenklage, Opfer- und Zeugenbeiständen etc. soll dabei außer Acht bleiben. Sie bringt in der Substanz auch kaum eine Änderung der Betrachtungsweise.

3 Siehe hierzu instruktiv für das Recht von England und Wales Jenny McEwan, From adversarialism to managerialism: criminal justice in transition, Legal Studies 2011, 519.

greifen aus Gründen der Verfahrensökonomie und der Kostenreduktion, nicht etwa wegen des Schutzes der Verfahrensregeln, massiv in die Präsentation des Falls durch die Parteien ein, indem etwa schon vor der eigentlichen Hauptverhandlung strittige Fragen abgeklärt, Art und Zahl der Beweismittel sowie die Zeit für ihre Präsentation begrenzt werden etc. Die strafprozessuale Prozesskostenhilfe für die Verteidigung (*legal aid*) wurde etwa in England in den letzen Jahren kontinuierlich reduziert. Ähnliche Muster und Strukturen finden sich in der internationalen Strafgerichtsbarkeit, die im Grunde auch eher adversarisch angelegt ist obwohl dort keine Laien als Laienrichter tätig sind. Die Laienrichter in einem solchen System, so sie nicht echte Richter wie etwa die englischen *Magistrates* oder *Justices of the Peace* und nicht lediglich Laienbeisitzer oder Geschworene sind, werden erst im Hauptverfahren beteiligt und sind dann weitestgehend in eine passive Rolle gedrängt.

Diese Entwicklung ist letztlich in dem adversarischen Modell selbst angelegt, das nicht auf Effizienz bedacht ist, sondern einen „sportlichen" Wettkampf der Parteien mit einseitigen Interessen abbilden soll – Verfahrenseffizienz im rein logistischen Sinn kann insbesondere für die Verteidigung oft nicht von Interesse sein, wenn der Prozess nicht durch Absprache beendet, sondern streitig geführt werden soll. Das adversarische Modell war dem Grunde nach nicht für neuere Erscheinungen wie Massenkriminalität etc. gedacht[4]. Die allgegenwärtige Begrenztheit hoheitlicher Ressourcen muss aber in der heutigen realen Welt ab einem bestimmten Niveau der Verfahrenszahlen zu einer Begrenzung der parteieigenen Verfahrensautonomie führen; nicht zuletzt wird für die politische Klasse außer Haushaltsgesichtspunkten auch die Wahrnehmung der nicht selten den Konflikt mit dem Gericht suchenden Verteidigungsstrategie und -taktik in manchen aufsehenerregenden Verfahren durch die öffentliche Meinung entscheidungsleitend werden.

Mit umgekehrten Vorzeichen gilt Ähnliches für das am anderen Ende des begrifflichen Spektrums stehende sogenannte inquisitorische Verfahren, in welchem der Richter die pro-aktive Zentralfigur des Verfahrens darstellt und im Prinzip eher die Parteien die Einhaltung der Verfahrensregeln durch das Gericht überwachen sollen. Zwar ist das Gericht, und auch hier wieder vornehmlich die Berufsrichter, in aller Regel aufgrund der Ermittlungsakten der Staatsanwaltschaft, wenn und soweit sie im Rahmen der Entscheidung über die Zulassung der Anklage vorgelegt werden, im Besitz aller Tatsachen, auf denen sich die Hauptverhandlung gründen soll. Jedoch haben es die Polizei und/oder die Staatsanwaltschaft de facto in der Hand, dem Gericht – und damit auch der Verteidigung – *nicht* alles während der Ermittlungen ans Licht gekommene Beweismaterial vorzulegen, unabhängig von der Frage, ob sie dies zu Recht oder Unrecht tut; man denke an die Problematik der Spurenakten und der verdeckten

---

4 Dies ist unabhängig von der Frage, dass nach etwa englischem Verständnis kein Legalitätsprinzip bei der Strafverfolgung besteht.

Ermittler sowie Ermittlungen des Verfassungsschutzes und anderer Geheimdienste etc. Die pro-aktive Stellung des Richters im Rahmen der materiellen Wahrheitserforschung ist nutzlos, solange er keine Anhaltspunkte hat, diese Funktion auszuüben. Während man zumindest für deutsche Verhältnisse eher selten von einem missbräuchlichen Verhalten der Staatsanwaltschaft ausgehen können wird, so ist doch die Stellung der Verteidigung als eine in erster Linie an den Interessen des Angeklagten ausgerichtete und nicht in gleichem Maße der Wahrheitserforschung und der Funktionstüchtigkeit der Strafrechtspflege verpflichtete Institution *qua natura* mehr dazu geeignet, dem inquisitorischen Prinzip entgegenzuarbeiten – dies unabhängig von dem Kontext der bewussten Konfliktverteidigung. Auch hier ergeben sich systemimmanent zwangsläufig Effizienzengpässe, etwa durch verspätete Benennung von Beweismitteln oder durch (aus Sicht des Gerichts vielleicht) exzessive Ausübung des Beweisantragsrechts etc. Schließlich, und nicht wirklich überraschend, hat das inquisitorische System, auch und gerade in dem traditionell eher modellreinen deutschen Verfahren, das Sicherheitsventil der Absprache entdeckt, mit dem sich angestauter Überdruck in der Pensenbelastung der Gerichte abbauen lässt. Auch im modernen inquisitorischen Prozess werden die wirklich verfahrensbefördernden und ggfs. –entscheidenden Weichenstellungen oft ohne die Laienrichter zumindest soweit vorbereitet, dass man von einem wirklichen Einfluss derselben als Praktiker eher nicht reden würde – dabei wurde noch nicht einmal die Frage des Abstimmungsverhaltens der Laien vor der Urteilsfindung und deren fast universelle Bereitschaft, der Sicht des Berufsrichters zu folgen, angesprochen.

Insgesamt ist das Bild der Praxis im Vergleich zu den oft mit Farbe und Pathos vorgetragenen verfahrenstheoretischen und justizpolitischen Argumenten für eine Laienbeteiligung als Bollwerk des gesunden Menschenverstandes gegen das verbildete Berufsrichtertum doch eher monochrom zu nennen, und zwar unabhängig vom Verfahrensmodell.

II. Übersicht einiger Laienmodelle

Wir wollen zur Vorbereitung der weiteren Ausführungen kurz einen Blick auf einige Verfahrensordnungen werfen, die früher oder gegenwärtig eine Laienbeteiligung im Strafverfahren aufwiesen bzw. aufweisen[5]. Typischerweise kann man drei große Erscheinungsformen der Laienbeteiligung im Strafverfahren feststellen: Geschworenengerichte, gemischte Schöffengerichte und reine Laiengerichte.

Geschworenengerichte gibt es in den meisten Ländern des common law, die auf der englischen Rechtstradition fußen, aber auch in manchen Ländern der

5 Hier sei wiederum auf meinen Beitrag in Fn. 1 oben verwiesen.

kontinentaleuropäischen Tradition, wie etwa in Frankreich und Spanien[6] - Deutschland hatte Geschworenengerichte im Zuge der sogenannten Emminger-Reform 1924 abgeschafft. Auffallend ist hierbei, dass Geschworenengerichte in der reinen anglo-amerikanischen Form eine recht strikte Trennung von Richter und Geschworenen in deren jeweiliger Verfahrensstellung vornehmen, während die kontinentaleuropäischen Varianten eher dem gemischten Modell zuneigen, in dem Richter und Geschworene über Tatsachenfragen und z.T. auch die Strafzumessung gemeinsam entscheiden. Die spanische Terminologie benutzt für diese Dichotomie das Begriffspaar *„juradismo“* und *„escabinadismo“*. Interessanterweise hat Frankreich seit 2001 auch ein Geschworenengericht im Rechtsmittelzug, um die früher oft als zu hart empfundene bloße Kassation an die Cour de Cassation durch eine zweite Tatsacheninstanz zu erweitern – was allerdings die Folgeänderung eines Rechtsmittelrechts auch der Staatsanwaltschaft gegen Freisprüche nach sich zog. Gemischte Schöffengerichte finden sich in Deutschland, auch im Rechtsmittelzug der Berufung, in Frankreich an den Jugendgerichten, in England und Wales bei den Magistrates' Courts, wenn sie in der Besetzung eines Berufsrichters (*district judge*) mit *lay magistrates* sitzen, sowie im Berufungsrechtszug am Crown Court bestehend aus Berufsrichter und *lay assessors*. Reine Laiengerichte finden sich in England beim Magistrates' Court, früher in Frankreich mit den mittlerweile abgeschaffen *justices de paix* sowie in Spanien mit der Figur des *juez de paz*. Diesen reinen Laiengerichten ist gemein, dass die Laien volle Richterfunktion besitzen. Keine Laienrichter im herkömmlichen Sinne sind schließlich der *juge de proximité* bzw. *juez de proximidad* in Frankreich und Spanien, die sich in aller Regel aus (pensionierten) Berufsjuristen rekrutieren und deren Sinn weniger in der Einbringung des gesunden Menschenverstandes als in der Gewährung ortsnahen gerichtlichen Rechtsschutzes liegt.

Als zusammenfassenden Befund wird man daher sagen können, dass eine starke Laienbeteiligung (Geschworene als alleinige *fact finders*, reine Laiengerichte) sich überwiegend, aber nicht nur, im common law and damit oft in adversarischen Modellen findet. Mit ein Grund für diese Tatsache mag z.T. sein, dass der Berufsrichter das Parteiverhalten, Rechtsfragen und die Beweispräsentation kontrolliert; die Laien müssen lediglich von Tatsachen überzeugt sein. Für die kontinentaleuropäischen Varianten trifft dies nicht im selben Maße zu: die Vermischung mit Berufsrichtern führt in der Praxis zu einer stärkeren Kontrolle des Laienelements, das aber theoretisch durch die stärkere

---

6 Das 2004 eingeführte saiban-in seido in Japan als jury trial zu bezeichnen, ist problematisch, da die Laien dort mit den Richtern zusammen über Schuld- und Strafausspruch befinden und während des Verfahrens ein direktes Fragerecht besitzen, etwas das Geschworene auch in gemischten Geschworenengerichten üblicherweise nicht haben und was die japanischen Laienrichter eher in die Nähe von Schöffen rückt; s. Meryll Dean, Legal transplants and jury trial in Japan, Legal Studies 2011, 570 ff.

Annäherung der Laien an die volle Richterstellung aufgewogen werden könnte, sofern die Schöffen/ Geschworenen bereit wären, den Konflikt mit den Berufsrichtern durchzuhalten.

III. Tatsachen- oder Rechtsfragen?

Gemeinhin wird die Verwendung von Laienrichtern mit deren den Berufsrichtern in nichts nachstehenden Fähigkeit gerechtfertigt, Tatsachen als bewiesen oder unbewiesen zu erkennen; aufgrund ihrer mangelnden juristischen Ausbildung betrachtet man sie als ein Moment des Einflusses des gesunden Menschenverstandes in einer Umgebung professionell verbildeter Wahrnehmung der Realität. Ungeachtet der Frage, inwieweit dies – insbesondere bei komplexen Sachverhalten wie etwa in der Wirtschafts- oder Umweltkriminalität – tatsächlich zutrifft, ist diese Sichtweise allemal verkürzt: Manchmal sind Laien auch zur Entscheidung von normativen Fragen aufgerufen, die das jeweilige Recht als Tatsachenfragen oder als gemischte Tatsachen- bzw. Rechtsfragen ansieht. Dann stellt sich die Frage, worin der Vorzug der Laienbeteiligung überhaupt bestehen kann: In deren mangelnder Rechtskenntnis? Dies ist ohne weiteres offensichtlich bei den gemischten Schöffengerichten, in denen die Schöffen bei der Entscheidungsfindung in der Hauptverhandlung den Berufsrichtern gleichgestellt sind. *Lay magistrates* in England z.B. können zwar in der ersten Instanz den Rechtsrat ihres *legal adviser* oder des mit ihnen sitzenden Berufsrichters (*district judge*) negieren bzw. letzteren überstimmen, tun dies aber eher selten; als Beisitzer im Berufungsgericht am Crown Court sind sie – systemwidrig – nach ständiger Rechtsprechung an die Rechtsauffassung des Berufsrichters gebunden.

Doch das Problem stellt sich viel deutlicher bei den Geschworenen, die in der reinen anglo-amerikanischen Variante des Geschworenengerichts tätig werden. Während in gemischten Gerichten sich bei der Beratung ein ggfs. erklärender Dialog zwischen Richtern und Laien entspinnen kann, liegt bei ihnen die gesamte Verantwortung auf ihnen allein, sobald ihnen der Richter in seinem *summing up* die Rechtslage erklärt und sie ins Beratungszimmer geschickt hat. Zwar können sie theoretisch um erweiterte Erläuterungen bitten, aber das wird generell seitens der Richter und vor allem der um die Befangenheit besorgten Parteien nicht goutiert, wenn es exzessive Ausmaße annimmt. Rechtsfragen, die durch Geschworene z.B. in England zu beantworten sind, umfassen solche Probleme wie etwa die Anwendung der allgemeinen Maßstäbe zur groben Fahrlässigkeit (*gross negligence*) bei dem Delikt des *gross negligence manslaughter*, d.h. der grob fahrlässigen Tötung, wo die Frage, ob der Angeklagte die – vom Richter nur nach den Beweismitteln für möglich gehaltene[7], aber durch die Geschworenen letztlich selbst festzustellende – Sorgfaltspflicht durch krasse Unterschreitung des von einem objektiven und unbeteiligten Dritten (*reasonable person*) als notwendig angesehenen Sorgfaltsstandards verletzt hat *und* ob diese Verletzung so gravierend ist, *dass sie strafrechtliche Ahndung verlangt* – zumindest eine gemischte Tatsachen- bzw. Rechtsfrage mit einer überwiegenden normativen Komponente. Ähnlich ist es Sache der Geschworenen, bei der *partial defence* des *loss of control*, früher *provocation* genannt, festzustellen, ob eine *reasonable person* sich bei der gleichen Provokation so verhalten hätte wie der Angeklagte, d.h. hätte er deswegen zumindest mit Vorsatz zur schweren Körperverletzung den Tod des Opfers verursacht? Es ist unmittelbar einsichtig, dass die Antworten der Laien von Fall zu Fall variieren können, auch wenn die Tatsachen exakt identisch sind. Mirjan Damaska hat diese Neigung zur Individualgerechtigkeit als Kontrast zur konsistenten Rechtsanwendung durch Berufsrichter in seinem immer noch führenden Werk *The Faces of Justice and State Authority* treffend mit dem Begriffspaar „*warm confusion vs. cool consistency*" bezeichnet[8]. Da naturgemäß keine Präzedenzfallbindung zwischen Tatgerichten[9] besteht und mangels Kenntnis der früheren Entscheidungen durch die jeweiligen Geschworenen auch faktisch nicht bestehen kann, ist es für die Rechtsmittelgerichte schwierig, allgemeine Richtlinien aufzustellen und deren Befolgung zu überwachen, insbesondere dann, wenn das *summing up* des Berufsrichters fehlerfrei war, da die Geschworenen in England z.B. keine Begründung für ihre Entscheidung abgeben. Den Laien solche Entscheidungen alleine zu überlassen, führt demnach nicht zur Erhöhung der Einheitlichkeit der Rechtsanwendung. Allerdings kann der Verfasser aus eigener Erfahrung aufgrund von Gesprächen und aus der Zusammenarbeit mit englischen juristisch ausgebildeten und in der Rechtswissenschaft tätigen Kollegen anmerken, dass dort der Hang zur Gleichbehandlung gleich gelagerter Fälle etwa in der Universitätsverwaltung aus bloßen Gründen der Konsistenz minimal zu nennen ist – dort werden offensichtliche Spannungen mit vergleichbaren Fällen durch oberflächliche oder gar fehlende Entscheidungsbegründungen bzw. durch den Gebrauch von bestimmten Schlüsselwörtern wie etwa „*unique case*" etc. umgangen. Im richterlichen Bereich findet sich gar zuweilen die Formel, ein bestimmter Präzedenzfall müsse „*restricted to its own facts*" betrachtet werden,

7 R v Willoughby [2005] 1 W.L.R. 1880.

8 Mirjan Damaska, The Faces of Justice and State Authority, 1986, 28. – Zur weitergehenden Frage, inwieweit dies ggfs. gerade eine Facette der anglo-amerikanischen Rechtsfindung im Allgemeinen darstellt, s. meinen Beitrag Radbruch Redux: The need for revisiting the conversation between common and civil law at root level at the example of international criminal justice, Leiden Journal of International Law 2011, 393.

9 S. zur ähnlichen deutschen Situation bei vergleichender Strafzumessung bei Tatbeteiligung BGH 1 StR 282/11 - Beschluß vom 28. Juni 2011 – BGH HRRS 2011 Nr. 863.

d.h. es handele sich gewissermaßen um einen „Ausreißer“, was aber bei Betrachtung des Kontextes nicht immer der Fall zu sein scheint. Damit soll gesagt sein, dass etwa die deutsche Betonung konsistenter Rechtsanwendung unter die Kategorie des Richard Wagner zugeschriebenen aperçus fallen dürfte, dass „Deutsch sein bedeutet, eine Sache um ihrer selbst willen zu tun“. Solche teutonischen Bedenken erscheinen in ihrer Stringenz den meisten angloamerikanischen Rechtsanwendern fremd, was mithin die vergleichsweise unkritische Hinnahme der Rechtsanwendung durch Laien erklären mag.

IV. Modellverträglichkeit, Sinn und Konsequenzen der Laienbeteiligung

Im Grunde gibt es m.E. angesichts der obigen Betrachtungen keine prinzipielle Unverträglichkeit irgendeines Laienmodells mit irgendeinem Prozessmodell. Letztlich ist es eine Frage des gesellschaftlichen Vertrauens in die Berufsrichter, das entscheidet, welche Variante man wählen will. Wer bei der Entscheidungsfindung über Tatsachen, mit anderen Worten über die Tat- und Schuldfrage, die Beteiligung der Berufsrichter zurückdrängen und sie weitestgehend juristisch unverbildeten Laien übertragen will, muss aber bedenken, dass es subtilere Einflussmöglichkeiten der Berufsrichter auch in den adversarischen Modellen mit der Trennung von Tatsachen- und Rechtsentscheider gibt, und eine völlige Ausschaltung des Berufsrichters aus dem Verfahren zu wollen wäre zumindest bei Fällen ab der mittleren Kriminalität absurd. Auch wenn der Berufsrichter wegen seiner juristischen Vor- und Verbildung grundsätzlich nicht über Tatsachen entscheiden darf, kann er die ungebildeten Geschworenen wegen derselben Eigenschaften in ihrer angeblich eigenen Entscheidungsfindung beeinflussen, je nachdem wie er selbst den Fall bewertet. Das kann zum einen durch Zulassung und Nichtzulassung von Fragen und Beweismitteln während des Verfahrens und zum anderen durch die Instruktion der Geschworenen am Ende der Hauptverhandlung erfolgen. Man nennt letzteres „*summing up for the prosecution*“ oder „*summing up for the defence*“, und es dürfte die ungeschützte Behauptung gewagt werden, dass die meisten Richter sich ersteres vorwerfen lassen müssen. Schließlich ist es auch eine Frage der Rekrutierung der Berufsrichter, die entscheidet, mit welchen Voreinstellungen ein Richter seine Arbeit macht. Wer rekrutiert und aus welchem Pool? Ist es das Justizministerium und ist Rekrutierung auch aus dem Kreis etwa der Staatsanwälte oder höheren Polizeibeamten möglich, so bekommt die Betonung der Bürgernähe durch Laienbeteiligung einen schalen Beigeschmack.

Rechtspolitischer Sinn der Laienbeteiligung ist zum einen die Kontrolle der Berufsrichter, doch inwieweit wird das in der Praxis durchgehalten? Zum anderen geht es angeblich um das Einbringen allgemeiner, außergerichtlicher Lebenserfahrung z.B. der Schöffen aus ihren Berufen – das mag in Einzelfällen zutreffen, hat aber weitestgehend keine Bedeutung, da oft Kandidaten aus bestimmten hochgebildeten Berufsgruppen nicht wählbar sind oder wegen der wichtigen beruflichen Tätigkeit regelmäßig berechtigt sind, den Schöffen- oder Geschworenendienst zu verweigern. Zudem ist es interessant, dass gerade etwa England schon früh die auf Sonderkenntnisse der Geschworenen beruhenden sogenannten *special juries* abgeschafft hat[10]. Gesunder Menschenverstand ist zudem einerseits nicht jedem Laienrichter gegeben, andererseits ist er vielleicht eine notwendige, aber keines falls eine hinreichende Bedingung, um das Richteramt ausüben zu können. Schlussendlich werden sich Rechtsordnungen gerade in Flächen- und Vielvölkerstaaten wie in Zentralasien, die Geschworene und andere Laienrichter einsetzen wollen, mit der Frage auseinandersetzen müssen, wie es um die ethnische Zusammensetzung etwa der Geschworenengerichte bestellt sein wird[11].

Jedes der gemeinhin für die Laienbeteiligung genannten Ziele lässt sich sowohl im adversarischen wie auch im inquisitorischen Verfahren erreichen. Sinn der Laienbeteiligung ist daher nicht die Förderung eines bestimmten Prozessmodells. Die Frage ist vielmehr: Welches Prozessmodell fördert den von dem betreffenden Staat gewünschten Sinn der Laienbeteiligung?

V. Laienrichter, Berufsrichter und Informationszugang

Um die richterliche Funktion in einem bestimmten Verfahren sinnvoll ausüben zu können, müssen alle Richter Zugang zu den nötigen Informationen besitzen. Das gilt für Berufs- wie Laienrichter. Während Berufsrichter in aller Regel ein Höchstmaß an Zugang zu relevanten Informationen – auch schon vor der Hauptverhandlung – genießen, gilt dies nicht in annähernd gleichem Maße für Laienrichter. In ihrem Fall lässt das System eine gewisse Schizophrenie erkennen: Trotz des Bekenntnisses zu dem hohen Stellenwert der Laienbeteiligung herrscht ein generelles Misstrauen in ihre Fähigkeit, Beweismittel zu kompartmentalisieren oder Aktenkenntnis und Verhandlungseindruck zu trennen – dann kann es geradezu unabweisbar werden, dass die Berufsrichter eine Kontrolle ausüben, um Grund- oder Menschenrechtsverletzungen zu verhindern. Ein treffendes Beispiel hierfür ist der vor dem EGMR verhandelte Fall *Elezi v Deutschland*[12]. Darin ging es um die Frage, inwieweit die Tatsache, dass die Schöffen das den Angeklagten ggfs. belastende wesentliche Ergebnis der Ermittlungen in

---

10 S. dazu meinen Beitrag 'By a Jury of his Peers' - Multi-Racial Juries in a Poly-Ethnic Society, Liverpool Law Review 1992, 67

11 Für die Lage in England s. oben Fn. 9.

12 EGMR Elezi v. Germany, Urteil vom 12. Juni 2008, Application No. 26771/03 und s. auch BGHSt 43, 360

der Anklageschrift gegen eine in einem früheren Verfahren Mitbeschuldigte, das diese dort zum Gegenstand eines Geständnisses gemacht hatte, gelesen hatten, Art. 6 EKMR verletzte, wenn dieses Dokument im vorliegenden, sachlich mit dem früheren zusammenhängenden Verfahren nicht als Beweismittel vorgelegt worden war. Der EGMR lehnte eine Verletzung des Art. 6 EKMR nur ab, weil die Berufsrichter den Schöffen die beweisrechtliche Behandlung des Dokuments aus dem früheren Verfahren für das vorliegende Verfahren eindrücklich klar gemacht hatten. Adversarische Modelle versagen darüber hinaus auch durch ihre Praxis z.T. den Berufsrichtern die ausreichende Befassung mit dem Aktenstoff, da z.B. in England der Richter der Hauptverhandlung oft nicht vorher mit dem Fall befasst war, es sei denn es handele sich um einen umfangreichen Fall. Es ist keine Seltenheit, dass Richter erst am Tag der Verhandlung die Akten bekommen, zumal es kein dem deutschen Recht vergleichbares Zwischenverfahren über die Zulassung der Anklage gibt. Die Folge sind unzureichende Kenntnis der Ermittlungen, um fragwürdige Verfahrensstrategien der Parteien frühestmöglich zu verhindern, sowie die daraus folgende Unfähigkeit, die Laien vor Kontamination durch unzulässiges Beweismaterial oder unsachliche Prozessführung durch die Anwälte zu schützen.

VI. Rolle und Selbstverständnis der Berufsrichter

Oben schon angesprochen wurde die mögliche Einflussnahme des Berufsrichters auf die Prozessführung und die Instruktion der Geschworenen am Ende der Hauptverhandlung vor der Beratung. Es ist sinnvoll, kurz noch einige Worte zu dem richterlichen Selbstverständnis der Berufsrichter zu sagen. Daraus wird ersichtlich werden, dass die Verfahrenskontrolle und die Regulierung des Parteienverhaltens und dadurch der Schutz der Laien vor Kontamination durch proaktive Richter in den adversarischen Systemen vor allem im Kontext des Geschworenenverfahrens eher begrenzt ist. Richter in dem common law zugehörigen Rechtsordnungen haben im Allgemeinen eine starke Aversion gegen das, was sie das „Hinabsteigen in die Arena" (*descending into the arena*) nennen, d.h. die eigenständige Involvierung in das Prozessgeschehen, das von den Parteien als Verletzung der Unparteilichkeit des „Schiedsrichters" angesehen wird. Beispiele sind etwa Zwischenfragen des Richters während der Befragung eines Zeugen durch eine Partei: Obwohl der Richter theoretisch ein eigenes, in der Regel ergänzendes, Fragerecht hat, kann die Ausübung desselben während der im Idealfall kunstvoll orchestrierten und stringent taktisch aufgebauten Befragung eines Zeugen den Anwalt völlig aus dem Konzept bringen, etwa wenn der Richter direkt eine Frage stellt, auf die der Anwalt erst durch zehn Zwischenfragen zusteuern wollte, um ggfs. das Kreuzverhör des Zeugen durch sorgfältig herausgelockte Widersprüche zu einem vernichtenden Abschluss führen zu können. Auch eigene Beweisermittlungen, die der Richter im Prinzip vornehmen kann, sind die absolute Ausnahme, selbst wenn sich aus dem Prozessverlauf die Vernehmung etwa eines weiteren Zeugen aufdrängt. Rechtsmittelgerichte wählen oft scharfe Worte gegenüber Tatrichtern, die zu sehr der Amtsermittlung nahegetreten waren. Die Entscheidung der Parteien darüber, welches Beweismaterial präsentiert werden soll, hat der Richter grundsätzlich hinzunehmen, es sei denn, dies würde zu unerträglichen Ergebnissen und einem offensichtlich falschen Verfahrensausgang führen[13]. Das ist zu beachten, wenn man im Rahmen des Preisens der Vorzüge des adversarischen Laienmodells die Figur des Berufsrichters und seine Befugnisse abstecken will. Ein schwacher Richter führt, überzeichnet ausgedrückt, von der Tyrannei des Inquisitors zum Betrug der Parteien.

Die Position des Richters ist bei einem Laienmodell, in dem die Laien ihre Entscheidung nicht begründen müssen, auch der systemisch einzige Ansatzpunkt für Rechtsmittel, es sei denn, es wird eine zweite Hauptverhandlung mit anderen Laien über Tatsachen durchgeführt, was in England z.B. bei Verfahren, die vor den Geschworenen beginnen, grundsätzlich nicht der Fall ist. Zudem muss ein System, das Laien als einzige Tatrichter, auch und gerade wenn sie keine Begründung abgeben müssen, benutzen will, sich der Frage stellen, ob es Rechtsmittel gegen Freisprüche zulassen will, wenn auf der Rechtsmittelebene nur Berufsrichter tätig sind. Das englische Recht tut sich damit äußerst schwer: Erst im Criminal Justice Act 2003 wurden zaghafte Ansätze zu staatsanwaltschaftlichen Rechtsmitteln getätigt, die bei weitem nicht den Möglichkeiten etwa der deutschen Staatsanwaltschaft nahekommen. Generell nimmt die Laienbeteiligung im Instanzenzug ab – nicht nur, wenn Rechtsmittelgerichte nur Rechtsfragen zu beurteilen haben, siehe z.B. den englischen Court of Appeal.

VII. Schlussfolgerung

Der Umfang sowie die Art und Weise der Laienbeteiligung sind in erster Linie eine gesellschaftspolitische Frage im Zusammenhang mit dem Vertrauen in die Berufsrichterschaft – und die Laien. Das Prozessmodell ordnet sich dem unter. Während, wie eingangs gesagt, das gegenwärtige Misstrauen in den ehemaligen Sowjetrepubliken gegen jede Form der Staatsgewalt nur allzu verständlich ist, sollte man sich aber doch fragen, ob diesem Misstrauen durch Transplantation eines systemisch eher fremden Rechtsinstituts wie dem adversarischen und laienbetonten Verfahren in ein gewachsenes heimisches System wirklich angemessen Rechnung getragen werden kann. Das blinde – naive? – Vertrauen in die Urteilskraft und den Gerechtigkeitssinn von juristischen Laien kann gerade in

13 S. etwa nur Court of Appeal, R v Malcolm [2011] EWCA Crim 2069 = [2011] All ER (D) 04 (Sep).

einem Vielvölkerstaat zu neuen Problemen führen, die denen des alten Systems in sozialer Sprengkraft an nichts nachstehen. In einem anderen Zusammenhang soll Mather Byles Sr. (1706 – 1788) zu Beginn der amerikanischen Revolution gesagt haben: „*...which is better—to be ruled by one tyrant three thousand miles away, or by three thousand tyrants not a mile away?* Dieser Sinnspruch lässt sich abgewandelt auf die hiesige Situation übertragen. Man sollte ggfs. trotz des Werbens von Organisationen wie etwa ABA-CEELI für adversarisch orientierte Reformen auch vorrangig an die Reform der Richterausbildung und -auswahl sowie -fortbildung als sinnvolle Alternative zu einem Paradigmenwechsel im Verfahrensmodell denken, vor allem dann, wenn wie bei der Frage der Laienrichter die Kluft zwischen den hehren Prinzipien und der grauen Realität so weit ist.

Rechtsmittelverfahren

Adversatorische Elemente des Revisionsverfahrens aus deutscher Sicht*

Martin Heger

I. Inquisitorische und Adversatorische Elemente im deutschen Strafprozess

Legt man eine terminologische Dichotomie der Strafverfahrensstrukturen zugrunde und unterscheidet grundsätzlich zwischen einem inquisitorischen und adversatorischen Strafprozess, wird das deutsche System regelmäßig der ersten Kategorie zugeschlagen. Im internationalen Vergleich gilt es vielfach geradezu als Prototyp eines inquisitorischen Verfahrensmodells, während der Strafprozess im anglo-amerikanischen Recht als Idealtyp eines adversatorischen, von zwei Parteien betriebenen Strafverfahrens angesehen wird.[1]

Zwar handelt es sich heute nicht mehr um einen Inquisitionsprozess in dem Sinne, in dem dieser Terminus in der frühen Neuzeit aufgekommen ist, weil mit der Einführung von Staatsanwaltschaften im 19. Jahrhundert die zuvor allein in der Person des Richters vereinigte Aufgabe der Untersuchung des Sachverhalts und der Verurteilung des Straftäters aufgeteilt ist.[2] Nach dem in Deutschland seit dem 19. Jahrhundert[3] – aufbauend auf dem französischen Vorbild – verwirklichten Akkusationsprinzip[4] ist es Aufgabe der Staatsanwaltschaft, bei ersten Anhaltspunkten für das Vorliegen einer Straftat den Sachverhalt zu untersuchen und bei Vorliegen von hinreichendem Tatverdacht Anklage zu erheben (§ 170 Abs. 1 StPO), während der Richter erst danach über die Zulassung dieser Anklage entscheidet (§ 203 StPO) und sodann aufgrund der Anklage den Prozess führt und auf dessen Basis zu einem Urteil gelangt.

Allerdings ist das deutsche Strafverfahren in dem Sinne immer noch inquisitorisch, als es gemeinsame Aufgabe der staatlichen Justizorgane – Staatsanwalt-

---

* Dank für wertvolle Anregungen und Hilfe bei der Recherche schulde ich meinem Assistenten *Robert Pest*.

1 Vgl. *Hörnle*, ZStW 117 (2005), 801, 803 ff.; *Weigend*, ZStW 104 (1992), 486, 488 ff.; *Trüg*, Lösungskonvergenzen trotz Systemdivergenzen im deutschen und US-amerikanischen Strafverfahren, 2003 (dazu *Arzt*, ZstW 115 [2003], 704 ff.).

2 *Rüping/Jerouschek*, Grundriss der Strafrechtsgeschichte, 5. Aufl. 2007, Rn. 129 ff.; *Schroeder/Verrel*, Strafprozessrecht, 5. Aufl. 2011, Rn. 28 ff.; ausführlich *Ignor*, Geschichte des Strafprozesses in Deutschland 1532-1846, 2002, S. 41 ff.

3 Zur Entwicklung *Vormbaum*, Einführung in die moderne Strafrechtsgeschichte, 2009, S. 89 ff.

4 Vgl. nur *Ignor* (Fn. 2), S. 231 ff.

schaft und Gericht – geblieben ist, den Sachverhalt von Amts wegen mit allen dafür rechtmäßig erlangbaren Beweismitteln aufzuklären (und allein aufgrund dieser Erkenntnisse zu verurteilen). Die für ein adversatorisches oder kontradiktorisches Strafverfahren typischen Elemente eines von den Parteien betriebenen Strafprozesses[5] fehlen in Deutschland weitgehend.

Charakteristisch ist dafür vor allem das Legalitätsprinzip[6], das die Staatsanwaltschaft bei Anfangsverdacht zur Aufnahme von Ermittlungen (§ 152 Abs. 2 StPO) und bei Bestehen eines hinreichenden Tatverdachts zur Anklageerhebung verpflichtet (§ 170 StPO) sowie der Amtsermittlungsgrundsatz (Offizialprinzip), der die Staatsanwaltschaft von Amts wegen zur Ermittlung von belastenden wie entlastenden Tatsachen verpflichtet (§ 160 Abs. 2 StPO) verpflichtet.[7]

Darauf aufbauend ist auch das Gericht bei Vorliegen der gesetzlichen Voraussetzungen zur Zulassung der Anklage (§ 203 StPO) und in der Hauptverhandlung von Amtswegen zur Aufnahme aller für die Ermittlung der materiellen Wahrheit erforderlichen Beweise verpflichtet (§ 244 Abs. 2 StPO). Bereits im Zwischenverfahren kann das Gericht – unabhängig von Staatsanwaltschaft und Beschuldigtem – „zur besseren Aufklärung der Sache einzelne Beweiserhebungen anordnen“ (§ 202 StPO); insoweit kommt ihm allerdings noch ein Ermessen zu. Mit Beginn der Hauptverhandlung und bis zur Urteilsfindung verdichtet sich dies dann aber zu einer Aufklärungspflicht, deren Nichtbeachtung mit der sog. Aufklärungsrüge in der Revision angegriffen werden kann.

Selbst die Kodifizierung von Absprachemöglichkeiten der Verfahrensbeteiligten (vgl. § 257c StPO) im Jahre 2009[8] hat daran nichts geändert; vielmehr soll trotz der gesetzlichen Zulassung von Absprachen § 244 Abs. 2 StPO unberührt bleiben, so dass das Gericht auch nach einem solchen Deal zur Ermittlung der materiellen Wahrheit von Amtswegen verpflichtet ist (§ 257c Abs. 1 Satz 2 StPO).[9] Jedenfalls ein plea bargaining nach Art des anglo-amerikanischen Strafrechts[10] wäre in Deutschland unzulässig.[11]

Die den genannten Prozessmaximen zugrunde gelegten Bestimmungen der deutschen StPO betreffen aber auf den ersten Blick nur das Ermittlungs-, Zwischen- und Hauptverfahren erster Instanz, nicht aber auch ein danach mögliches Rechtsmittelverfahren (Berufung oder Revision). Von der Aufnahme erster Er-

---

5 *Weigend*, ZStW 104 (1992), 486, 489; *Eser*, Vorzugswürdigkeit des adversatorischen Prozesssystems in der internationalen Strafjustiz?, in: Festschrift für Heike Jung, 2007, S. 167, 176.

6 Dazu grundsätzlich *Deiters*, Legalitätsprinzip und Normgeltung, 2006, S. 3 ff.

7 Dazu *Schroeder/Verrel*, Strafprozessrecht, Rn. 61 f.

8 Vgl. dazu nur die Kommentierung von *Niemöller/Schlothauer/Wieder*, Gesetz zur Verständigung im Strafverfahren, 2010.

9 Vgl. *König/Harrendorf*, in: *Dölling/Duttge/Rössner*, Gesamtes Strafrecht, 2. Aufl. 2011, § 257c StPO Rn. 6 m. w. Nachw.

10 Dazu *Hertel*, ZJS 2010, 198 ff.

11 *Meyer-Goßner*, StPO, 54. Aufl. 2011, § 257c Rn. 4; *Velten*, in: SK-StPO, § 257c Rn. 3.

mittlungen durch die Staatsanwaltschaft bis zur Verkündung des Urteils in erster Instanz durch das Strafgericht sind Staatsanwaltschaft und Strafgericht verpflichtet, ein Strafverfahren bei Vorliegen der gesetzlichen Voraussetzungen fortzuführen, weil ein Strafprozess letztlich darauf gerichtet ist, dass an seinem Ende eine rechtskräftige Entscheidung über die Schuld und gegebenenfalls die Strafe steht. Mit einer der Rechtskraft fähigen Beendigung des Strafprozesses, d.h. insbesondere mit einem Strafurteil in der Sache, verliert dieser Gedanke an Gewicht. Zwar erwächst ein erstinstanzliches Urteil nicht in Rechtskraft, solange noch über ein Rechtsmittel entschieden werden kann, doch hat die Strafgerichtsbarkeit mit dem ersten Urteil zunächst einmal „ihre Schuldigkeit getan“. Es ist dann Sache der Verfahrensbeteiligten, ob sie das erste Urteil als letztes Wort in der Sache gelten lassen wollen oder ein in der Strafprozessordnung vorgesehenes Rechtsmittel dagegen einlegen.

Hat in erster Instanz das Amtsgericht entschieden, ist grundsätzlich das Rechtsmittel der Berufung gegeben (§ 312 StPO); eine zulässige Berufung führt zu einer neuen Hauptverhandlung mit einer zweiten Beweisaufnahme, so dass viele Aspekte des erstinstanzlichen Verfahrens auch hier noch leitend sind.[12] Insbesondere ist das Berufungsgericht – wie die erste Instanz – zur eigenständigen Ermittlung der materiellen Wahrheit verpflichtet.

II. Grundsätzliches zur Revision

Gegen erstinstanzliche Urteile und Berufungsurteile ist das Rechtsmittel der Revision zulässig (§ 333 StPO), mit dem das angegriffene Urteil in materieller und prozessualer Hinsicht einer Rechtmäßigkeitskontrolle unterworfen wird. Mit dem Charakter der Revision als einer Rechtsbeschwerde[13] ist es freilich nicht vereinbar, dass sich die Verfahrensbeteiligten über deren inhaltliche Ergebnisse verständigen können. Gerade die vor zwei Jahren in Deutschland kodifizierte Möglichkeit einer Verständigung von Gericht und Verfahrensbeteiligten (§ 257c StPO), die trotz der fortbestehenden Pflicht zur Ermittlung der materiellen Wahrheit in die Tatsacheninstanzen Elemente eines Parteiprozesses – strukturell vergleichbar einem gerichtlichen Prozessvergleich in Zivilverfahren – hineingetragen hat, passt dazu nicht. Deswegen ist im Revisionsverfahren für solche adversatorischen Elemente kein Raum.[14]

Allerdings ist das Revisionsverfahren von seinem Anfang – der Einlegung der Revision durch einen dazu Berechtigten – bis zu seinem Ende – der abschließenden Entscheidung des Revisionsgerichts durchgehend davon abhängig, dass die Verfahrensbeteiligten dieses Verfahren aktiv betreiben. Auch

12 Vgl. *Meyer-Goßner*, Vor § 312 Rn. 1.
13 *Meyer-Goßner*, Vor § 333 Rn. 1.
14 *Meyer-Goßner*, Vor § 333 Rn. 5.

wenn damit das Revisionsverfahren nicht zu einem „klassischen“ Parteiprozess wird, ist es jedoch in Anfang, Umfang und Ende vom Willen der Verfahrensbeteiligten abhängig, die damit – ähnlich den Parteien in einem Zivilprozess – sowohl auf das Ob als auch auf das Wie des strafrechtlichen Revisionsverfahrens Einfluss nehmen können.

III. Die Einlegung der Revision

Die Rechtmäßigkeitskontrolle vorinstanzlicher Entscheidungen durch das Oberlandesgericht oder den Bundesgerichtshof setzt stets die fristgerechte Einlegung und Begründung der Revision durch einen dazu Berechtigten voraus. Unterbleibt die Einlegung der Revision durch einen Berechtigten binnen einer Woche nach Verkündung des Urteils (§ 341 Abs. 1 StPO) oder wird die eingelegte Revision nicht binnen eines Monats begründet (§ 345 Abs. 1 StPO) darf das Revisionsgericht nicht die Rechtmäßigkeit des Verfahrens und des Urteils überprüfen.

1. Revisionsführer

Revision einlegen können nur der Verurteilte, sein Verteidiger und sein gesetzlicher Vertreter, die Staatsanwaltschaft, der Privatkläger und der Nebenkläger (§§ 296 ff., 390, 400 f. StPO), d.h. alle Verfahrenssubjekte in der Vorinstanz. Wollen diese das Urteil gelten lassen, darf selbst bei dessen offensichtlicher Fehlerhaftigkeit daher das Revisionsgericht nicht von sich aus eine Überprüfung einleiten. Auch gibt es keine außerhalb des Vorprozesses stehende neutrale Instanz, die etwa eine Nichtigkeitsbeschwerde gegen ein solches – aus objektivrechtlicher Sicht – offensichtliches Fehlurteil einlegen könnte. Insoweit gilt für die Revision wie auch sonst im Strafverfahren: Wo kein Kläger, da kein Richter. Wie wir aber gesehen haben, steht weder die Einleitung des Ermittlungsverfahrens und die Anklageerhebung im Ermessen der Staatsanwaltschaft noch deren Zulassung zur Hauptverhandlung erster Instanz im Ermessen des Gerichts; alle diese Akte müssen – unabhängig von der Interessenlage der Beteiligten – allein deswegen vorgenommen werden, weil die gesetzlichen Voraussetzungen gegeben sind, z.B. hinreichender Tatverdacht vorliegt.

a) Voraussetzungen

Die Revision *kann* dagegen von einem dazu Berechtigten eingelegt werden; nach dem Gesetzeswortlaut *muss* sie aber von niemandem eingelegt werden. Die StPO bestimmt einerseits, wer dazu grundsätzlich berechtigt ist; andererseits gibt sie auch einzelne rechtliche Grenzen vor: So kann z.B. der Verteidiger nicht gegen den ausdrücklichen Willen des Beschuldigten ein Rechtsmittel einlegen (§ 297 StPO). Und aus dem Formulierung in § 296 Abs. 2 StPO, wonach die Staatsanwaltschaft angesichts ihrer Stellung als „objektiver Instanz" ein Rechtsmittel auch zugunsten des Beschuldigten einlegen kann, folgt im Umkehrschluss (argumentum e contrario), dass alle anderen grundsätzlich zur Einlegung von Rechtsmitteln Befugten durch die angefochtene Entscheidung beschwert, d.h. in rechtlicher Hinsicht belastet sein müssen.[15]

Diese Beschwer ist Ausdruck eines Rechtschutzbedürfnisses und damit Zulässigkeitsvoraussetzung eines Rechtsmittels. Sie fehlt etwa dem Beschuldigten, seinem Verteidiger und seinem gesetzlichen Vertreter nach einem Freispruch, so dass diesem zugrunde liegende Verfahrensfehler nur von der Staatsanwaltschaft oder gegebenenfalls von einem Nebenkläger mit der Revision gerügt werden könnten. Ein zur Nebenklage Befugter – typischerweise der durch die Straftat Verletzte – ist aber schon frei, ob er sich dem Verfahren als Nebenkläger überhaupt anschließen will; erst recht ist er natürlich frei darin, ob er die vorinstanzliche Entscheidung - z.B. einen Freispruch – mit der Revision angreifen will. Allerdings fehlt ihm die Beschwer, wenn er zugunsten des Angeklagten ein Rechtsmittel einlegen will; das kann eben nur die Staatsanwaltschaft.

b) Staatsanwaltschaft

Eine gesetzlich verordnete Rechtmäßigkeitskontrolle könnte daher allein der Staatsanwaltschaft zukommen, wenn sie – wie mit dem Legalitätsprinzip bei Beginn des Ermittlungsverfahrens und der Anklageerhebung (§§ 152, 170 StPO)[16] – gesetzlich verpflichtet wäre, wegen aller aus ihrer Sicht gegebenen Rechtsfehler das Urteil überprüfen zu lassen. Dies ist aber nicht der Fall: Auch wenn die Staatsanwaltschaft Revision nicht nur zulasten, sondern auch zugunsten des Beschuldigten einlegen kann und damit auch – unabhängig von dessen Willen – allein ihm ungünstige Rechtsfehler rügen kann (vgl. § 296 Abs. 2 StPO), so ist sie doch nach dem Gesetzeswortlaut („kann") auf den ersten Blick – wie alle anderen Verfahrensbeteiligten – vollkommen frei in ihrer Entscheidung, ob sie überhaupt ein Rechtsmittel einlegen will. Mit Blick auf die Position der Staatsanwaltschaft als eines staatlichen Justizorgans wie auch nach ihrem Selbstverständnis als „objektivster Behörde der Welt" kann es allerdings nicht sein, dass es tatsächlich allein der freien Willkür der Staatsanwaltschaft überlassen bleibt, ob und in welchem Umfange sie gegen ein Urteil Rechtsmittel einlegt. Wegen des Gleichheitsgrundsatzes des Grundgesetzes (Art. 3 Abs. 1 GG) muss sichergestellt sein, dass die Staatsanwaltschaft von ihrem Ermessen ohne Willkür Gebrauch macht, d.h. vergleichbare Fälle auch gleich behandelt.

---

15 Dazu *Schroeder/Verrel*, Strafprozessrecht, Rn. 299 f.; *Meyer-Goßner*, Vor § 296 Rn. 8.

16 Dazu grundsätzlich *Deiters*, Legalitätsprinzip und Normgeltung, 2006.

Ob Revision eingelegt wird, entscheidet die Staatsanwaltschaft daher nach pflichtgemäßem Ermessen.[17] In den Richtlinien für das Straf- und das Bußgeldverfahren[18] (Nr. 147 RiStBV) ist dieses Ermessen konkretisiert; die Staatsanwaltschaft als weisungsgebundene Justizbehörde soll danach „ein Rechtsmittel nur einlegen, wenn wesentliche Belange der Allgemeinheit oder der am Verfahren beteiligten Personen es gebieten"; und weiter: „entspricht eine Entscheidung der Sachlage, so kann sie in der Regel auch dann unangefochten bleiben, wenn eine Rechtsnorm nicht oder nicht richtig angewendet worden ist" (Nr. 147 Abs. 1 RiStBV). Gerade der letzte Satz macht deutlich: Die Staatsanwaltschaft soll nicht primär nach Rechtsfehlern suchen, sondern ein Urteil nur dann anfechten, wenn es aus ihrer Sicht im Ergebnis nicht richtig ist. Allein wegen Rechtsmängeln soll die Staatsanwaltschaft Revision nur einlegen können, „wenn ein Gericht in einer häufiger wiederkehrenden, bedeutsamen Rechtsfrage eine nach Ansicht der Staatsanwaltschaft unzutreffende Rechtsauffassung vertritt" (Nr. 147 Abs. 2 RiStBV), d.h. wenn – über den Einzelfall hinausgehend – mit Blick auf die Rechtsprechung insgesamt eine höchstrichterliche Überprüfung der Rechtsfrage durch Oberlandesgericht oder Bundesgerichtshof geboten erscheint.

c) Privatkläger

Bei bestimmten, weniger schweren Delikten darf der Verletzte die Strafverfolgung im Wege der sog. Privatklage betreiben (§ 374 ff. StPO);[19] nach einem Urteil steht ihm dann auch ein Rechtsmittel zu (§ 390 StPO), soweit er dadurch beschwert ist. Anders als der Staatsanwalt darf ein Privatkläger – obwohl er im Privatklageverfahren anstelle des Staatsanwalts die Klage erhebt – daher nur zuungunsten des Angeklagten,[20] nicht auch zu dessen Gunsten Revision einlegen.[21] Dies wird aus der Parteistruktur des Privatklageverfahrens gefolgert sowie aus dem Ziel, die durch die Straftat verletzten Interessen des Opfers zu befriedigen.[22] Allerdings kann das Rechtsmittel des Privatklägers auch zugunsten des Angeklagten wirken (vgl. §§ 390 Abs. 1 Satz 3, 301 StPO).[23] Da die Privatklage bis zu einem rechtskräftigen Abschluss in jeder Lage des Verfahrens – d.h. auch noch in der Revision – zurückgenommen werden kann (§ 391 Abs. 1 Satz 1 StPO) und damit eine Prozessvoraussetzung rückwirkend entfällt, hat es der

---

17 *Momsen*, in: *Dölling/Duttge/Rössner*, Gesamtes Strafrecht, 2. Aufl. 2011, § 296 StPO Rn. 13.

18 Dazu knapp *Meyer-Goßner*, Anh 12, Einführung.

19 Dazu *Schroeder/Verrel*, Strafprozessrecht, Rn. 353 ff.

20 Vgl. AK/StPO-*Achenbach*, Vor § 296 Rn. 10.

21 OLG Hamburg, NJW 1958, 1313; *Roxin/Schünemann*, Strafprozessrecht, 26. Aufl. 2009, § 63 Rn. 2.

22 AK/StPO-*Rössner*, § 390 Rn. 4.

23 *Schroeder/Verrel*, Strafprozessrecht, Rn. 355; *Senge*, in Karlsruher Kommentar zur StPO, 6. Aufl. 2008, § 391 Rn. 4.

Privatkläger in der Hand, der Revision quasi „den Boden unter den Füßen wegzuziehen“; allerdings ist in der Rechtsmittelinstanz stets die Zustimmung des Angeklagten erforderlich (§ 391 Abs. 1 Satz 2 StPO).

d) Nebenkläger

Während der Nebenkläger[24] – ebenfalls ein durch die Straftat Verletzter – sich bis zum Ende der ersten Instanz einer von der Staatsanwaltschaft erhobenen Anklage nur anschließen kann (§ 395 StPO), kann er gegen das Urteil selbstständig Revision einlegen, allerdings ebenfalls nur, soweit er dadurch beschwert ist und damit nicht zugunsten des Angeklagten.[25] Damit kann er – auch wenn die Staatsanwaltschaft auf eine Überprüfung verzichten möchte - erreichen, dass das Revisionsgericht das Verfahren auf Rechtsfehler untersucht.

2. Verzicht

Verzichten einzelne oder alle Verfahrensbeteiligten auf die Einlegung eines Rechtsmittels innerhalb der gesetzlichen Frist, kommt es überhaupt nicht zu einem Revisionsverfahren. Ein solcher Verzicht kann bereits vor Ablauf der Rechtsmittelfrist erklärt werden (§ 302 Abs. 1 Satz 1 StPO); ein wirksamer Rechtsmittelverzicht schließt die Einlegung der Revision aus bzw. macht diese – wird sie trotz des Verzichts noch eingelegt – unzulässig,[26] so dass jede inhaltliche Überprüfung des vorinstanzlichen Urteils durch das Revisionsgericht unterbleiben muss. Damit haben es die Verfahrensbeteiligten in der Hand, ein nachfolgendes Revisionsverfahren überhaupt auszuschließen. Allerdings hat ein Rechtsmittelverzicht insbesondere aus Sicht des Angeklagten kaum einen Vorteil, wenn er nicht Teil einer Absprache in der Vorinstanz war. Daher wurde in der Rechtspraxis vielfach im Rahmen von verfahrensbeendenden Absprachen bereits vor dem Urteil ein Verzicht auf Rechtsmittel vereinbart.[27] Weil damit faktisch das auf einem „Deal“ beruhende Urteil (und damit auch die Absprache als solche) jeder Rechtmäßigkeitskontrolle entzogen wurde, hat der BGH in zwei Grundsatzurteilen deutlich gemacht, dass ein solcher vereinbarter Rechtsmittelverzicht als Teil einer Absprache unzulässig ist.[28] Daraufhin hat der Gesetzgeber mit der Kodifizierung der Absprachenpraxis im Jahr 2009 festgelegt, dass ein Rechtsmittelverzicht ausgeschlossen ist, wenn dem vorinstanzlichen Urteil eine Verständigung von Gericht und Verfahrensbeteiligten vorausgegangen ist (§ 302 Abs. 1 Satz 2 StPO).

---

24 Zur Nebenklage *Schroeder/Verrel*, Strafprozessrecht, Rn. 349 f.

25 BGHSt 37, 136; *Roxin/Schünemann*, Strafprozessrecht, 26. Aufl. 2009, § 63 Rn. 3.

26 Meyer-Goßner, § 302 Rn. 26.

27 Dazu *Schoop*, Der vereinbarte Rechtsmittelverzicht, 2006; *Stephan*, Der abgesprochene Rechtsmittelverzicht im Strafprozess, 2011.

28 BGHSt 43, 195; 50, 40.

Dies schränkt zwar formal die Verfahrensbeteiligten in ihrer Dispositionsfreiheit vor Erlass des erstinstanzlichen Urteils ein (können sie doch bis dahin nicht über die Nichteinlegung von Rechtsmitteln rechtlich wirksame Absprachen treffen), ist aber schon deswegen kein in der deutschen Gerichtspraxis wirklich ernstzunehmendes Hindernis, weil die Rechtsprechung letztlich akzeptiert, dass ein zunächst wirksam eingelegtes Rechtsmittel – wie die Revision – jederzeit und damit auch vor Ablauf der gesetzlichen Frist wieder zurückgenommen wird.[29] Diese Rücknahme eines Rechtsmittels wirkt aber nach der Rechtsprechung wie ein Verzicht,[30] d.h. nach wirksamer Rücknahme der Revision kann diese – auch wenn die Revisionsfrist noch nicht abgelaufen ist – nicht erneut wirksam eingelegt werden. Das gesetzlich Verzichtsverbot nach einem „Deal" kann daher unschwer dadurch umgangen werden, dass unmittelbar nach Verkündung des Urteils zunächst dagegen Revision eingelegt wird und diese sodann sofort (sozusagen nach einer „juristischen Sekunde") wieder zurückgenommen wird; mit dieser Zurücknahme des Rechtsmittels entsteht faktisch die selbe Situation wie bei einem unmittelbar nach der Urteilsverkündung erklärten Rechtsmittelverzicht: Selbst wenn später noch einmal das Rechtsmittel eingelegt werden sollte, ist dieses unzulässig, so dass eine Überprüfung des Urteils im Revisionsverfahren ausgeschlossen ist.[31]

3. Bindung des Revisionsgerichts an die gestellten Anträge

Charakteristisch für einen Zivilprozess wie auch für adversatorisch ausgestaltete Strafverfahren ist, dass das Gericht bei seiner Überprüfung der Rechtslage gebunden ist an bestimmte Erklärungen der Beteiligten. So gilt im Zivilprozess der Grundsatz „ne ultra petita", d.h. ein Zivilgericht darf – selbst wenn die Rechtslage dies eigentlich zulassen würde – dem Kläger nicht mehr zusprechen, als er beantragt hat; auch ist es gebunden an den zwischen den Parteien unstreitigen Sachverhalt, auch wenn dieser noch so unwahrscheinlich scheint. Eine vergleichbare Bindung besteht im anglo-amerikanischen Strafprozess an die „guilty plea" bzw. das Schuldbekenntnis des Angeklagten;[32] erklärt dieser sich für schuldig im Sinne der Anklage, darf das Gericht nicht mehr Beweis darüber erheben, ob das angeklagte Geschehen sich tatsächlich auch so abgespielt hat, weil etwa in den USA als Verfahrensziel die formalisierte Wahrheit als Grundlage

---

29 BGHSt 55, 82.

30 BGHSt 10, 245, 247.

31 Deshalb kritisch *Malek*, StraFo 2010, 251 f.; *Gericke*, NStZ 2011, 110 ff.; *Staudinger*, HRRS 2010, 347 ff.; *Niemöller*, StV 2010, 474 f. und 2011, 54 f; *Meyer-Goßner*, StV 2011, 53.

32 Dazu *Hertel*, ZJS 2010, 198 ff.

einer Konfliktschlichtung gesehen wird.[33] In der Revision in Deutschland gibt es ebenfalls die Möglichkeit der Verfahrensbeteiligten, den Umfang der gerichtlichen Prüfung einzuschränken und damit auf den Inhalt des Revisionsverfahrens de jure Einfluss zu nehmen.

So ist die Rechtmäßigkeitskontrolle der Revisionsinstanz beschränkt durch die Bestimmung des § 352 Abs. 1 StPO: Der Prüfung des Revisionsgerichts unterliegen nur die gestellten Revisionsanträge. Lediglich das Vorliegen der Prozessvoraussetzungen muss das Revisionsgericht von Amtswegen prüfen,[34] wenn die Revision zulässig erhoben worden ist. Im Übrigen muss der Revisionsführer in seiner Revisionsbegründung bestimmte Rügen gegen das vorinstanzliche Urteil erheben. Man unterscheidet die Sachrüge, mit der Fehler bei der Anwendung des materiellen Strafrechts behauptet werden,[35] von der Verfahrensrüge, mit der Verfahrensfehler im vorinstanzlichen Strafprozess geltend gemacht werden.[36] Beide Rügen können nebeneinander, aber auch getrennt von einander erhoben werden. Zu beachten ist weiterhin, dass der Revisionsführer bei der Erhebung von Verfahrensrügen die konkreten Fehler der Vorinstanz im Einzelnen benennen muss.

Beschränkt sich der Revisionsführer auf eine Rüge von einzelnen Verfahrensfehlern, so darf das Revisionsgericht weder das Verfahren der Vorinstanz im Übrigen – d.h. außerhalb der gerügten Mängel – überprüfen noch die Anwendung des materiellen Strafrechts. Umgekehrt darf bei einer Rüge allein des materiellen Rechts nicht auch das von der Vorinstanz praktizierte Verfahren einer Überprüfung unterzogen werden; denkbar ist sogar, dass sich die Sachrüge und damit die Revision nur auf das Strafmaß beschränkt, so dass das Revisionsgericht grundsätzlich auch den vorinstanzlichen Schuldspruch hinzunehmen hat, solange diese Beschränkung des Rechtsmittels nicht zu Widersprüchen mit den bestehenbleibenden Feststellungen der Vorinstanz führt.

4. Zwischenfazit

Damit erhält das Revisionsverfahren in der Tat einige Elemente eines Parteiprozesses. Sein Beginn ist nicht – wie bei Ermittlungs-, Zwischen- und Hauptverfahren – gesetzlich determiniert, sondern in das Ermessen der Beteiligten gestellt. Zwar ist das Ermessen der Staatsanwaltschaft nicht nur insofern gebunden, als ihr eine willkürliche Entscheidung über das Ob und den Umfang der Revisionseinlegung verwehrt ist; doch auch die in den Richtlinien vorgegebenen

33 *Trüg,* Lösungskonvergenzen trotz Systemdivergenzen im deutschen und US-amerikanischen Strafverfahren, 2003, S. 194.

34 *Meyer-Goßner*, § 352 Rn. 2.

35 Dazu *Meyer-Goßner*, § 337 Rn. 20 ff.

36 Dazu *Meyer-Goßner*, § 337 Rn. 7 ff.

Gesichtspunkte enthalten als „Soll"-Vorschriften nur Vorgaben für den Regelfall, so dass immer geprüft werden kann und muss, ob nicht eine Ausnahmekonstellation vorliegt, und lassen überdies angesichts recht offener Formulierungen der Staatsanwaltschaft auch gewissen Interpretationsspielraum, der gerichtlich nicht überprüfbar ist. Demgegenüber „zwingt" das Legalitätsprinzip die Staatsanwaltschaft zu einem bestimmten Vorgehen – Einleitung von Ermittlungen, Anklageerhebung oder Einstellung – und wird überdies noch durch das Klageerzwingungsverfahren des durch die Straftat Verletzten abgesichert (§§ 172 ff. StPO),[37] so dass die Entscheidung der Staatsanwaltschaft sowohl bei Anklageerhebung als auch bei Einstellung gem. § 170 Abs. 2 StPO einer gerichtlichen Kontrolle zumindest unterliegen kann. Verzichtet hingegen die Staatsanwaltschaft auf die Einlegung eines möglichen Rechtsmittels, gibt es keinerlei gesetzliche Handhabe, sie zu dessen Einlegung zu zwingen.

Noch deutlicher werden die adversatorischen Elemente i. S. eines Parteiprozesses im deutschen Revisionsverfahren, wenn man bedenkt, dass der Revisionsführer auch über den Umfang des Revisionsverfahrens bestimmen kann. Insofern finden sich Ansätze einer – aus dem deutschen Zivilprozessrecht bekannten – Dispositionsmaxime, aufgrund derer die Parteien eines Zivilverfahrens nicht nur dessen Einleitung, sondern auch dessen Inhalte grundsätzlich frei bestimmen.

Beschränkt sich seine Rüge auf das materielle (Straf-)Recht, ist grundsätzlich nur dieses vom Revisionsgericht zu überprüfen; Verfahrensmängel, die nicht ein von Amtswegen auch in der Revision noch zu prüfendes Prozesshindernis darstellen, bleiben außen vor. Da das Revisionsgericht auf die Sachrüge hin zunächst prüft, ob das materielle Strafrecht auf den festgestellten Sachverhalt richtig angewendet worden ist, führt die Beschränkung der Revision auf die Sachrüge auf den ersten Blick quasi zu einem „Unstreitigstellen des Sachverhalt" wie in einem Zivilprozess. Dies ist aber deshalb zu kurz gegriffen, weil anerkannt ist, dass das Revisionsgericht auch prüft, ob die Urteilsfeststellungen überhaupt eine tragfähige Grundlage für die Prüfung des materiellen Rechts bieten, insbesondere, ob sie frei von Lücken, Widersprüchen und Verstößen gegen Denk- und Erfahrungssätze sind.

Noch deutlicher wird die Einflussnahme des Revisionsführers auf das Prüfprogramm des Gerichts – und damit der „Parteicharakter" des Revisionsverfahrens – bei den Verfahrensrügen, die im Einzelnen erhoben und begründet werden müssen. Andere als die gerügten Verfahrensmängel können und dürfen dann in der Revision keine Rolle spielen, selbst wenn sie offensichtlich sind oder das Revisionsgericht sie unschwer erkennt. Zwar können die Beteiligten solche Mängel nicht quasi „unstreitig" stellen (sondern nur beiderseits rügen); ob das Revisionsgericht ihrer übereinstimmenden Auffassung folgt, ist damit nicht vorgezeichnet. Allerdings können sie darüber im Sinne der Dispositions-

37 Dazu *Schroeder/Verrel*, Strafprozessrecht, Rn. 165 f.

maxime grundsätzlich frei entscheiden, welche Mängel zum Gegenstand des Revisionsverfahrens gemacht werden sollen. Als staatliche Institution ist das Ermessen der Staatsanwaltschaft freilich durch das Willkürverbot und die Konkretisierungen der RiStBV begrenzt.

IV. „Vorzeitige" Beendigung des Revisionsverfahrens

Die Freiheit der Revisionsführer gegenüber judikativer Gewalt und damit ihre Dispositionsbefugnis über den Fortgang und Ausgang des Revisionsverfahrens zeigt sich besonders deutlich in den Möglichkeiten, das eingeleitete Revisionsverfahren vor einer Entscheidung des Gerichts ohne richterliche Zustimmung, d.h. „vorzeitig" beenden zu können.[38]

1. Zurücknahme

Daher kann sich der Parteicharakter eines Verfahrens auch darin äußern, dass das Verfahren ohne den Willen des Gerichts allein von den Beteiligten zurückgenommen werden kann. So gestattet § 302 StPO die Rücknahme eines Rechtsmittels – und damit auch der Revision – grundsätzlich bis zur Entscheidung darüber, d.h. bis zum Beginn der Verkündung des Urteils des Revisionsgerichts[39] und damit nahezu während des gesamten Revisionsverfahrens. Möglich ist auch eine Teilrücknahme z.B. durch Beschränkung der zunächst unbeschränkt eingelegten Sachrüge auf das Strafmaß; danach darf das Revisionsgericht nicht mehr prüfen, ob die Vorinstanz das materielle Strafrecht zutreffend angewandt hat, sondern nur noch, ob die im Urteil ausgesprochene Strafe angesichts der Feststellungen tat- und schuldangemessen ist. Damit kann der Revisionsführer nicht nur in faktischer Weise – z.B. indem er die Revision nicht ordnungsgemäß oder nur teilweise begründet – das erhobene Rechtsmittel beenden oder einschränken; ihm kommt vielmehr de jure ein echtes Dispositionsrecht über die Fortsetzung oder Einschränkung der zulässigen Revision zu.

2. Grenzen der Zurücknahme

Dass in einigen Fällen die Rücknahme eines Rechtsmittels – und damit auch der Revision – nach dem Wortlaut von § 303 Satz 1 StPO von der „Zustimmung des Gegners" abhängig ist, zeigt zunächst schon sprachlich, dass der Gesetzgeber

38 Dazu grundsätzlich *Steinberg*, Richterliche Gewalt und individuelle Freiheit, 2010 (dazu *Heger*, JZ 2011, 1110 f.).

39 KK-*Graf*, § 303 Rn. 2.

bei dem Rechtsmittelverfahren – und damit auch bei dem Revisionsverfahren – jedenfalls von einer gegnerischen, d.h. adversatorischen Stellung der Verfahrensbeteiligten ausgeht. Allerdings dient § 303 StPO nach der Rechtsprechung allein der materiellen Gerechtigkeit und schützt weder das Gericht in seiner Würde oder vor unnötiger Beanspruchung noch den Rechtsmittelgegner.[40]

Inhaltlich schränkt diese Bestimmung zwar die Dispositionsbefugnis des Revisionsführers in Bezug auf die Rücknahme seines Rechtsmittels ein, doch ändert das an der gleichwohl gegebenen Parteistruktur nichts, denn einerseits unterliegt auch im adversatorisch strukturierten deutschen Zivilprozess eine Rücknahme der Klage durch den Kläger nach Beginn der mündlichen Verhandlung zur Hauptsache der Einwilligung des Beklagten (§ 269 Abs. 1 ZPO), mithin des prozessualen Gegners; und andererseits bedarf es in keinem Fall einer Mitwirkung oder Zustimmung des mit der Revision befassten Gerichts – anders etwa als bei einer Einstellung des Verfahrens aus Opportunitätsgründen gemäß §§ 153, 153a StPO.

3. Grenzen der Zustimmungsbedürftigkeit

Außerdem besteht das Zustimmungserfordernis des Rechtsmittelgegners nicht, wenn in der Revision keine mündliche Verhandlung stattfindet; wenn der Angeklagte seine Revision zurücknimmt, bedarf es überdies nicht der Zustimmung des Nebenklägers (wohl aber des Staatsanwalts oder Privatklägers). Während der letztere Fall nur eine Ausnahme darstellt, ist die erste Konstellation im Revisionsverfahren verbreitet, denn § 349 StPO sieht vor, dass das Revisionsgericht in einigen Fällen – auf Antrag der Staatsanwaltschaft, wenn es die Revision einstimmig für offensichtlich unbegründet hält (§ 349 Abs. 2 StPO), bzw. wenn es die zugunsten des Angeklagten eingelegte Revision einstimmig für begründet hält (§ 349 Abs. 4 StPO) – ohne mündliche Hauptverhandlung durch Beschluss über die zulässig eingelegte Revision entscheiden kann.

Wie praktisch relevant dieses Beschlussverfahren ist, zeigt sich schon daran, dass der BGH etwa 80 % aller Revisionen durch Beschluss verwirft.[41] Für die in §§ 350 f. StPO vorgesehene Hauptverhandlung bleiben mithin nur relativ wenige Revisionsverfahren, so dass – in allen Beschlussverfahren – bis zur Entscheidung über das Rechtsmittel die Revision gem. § 302 StPO unbegrenzt zurückgenommen werden kann.

---

40 BGHSt 23, 277, 279.

41 *Meyer-Goßner*, § 349 Rn. 7.

V. Fazit

Obwohl die Verfahrensbeteiligten in einem Revisionsverfahren keine Möglichkeit haben, auf dessen Ausgang durch eine Absprache einzuwirken, ist das Revisionsverfahren doch in einigen Grundfragen adversatorisch geprägt, weil den Beteiligten – wie den Parteien eines Zivilprozesses – gewissen Dispositionsbefugnisse zukommen. So bestimmen sie mit der Einlegung der Revision bzw. einem Rechtsmittelverzicht über deren Ob, mit der Begründung und Beschränkung der Revision über den Prüfungsumfang des Revisionsgerichts und damit das Wie. Schließlich können sie bis zum Abschluss des Revisionsverfahrens – in den meisten Fällen sogar ohne Zustimmung des Gegners – die Revision zurücknehmen und damit das Revisionsverfahren ergebnislos beenden.

Alle diese parteiähnlichen Befugnisse sind aber dadurch charakterisiert, dass mit ihrer Ausübung – der Nichteinlegung der Revision, ihrer Beschränkung wie auch ihrer Zurücknahme – letztlich zumindest partiell der Status quo ante – und das heißt nichts anderes, als das vorinstanzliche Strafurteil – in Rechtskraft erwächst und damit endgültig über Schuld und Strafe bestimmt. Eine Dispositionsbefugnis zur Änderung des Urteils für die Verfahrensbeteiligten gibt es dagegen nicht; eine solche kann nur durch das Revisionsgericht erfolgen, aber auch nur, wenn und soweit die Betroffenen das wünschen.

Adversatorischer Charakter des Kassationsverfahrens

Zainiddin Iskandarov

Während der Konferenz in Duschanbe wurde vielmals gesagt, dass der rein inquisitorischer oder rein adversatorischer Prozess kaum zu finden sei, denn der Gegenstand des Strafverfahrens ist in erster Linie die Adversarität der Positionen, d.h. die Behauptung eines staatlichen Organs bzw. einer Privatperson über das Tatgeschehen, die Mitwirkung und die Schuld einer konkreten Person, die der Untersuchungsführer durch die Untersuchung unter Beweis zu stellen hat. Es kommt nicht darauf an, was die Verfassung deklariert: den Schutz des Staates oder den der Menschenrechte, die faire Rechtsprechung in einer Strafsache verlangt die Teilung der Funktionen im Strafverfahren. Die Teilung der Funktionen im Strafverfahren ist nicht nur aus den Werken russischer, westlicher oder sowjetischer Prozessrechtler bekannt. Dieser Begriff kommt auch in historischen Dokumenten und in der Rechtsprechung der ersten muslimischen Staaten Asiens vor. Aber nach einer langen Periode der Abtrennung von historischen Formen des Strafverfahrens (privat-adversatorisch) wurde das adversatorische Prinzip erneut auf der Ebene des Grundgesetzes festgeschrieben: „Das Strafverfahren erfolgt auf der Grundlage der Adversarität und der Gleichstellung der Parteien (Art. 88 der Verfassung der Republik Tadschikistan)." Es besteht kein Zweifel, dass die Adversarität eine für die beiden Parteien genügend gerechte und sinnvolle Methode darstellt, die die Lösung von Rechtsstreiten ermöglicht. Aber im Bereich des öffentlichen Rechtes, welchem das Strafprozessrecht (wie auch das Inquisitionsverfahren) angehört, führt diese Methode nicht immer zur Ermittlung der materiellen Wahrheit, zum Triumph der Gerechtigkeit. Dies haben wir im Laufe der Konferenz öfter gehört. Wahrheit und Gerechtigkeit ist die Kategorie der ethischen Philosophie, sie können nicht absolut sein, sie sind kaum einer umfassenden rechtlichen Regelung zu unterwerfen. Herr *Gerold Amelung*, Generalkonsul der Bundesrepublik Deutschland, hat gestern in diesem Zusammenhang sehr treffend das deutsche Sprichwort „Auf hoher See und vor Gericht sind wir in Gottes Hand" erwähnt. Es ist schon recht lange her, dass *Umar ibn al Hattab* (gegen 585-644), hervorragender Vertreter des frühen Islams, der zweite gerechte Kalif, der an der Spitze des muslimischen Staates (634-644) stand und als erster ständige Organe der islamischen Rechtsprechung eingeführt hatte, in seinem Brief an den neu bestellten Richter der Stadt Basra über die Rechtspflege und über die Grenzen der Gerechtigkeit folgende Zeilen geschrieben hatte: Die Rechtsprechung ist wahrhaftig die unverbrüchliche Pflicht [die Allah den Muslimen auferlegt hat] und hat den Normen des Korans und der Sunna [des Propheten Mohammed] zu entsprechen. Du musst wissen: wenn du [wegen einer Streitbeilegung] angesprochen wirst, dann halte für unnütz eine leere –nur in Worten – Verkündung eines jeden Rechtes, das nicht geltend gemacht werden kann [das heißt, nicht begründet genug oder gerichtlich nicht durchsetzbar ist].

Behandle die Menschen wie deines gleichen, geh mit allen gleich um, verbringe mit ihnen die gleiche Zeit und folge der Gleichbehandlung bei der Ausübung der Rechtsprechung so, dass der Edle seine Eigenmächtigkeit und Willkür [zu seinen Gunsten] bei dir nicht ansucht und der Schwächere die Hoffnung nicht verliert, die Gerechtigkeit bei dir zu finden.

Demjenigen, der sein [nicht eindeutiges] Recht durchsetzen will, aber nicht imstande ist, dies [sofort] unter Beweis zu stellen, sollst du eine Frist setzen [in der er Beweise zu liefern hat]. Wenn er sein Recht bewiesen hat, gib ihm Recht. Wenn er dies nicht geschafft hat, halte die Sache für erledigt [zu seinem Ungunsten]. Damit wird wahrhaftig die Grenze [der Gerechtigkeit] erreicht, und die Trübe unwiderruflich geklärt. [1]

Seit jener Zeit, wohl auch früher, und bis heute wird die Menschheit bei der Suche nach den besten Methoden der Streitbeilegung nicht müde. Zweifelsfrei ist die Adversarität als das Gemeingut der Menschheit für die Lösung der Streitigkeiten wie auch als Methode der Rechtsprechung auf die Ermittlung der Wahrheit und der Gerechtigkeit ausgerichtet. Dies ist äußerst schwer zu erreichen, der Gesetzgeber aber lässt sich von dieser Zielsetzung leiten.

Nun gestatten Sie mir, Ihnen einen Einblick in das Strafprozessrecht Tadschikistans zu vermitteln, wo das adversatorische Modell nicht nur im Hauptverfahren, sondern auch im Kassationsverfahren Platz findet. Eine kurze Auskunft über die laufende Reform der Rechtspflege in der Republik Tadschikistan. Selbstverständlich lassen sich die Reformer von der Idee leiten, in Tadschikistan einen Rechtsstaat und eine gerechte Zivilgesellschaft aufzubauen, wo Anerkennung, Einhaltung und Schutz der Menschenrechte im Vordergrund stehen. Davon zeugen die von der Regierung der Republik Tadschikistan ergriffenen Maßnahmen zur Durchführung der Reform der Rechtspflege und Modernisierung des Strafprozessrechtes. Durch die Erlässe des Präsidenten der Republik aus den Jahren 2007 und 2010 wurden die Programme der Reform der Rechtpflege beschlossen. Sie enthalten wichtige Maßnahmen zur Entwicklung und Stärkung der Rechtsgrundlagen des Schutzes der Menschenrechte, insbesondere im Strafverfahren. Das ist aber noch nicht alles.

Die Strafprozessordnung der Republik Tadschikistan wurde vom Parlament am 14. Oktober 2009 verabschiedet und am 1. April 2010 in Kraft getreten. Sie hat die Konzeption des Strafprozesses in Richtung vom „neoinquisitorischen" zum modernen adversatorischen Modell wesentlich geändert, die Grundsätze des Strafverfahrens in einem Sonderkapitel dargelegt, die verfassungsmäßigen Rechte und Freiheiten des Menschen verankert, die Bestimmung der tadschiki-

1 Siehe Антология мировой правовой мысль. В 5-и т. – М., 1999. Т.1. – 873 с.

schen Verfassung über die Anerkennung des Menschen, seiner Rechte und Freiheiten als höchstes Gut widerspiegelt, besondere Rolle des Gerichtes bei der Sicherung menschlicher Rechte und Freiheiten hervorgehoben.

Die Strafprozessordnung der RT ist entwickelt und verabschiedet aufgrund der Errungenschaften einheimischer und ausländischer Strafprozesswissenschaft. Sie spiegelt das Entwicklungsniveau des Rechtssystems der Republik, jedoch sollte man nicht davon ausgehen, dass sie ideal ist. Weiter diskutiert wird unter anderem über einige systematische Fragen wie z.B., ob das traditionelle Stadium des Ermittlungsverfahrens weiter bestehen soll oder man sich aufgrund der Akten der polizeilichen Ermittlung allein mit der gerichtlichen Untersuchung der Beweise begnügen sollte. Streitig bleiben auch die Fragen des Berufungsverfahrens, ob das Aufsichtsverfahren überhaupt weiter bestehen soll. Gegenstand der Diskussion sind ebenfalls Fragen im Zusammenhang mit der Umsetzung verfassungsrechtlicher Grundlagen des Menschenrechtsschutzes im Strafverfahren, u.a. auch das adversatorische Prinzip und die Gleichberechtigung der Parteien.

Ein jedes System des Strafverfahrens wird so ausgestaltet, dass auf jedem Stadium bestimmte Aufgaben zu erfüllen sind und von deren richtigen und rechtzeitigen Erfüllung das Erreichen des Ziels und die Erfüllung der Gesamtaufgabe des Strafverfahrens abhängt. Gemäß Art. 2 der StPO der RT ist das Strafverfahren dazu bestimmt, die infolge eines Verbrechens beeinträchtigten Rechte und Freiheiten des Menschen, die Interessen der Gesellschaft, des Staates und der Organisationen zu schützen, vor unbegründeten Anklagen und Verurteilungen zu verteidigen und im Falle der Anschuldigung und Verurteilung eines Unschuldigen ihn umgehend zu rehabilitieren. Das Kassationsverfahren ist heute das Stadium im Strafverfahren der RT, das gerade dazu da ist, die Fehler und Mängel bei der vorgerichtlichen Ermittlung und im Gerichtsverfahren zu beheben. Die rechtliche Regelung dieser Phase lässt sich von folgenden Grundsätzen leiten: 1) dem Wesen nach muss die Rechtsprechung gerecht sein und der Ehrenrettung effizient dienen; das irrtümliche Urteil ist zu ändern; 2) die Parteien des Strafverfahrens müssen vor allem die Möglichkeit haben, die Berichtigung des Justizirrtums durchzusetzen, ggf. durch die Überprüfung des Sachverhaltes aufgrund der neuen Tatsachen und Beweise.

Das Kassationsverfahren als eine Form der Überprüfung der Gerichtsurteile gilt seit längerer Zeit als das zentrale Stadium des Strafprozesses. In dieser Zeit hat die Kassation den Zielen und Aufgaben des sowjetischen Strafprozesses gedient, sie berichtigte Justizirrtümer und ungerechte Urteile, ohne in die Befugnisse der ersten Instanz einzugreifen, ohne gegen das Prinzip der Unabhängigkeit des Richters zu verstoßen. Sie hat die Rechte der Prozessbeteiligten auf die Überprüfung der Urteile durch die obere Instanz gesichert. Gemäß den Grundlagen des Strafprozessrechtes der UdSSR und den Strafprozessordnungen der meisten GUS-Länder, auch der StPO der RT in der alten Fassung (vor dem 1. April 2010) war die Kassation recht stark öffentlich ausgeprägt. Dies beschränkte die Möglichkeit, das Prinzip der Gleichstellung der Parteien anzuwenden und den adversatorischen Parteiprozess durchzuführen. Dies ermöglichte den oberen gerichtlichen Instanzen und der Staatsanwaltschaft, die Hauptverhandlung in den Gerichten der unteren Instanzen zu beeinflussen. Dabei wurden letztere veranlasst, die Beweisführung und Gesetzesanwendung zu vereinheitlichen. Eine solche Beeinflussung bewirkte auch die Urteilsaufhebung zur Verschärfung der Strafe für bestimmte Verbrechensarten.

Die Verfassung der Republik Tadschikistan hat in Art. 88 verkündet, dass „das Strafverfahren auf der Grundlage der Adversarität und der Gleichstellung der Parteien erfolgt." Daraus folgt, dass das Gerichtsverfahren in jeder Form, sei es die Hauptverhandlung oder die Überprüfung des Urteils im Berufungs- bzw. Revisionsverfahren (Kassation), die allgemein bekannten Merkmale des adversatorischen Grundmodells zu beachten hat. Diese Merkmale wurden in den gestrigen Beiträgen der Konferenzteilnehmer schon aufgezählt: a) Funktionsteilung im Strafverfahren: strafrechtliche Verfolgung, Verteidigung, Hauptverhandlung; b) Anerkennung des Vorhandenseins zweier gleichberechtigter Parteien im strafrechtlichen Prozess; c) das Gericht ist kein Organ der strafrechtlichen Verfolgung und tritt weder auf die Anklage- noch auf die Verteidigungsseite. Das Gericht hat dafür Sorge zu tragen, dass die Parteien die für die Verwirklichung ihrer verfahrensmäßigen Rechte und Pflichten nötigen Bedingungen haben. Mit dem Aufbau der gesetzlichen Basis für die Verwirklichung des durch die Verfassung festgelegten adversatorischen Verfahrensstruktur wurde in den 1990er Jahren begonnen. Dies ist in folgenden Formulierungen der Strafprozessordnung der RT (2009) erkennbar geworden: Art. 20. Das adversatorische Prinzip und die Gleichberechtigung der Verfahrensbeteiligten 1. Das Strafverfahren erfolgt aufgrund der Adversarität und der Gleichberechtigung der Parteien. 2. Das Gericht ist kein Organ der strafrechtlichen Verfolgung und tritt weder auf der Anklage- noch auf der Verteidigungsseite auf. Das Gericht hat dafür Sorge zu tragen, dass die Parteien die für die Verwirklichung ihrer verfahrensmäßigen Rechte und Pflichten nötigen Bedingungen haben. 3. Die Prozessbeteiligten sind im strafrechtlichen Verfahren gleichberechtigt und haben gleiche Möglichkeiten, ihre Positionen zu behaupten.

Gemäß der neuen StPO sollen in der Gerichtsverhandlung die oben genannten Merkmale der Adversarität im Wesentlichen eingehalten werden. Im Sinne der Verwirklichung des Parteiverfahrens wurde neben den allgemein anerkannten Elementen der Adversarität wie der Unabhängigkeit des Gerichtes, der Gleichberechtigung der Prozessparteien (Art. 277) sogar die vereinfache Form der Beweisaufnahme bei der Gerichtsverhandlung eingeführt. Einige Vortragende haben gestern behauptet, dies sei nur zur Aufwand-, Mittel- und Zeitersparnis gemacht. Dem können wir nur teilweise zustimmen.

Wie steht es mit der rechtlichen Verankerung adversatorischer Elemente im Kassationsverfahren? Hier möchte ich nur die frühere und die aktuelle Gesetzgebung vergleichen, um die Entwicklung des adversatorischen Prinzips im Kassationsverfahren zu verfolgen. Die Analyse wird nach den folgenden Elementen durchgeführt:

I. Gegenstand der Überprüfung bei der Kassation

Das Kassationsgericht überprüft die Rechtmäßigkeit, die Schlüssigkeit, die Gerechtigkeit des Urteils sowie der anderen Gerichtsentscheidungen.

Das Urteil des erstinstanzlichen Gerichtes entsteht im weiten Wortsinne im Laufe der gleichberechtigten Verhandlung, an der beide Parteien aktiv teilnehmen. Das Urteil wird aber vom unabhängigen Gericht gesprochen, was eigentlich sowohl den Interessen der Gesellschaft als auch den Interessen beider Prozessparteien entsprechen soll. Dies ist jedoch nicht immer der Fall, denn diese Interessen sind gegensätzlicher Natur, oft sind sie nicht vereinbar. Deswegen hat der Gesetzgeber von vorn herein gleiche Spielregeln für alle vorgesehen und bestimmte Anforderungen an das Gerichtsurteil formuliert. Das Gerichtsurteil muss rechtmäßig, schlüssig und gerecht sein (Art. 333 StPO RT). Diese Anforderungen an das Gerichtsurteil begründen die Möglichkeit einer Berufung sowie die Existenz zumindest einer Revisionsinstanz. Dies entspricht vollkommen dem Menschenrecht, gegen die Beschlüsse und Handlungen der staatlichen Organe und deren Amtspersonen Rechtsmittel einzulegen. Das Menschenrecht auf Überprüfung der Aburteilung, verankert im Internationalen Pakt (14.5), ist autonom; jeder Mitgliedsstaat des Paktes ist berechtigt, Verfahren und Methoden zur Umsetzung – sei es eine Berufung oder eine Revision – per Gesetz festzulegen. Wichtig ist, dass das Verfahren zur Überprüfung des Urteils eine weitere Möglichkeit bietet, den Justizirrtum zu berichtigen, damit die Gerichtsentscheide möglichst nahe den Anforderungen der Rechtmäßigkeit, Wahrheit und Gerechtigkeit entsprechen und dadurch die Menschenrechte geschützt werden.

Die Adversarität und die Gleichberechtigung der Parteien dürfte nur den Verfahren eigen sein, in denen die Verhandlung der Sachverhalte und die Beweisaufnahme im Wege einer aktiven Teilnahme gleichberechtigter Parteien erfolgt, beispielsweise im erstinstanzlichen bzw. im Berufungsverfahren. Die Kassation, sogar in der Sowjetunion, ist längst von der klassischen französischen Variante der Kassation abgegangen, wo dieses Verfahren nur zur Überprüfung der Rechtmäßigkeit des Urteils durchgeführt wurde, anders gesagt, überprüft wurde nur, ob die Normen des prozessualen und materiellen Rechtes auf die ermittelten Sachverhalte des Straffalls richtig angewandt worden waren. Die sowjetische strafprozessrechtliche Wissenschaft hat eine besondere Art der Kassation erfunden: Kassation mit Berufungszügen. Dies bedeutete, dass im Laufe des

Kassationsverfahrens sowohl die Rechtmäßigkeit als auch die Schlüssigkeit und Gerechtigkeit des Urteils zu überprüfen war, jedoch nicht durch Gewinnung neuer Tatsachen und Beweise, sondern aufgrund der Aktenüberprüfung. Wegen beschränkter Möglichkeiten des Kassationsgerichtes, das ohne unmittelbare Beweisaufnahme zu überprüfen und zu entscheiden hat, ob der Sachverhalt richtig ermittelt worden war, haben manche Länder in ihren Strafverfahren das eigenständige zusätzliche Berufungsverfahren für manche Gerichtsentscheide eingebaut und dabei die Kassationsinstanz beibehalten (bspw. Russland); andere Länder haben dagegen die Grundzüge der Kassation auf die Berufung übertragen, das Kassationsverfahren als solches aufgehoben und das neue Verfahren Appellation getauft (bspw. Kasachstan). Denkbar ist hier auch eine dritte Variante, und zwar das traditionelle Kassationsverfahren wird beibehalten und seine Befugnisse erweitert, so dass auch in dieser Instanz die Untersuchung der zusätzlich dem Gericht vorgelegten Tatsachen und Beweise erfolgt, sowie die Beweisaufnahme durch das Gericht, einschließlich Anordnung der Begutachtung vorgenommen werden kann usw. Tadschikistan hat sich für die dritte Variante, das heißt für die Erweiterung der Befugnisse der Kassation entschieden. Gemäß Art. 384 StPO RT kann die Kassationsinstanz ggf. die gerichtliche Begutachtung anordnen, zusätzlich vorgelegte Materialien untersuchen sowie auf eine andere Weise die Gerichtsentscheidungen zu ändern, ohne dass sich die Lage des Verurteilten verschlechtert.

Vielmehr: die Tatsache, dass sich die Verfassung zum Naturrecht, zur Idee der Freiheit und Gerechtigkeit, des gerechten Gesetzes bekennt, verlangt nicht nur die Wertschätzung der Gesetzlichkeit und der Gerechtigkeit durch das Gericht, sondern auch die aktive Rolle der Prozessparteien, speziell des Staatsanwaltes und des Verteidigers. Diese in der Verfassung verankerten und den Bedürfnissen der Praxis entsprechenden rechtlichen Voraussetzungen sichern den adversatorischen Prozess auch in der Phase der Kassation.

II. Der Wirkungsbereich der Kassationsinstanz

Gemäß Art. 336 der StPO RT (alte Fassung) war das Gericht bei der Überprüfung des Falls im Kassationsverfahren nicht auf die Argumente des Revisionsantrages oder auf den Inhalt des erhobenen Einspruchs angewiesen, sondern hatte den ganzen Fall zu überprüfen und hinsichtlich aller Verurteilten inklusive derjenigen, die keine Rechtsmittel eingelegt haben (Art. 336). Die gleiche Regelung enthält auch die neue (2009) Fassung der StPO RT (Art. 370). Das Revisionsverfahren wird vom Gesetzgeber einerseits als eine wichtige Garantie des Rechtes auf ein gerechtes Urteil angesehen. Er erteilt die Aufsichtsbefugnisse der zweiten Gerichtsinstanz, sichert ihre aktiven Funktionen bei der objektiven Wahrheitsfindung und trägt Sorge für die einheitliche Rechtsprechung in der Republik. Auf der anderen Seite wird dem Gericht die Objektivität und Unparteilichkeit genommen, es neigt sich entweder zur Anklage oder zur Verteidigung. Dies aber widerspricht den Grundlagen der Adversarität. (Das Gericht ist kein Organ der strafrechtlichen Verfolgung und tritt weder auf der Anklage- noch auf der Verteidigungsseite auf. Das Gericht hat nur dafür Sorge zu tragen, dass die Parteien die für die Verwirklichung ihrer verfahrensmäßigen Rechte und Pflichten nötigen Bedingungen haben – Art. 20 StPO RT) und der Sachverhalt objektiv behandelt wird. (Das Gericht, der Richter handelt objektiv und unparteiisch und sichert für die Prozessparteien die nötigen Bedingungen für die Verwirklichung ihrer Rechte auf die vollständige Untersuchung des Sachverhaltes – Art. 21 StPO RT).

Ein anderes Herangehen ist in der StPO RF (Art. 360) und in der StPO Kasachstans (Art. 404) vorzufinden: beim Berufungs- bzw. Revisionsverfahren hat das Strafgericht die Rechtmäßigkeit, Schlüssigkeit und Gerechtigkeit des Gerichtsentscheides nur auf den Inhalt der Beschwerde zu überprüfen. Auch im tadschikischen Zivilprozessrecht finden die Berufungselemente im Kassationsverfahren im Zusammenhang mit der Ausweitung der Dispositionsmaxime und des adversatorischen Ansatzes immer stärkere Ausprägung: die Kassationsinstanz überprüft die Rechtmäßigkeit und Schlüssigkeit der erstinstanzlichen Entscheidung ausgehend von den im Kassationsantrag bzw. im Einspruch des Staatsanwaltes dargelegten Argumenten und vom Inhalt der gegen diese Rechtsmittel eingelegten Einwände. Die Kassationsinstanz ist jedoch berechtigt, im Interesse der Gesetzlichkeit den Entscheid in vollem Maße zu überprüfen. Gleichzeitig hat der Gesetzgeber bestimmt, dass die Kassationsinstanz im zivilrechtlichen Prozess neue Beweise aufnehmen und neue Tatsachen untersuchen kann, wenn sie zur Meinung kommt, dass diese dem erstinstanzlichen Gericht nicht vorgelegt werden konnten; sie ist berechtigt, die erstinstanzliche Entscheidung nicht nur zu ändern, sondern einen neuen Entscheid zu treffen, falls die für den Fall relevanten Umstände durch die vorhandenen sowie durch die zusätzlich vorgelegten Materialien ermittelt werden konnten und die beiden Parteien darüber in Kenntnis gesetzt worden sind (Art. 350 StPO RT). Diese lakonische Variante könnte auch für das strafrechtliche Verfahren Anwendung finden, sie wäre nicht nur auf die Nutzung der Möglichkeiten des Berufungsverfahrens ausgerichtet, sondern dadurch wäre die adversatorische Struktur des Kassationsverfahrens stärker ausgeprägt.

III. Freiheit der Beanstandung und die Gleichheit der Rechte

Gemäß Art. 357 StPO RT haben die Parteien das Recht, das nicht rechtskräftig gewordene Urteil durch einen Kassationsantrag bzw. Erhebung des Einspruchs anzufechten. Das sind namentlich der Verurteilte, der Freigesprochene, deren Verteidiger und rechtmäßige Vertreter, das Opfer, sein Vertreter, staatlicher Ankläger. Der Zivilkläger und der Beklagte bzw. deren Vertreter sind berechtigt, gegen den zivilrechtlichen Teil des Urteils eine Berufung einzulegen.

Während die frühere Fassung der StPO – ausgehend vom öffentlichen Ansatz – vorschrieb, dass der Staatsanwalt im Wege der Kassation gegen jedes unrechtmäßige oder unbegründete Urteil Einspruch einzulegen hatte (Art. 329 StPO), ist in der geltenden Fassung der StPO nur vorgesehen, dass der Staatsanwalt als an der Gerichtsverhandlung beteiligter staatlicher Ankläger berechtigt ist, Einspruch gegen das Urteil zu erheben. Diese gesetzlichen Bestimmungen sind als Verfahrensmechanismus zur Einführung des adversatorischen Modells in der Kassationsinstanz gedacht. Der genannte Artikel der StPO legt auch fest, dass der Generalstaatsanwalt, die Staatsanwälte der administrativen Gebiete und deren Stellvertreter berechtigt sind, Einspruch gegen Gerichtsurteile zu erheben – unabhängig davon, ob sie an der jeweiligen Gerichtsverhandlung teilgenommen haben. Eine solche Regelung kann die innere Überzeugung des staatlichen Anklägers beeinflussen und sowohl das Recht des Staatsanwalts auf die Rücknahme der Anklage – was die Einstellung des Verfahrens bedeutet (Art. 279 StPO RT) – wie auch die prozessuale Bedeutung der adversatorischen Regel über die gleiche Stellung der Parteien als solche beeinträchtigt. Die Adversarität als Prinzip der Rechtsprechung beruht nicht nur auf der gleichen Stellung der Parteien vor Gericht, sondern auch auf der Dispositionsmaxime im Rahmen der gesetzlich zulässigen Handlungen. Daher ist die Person, die ein Rechtsmittel eingelegt hat, berechtigt, dieses vor Beginn der Gerichtsverhandlung in der Kassationsinstanz zurückzunehmen.

IV. Teilnahme der Parteien an der Gerichtsverhandlung in der Kassationsinstanz

Während früher das Gesetz die Teilnahme des Staatsanwaltes zur Begutachtung der Rechtmäßigkeit und Schlüssigkeit des Urteils zwingend vorschrieb, wobei die Teilnahme des Verteidigers möglich war, legt die gültigen Fassung der StPO (Art. 361, 368) fest, dass beide Prozessparteien über Ort und Zeit der Gerichtsverhandlung zu benachrichtigen sind; das Nichterscheinen der Parteien kann die Durchführung der Verhandlung nicht hindern. Hier wäre es angebracht, darauf einzugehen, wie die neue Regelung das Erscheinen des Verurteilten zur Gerichtsverhandlung sicherstellt. Vor dem Inkrafttreten der neuen Fassung der StPO (2009) lag die Teilnahme des Verurteilten vollkommen im Ermessen des Gerichtes, das heißt das Gericht entschied über die Zulassung des Verurteilten zum Verfahren. Allenfalls durfte die verurteilte bzw. freigesprochene Person Erläuterungen abgeben. Nach der neuen Regelung ist der inhaftierte Verurteilte, wenn er den Wunsch äußert, bei der gerichtlichen Prüfung seiner Beschwerde bzw. des Einspruchs des Staatsanwaltes zu seinen Ungunsten dabei zu sein, dem Kassationsgericht vorzuführen.

Allenfalls werden zur Kassationsverhandlung Personen zugelassen, die gemäß T. 3 Art. 357 der StPO das Recht auf Rechtsbehelfe haben, sowie die Verteidiger des Verurteilten bzw. des Freigesprochenen oder die Vertreter des Opfers, die den Vertretungsauftrag bereits nach dem Urteilsspruch akzeptiert haben. Auf ihren Antrag wird ihnen das Wort zur Begründung des eingereichten Beschwerde bzw. des Einspruchs erteilt.

Eine öffentliche Verhandlung in der Kassationsinstanz schafft Voraussetzungen für die Umsetzung des adversatorischen Modells in der Kassationsinstanz. Früher wurde dieses Prinzip nur deklariert, heute ist seine Verwirklichung durch die Erweiterung des Kreises von Personen, die zur Gerichtsverhandlung in der Kassationsinstanz zugelassen werden, gewährleistet, denn sie werden von Bekannten und Verwandten begleitet.

Die Praxis zeigt, dass bei der Gerichtsverhandlung in der Kassationsinstanz neben dem Verurteilten dessen Verteidiger, legitime Vertreter, Geschädigter, dessen Vertreter, Verwandte und Bekannte zugegen sind.

Die adversatorische Struktur des Prozesses setzt voraus, dass das Gericht den Parteien die für die Verwirklichung deren prozessualen Rechte und Pflichten nötigen Bedingungen geschaffen hat. In der Kassationsinstanz hat das Gericht in diesem Zusammenhang Pflichten in Bezug auf folgende prozessuale Fragen:

- das Beschwerde- bzw. Einspruchsrecht, deren prozessuale Folgen sind gleich;
- das Verfahren, in welchem die Parteien über die eingelegten Rechtsmittel benachrichtigt werden. Jede Partei ist berechtigt, in die Beschwerde bzw. den Einspruch Einsicht zu nehmen und Einwände in Schriftform vorzulegen. Auf Antrag übergibt ihnen das Gericht die Beschwerden der Gegenpartei;
- die Parteien sind über Ort und Zeit der Verhandlung in der Kassationsinstanz in Kenntnis zu setzen;
- das Recht, Anträge zu stellen, zusätzliche Materialien vorzulegen usw.

Die Gerichtsverhandlung in der Kassationsinstanz wird wie folgt angeordnet: Nach Eingang der Akte mit der Kassationsbeschwerde bzw. dem Einspruch bestellt der Gerichtsvorsitzende bzw. sein Stellvertreter die Zusammensetzung des Kassationskollegiums, den richterlichen Berichterstatter, den Vorsitzenden, Ort und Zeit der Gerichtsverhandlung. Dem Art. 369. Die Gerichtsverhandlung in der Kassationsinstanz nach:

a) Der Vorsitzende eröffnet die Gerichtsverhandlung und gibt bekannt, über welchen Fall verhandelt werden soll, welche Beschwerden bzw. Einsprüche und von wem eingegangen sind. Anschließend bringt er in Erfahrung, wer anwesend ist; danach entscheidet das Gericht, ob es möglich ist, über den Fall zu verhandeln. Dann verkündet der Vorsitzende die Zusammensetzung des Gerichtes, den Namen des Staatsanwaltes und des Dolmetschers und befragt die erschienenen Personen, ob Ablehnungsanträge vorliegen. Ggf. entscheidet das Gericht über die eingereichten Ablehnungsanträge. *(Es hätte der Verfahrenslogik entsprochen, wenn nach der Verkündung der Zusammensetzung des Gerichtes offen gelegt wurde, auf wessen Initiative das Kassationsverfahren eingeleitet worden ist).*

b) Der Vorsitzende befragt die zur Sache erschienenen Personen, ob sie etwas zu beantragen haben; das Gericht prüft die Anträge und entscheidet über sie.

c) Die Verhandlung beginnt mit der Mitteilung des vortragenden Richters über das Wesen der Sache und die in der Beschwerde bzw. dem Einspruch enthaltenen Argumente. Nach diesem Vortrag tragen die Beschwerde- bzw. Einspruchsführer ihre Argumente vor. Sollten zusätzliche Materialien vorgelegt werden, verliest der Vorsitzende bzw. der Berichterstatter diese und übergibt sie zur Einsicht dem Staatsanwalt und den in Artikel 368 der StPO genannten Personen, falls diese bei der Verhandlung anwesend sind. Danach werden der Verurteilte bzw. der Freigesprochene, deren Verteidiger und rechtmäßige Vertreter, der Zivilkläger und Zivilbeklagter bzw. deren Vertreter – falls sie anwesend sind - verhört. *(Dies bedeutet, de facto wird untersucht, im Ergebnis werden neue Tatsachen erkannt. Nach dem Verhör hört das Gericht die Stellungnahme des Staatsanwalts und zieht sich in den Beratungsraum zurück, um den Entscheid vorzubereiten. Das letztere zeugt eindeutig davon, dass der Staatsanwalt aus dem gleichberechtigten Beteiligten zum Aufseher wird).*

Es wird angemerkt, dass die zusätzlich vorgelegten Materialien nicht im Wege der Durchführung von Untersuchungshandlungen gesammelt werden dürfen. An einer anderen Stelle (Art. 384) wird die Durchführung der gerichtlichen Begutachtung sowie Untersuchung zusätzlich vorgelegter Materialien jedoch zugelassen.

Zusammenfassend kann man sagen, dass sich das Kassationsverfahren in der Republik Tadschikistan weiter entwickelt, indem es immer mehr adversatorische Elemente aufweist. Noch mehr: es tendiert zu einer umfassenden Implementierung der Berufungszüge in das Kassationsverfahren.

Auswirkungen besonderer Prozessprinzipien

Die Fürsorgepflicht des Richters zwischen inquisitorischem und adversatorischem Modell

Christoph Safferling

I. Einleitung

Vergleiche zwischen der Rolle des Richters im angloamerikanischen oder adversatorischen und im kontinentaleuropäischen oder inquisitorischen Kontext sind mittlerweile eine ganze Reihe angestrengt worden. In unseren Köpfen sind meist recht vage Schematisierungen von der Position des Richters im jeweiligen Rechtskreis. Während der inquisitorische Richter ein aktiver ist, dessen Aufgabe es ist, in der Hauptverhandlung die Wahrheit zu finden, der die Pflicht hat, jedes erkennbare Beweismittel heranzuschaffen, um zu erhellen, was es zu erhellen gibt, ist der adversatorische Richter zurückhaltend und passiv. Er dirigiert das Spiel der Parteien, die nach ihrem Gutdünken Beweise heranschaffen, fast hinter vorgehaltener Hand; mischt er sich ein, läuft er Gefahr als parteiisch wahrgenommen und von der höheren Instanz schließlich gerügt und aufgehoben zu werden. Seine Position wird gerne mit der eines unparteiischen Schiedsrichters verglichen, der die Fairness des Kampfes der beiden Parteien überwacht, sich aber nicht einmischt. So beschreibt Gustav Radbruch das Englische Strafverfahren: „Der Rechtsstreit ist für den Engländer immer noch das, was er für seinen mittelalterlichen Vorfahren war: ein gerichtlicher Zweikampf, der nur nicht mehr mit den altertümlich rituellen Äxten aus Holz und Horn ausgefochten wird, sondern mit Worten. (...) Als wahrhaft Unparteilicher ist der Richter nur mit der Wahrung der Kampfregeln bei der Beweisaufnahme und der Feststellung des Kampfergebnisses im Urteil betraut, die Beweisaufnahme selbst liegt den Parteien ob."[1]

Wir wissen indes auch, dass diese grobkörnige Betrachtungsweise an der Realität moderner Strafprozesse vorbeigeht.[2] Vor allem die EMRK und die Rechtsprechung des EGMR haben den Einfluss der Prozessbeteiligten im kontinentaleuropäischen System erheblich verstärkt und etwa in England die Bedeutung der Menschenrechte maßgeblich vergrößert. Trotzdem sind wir von einer Assimilierung weit entfernt und streben eine solche im nationalen Strafver-

1 Gustav Radbruch, Der Geist des Englischen Rechts, 4. Aufl. Göttingen: Vandenhoeck & Ruprecht 1958, S. 15 f.

2 Vgl. dazu auch Mirjan Damaska, 'Structures of Authority and Comparative Criminal Procedure', in: Yale Law Journal 84 (1975), S. 480, 482.

fahren gar nicht an. Im internationalen Strafverfahren etwa vor dem Internationalen Strafgerichtshof (IStGH) mag das anders sein.

Hier soll nun der Versuch unternommen werden, eine spezifischen Aspekt der richterlichen Rolle im Prozess zu untersuchen: Die prozessuale Fürsorgepflicht. Das ist schon von der Wortstruktur her ein typisch deutsches Konstrukt. Man fragt sich, was eigentlich eine englische Übersetzung für dieses Wortkoloss sein mag? Ein begrifflicher Vergleich führt hier nicht weiter. Es gibt kein terminologisches Äquivalent. Eine „Duty to Care" oder ähnliches, werden Sie in Englischen Rechtstexten nicht finden – jedenfalls nicht zur Beschreibung einer richterlichen Pflicht. Wir werden also – wie das in der modernen Rechtsvergleichung ja auch selbstverständlich sein sollte – funktional vorgehen und nach Funktionsäquivalenten Ausschau halten[3]. Dabei scheint mir die Rolle des Richters als der „case manager" der Aufgabe des fürsorgenden Richters am nächsten zu kommen. Das Stichwort „case management" findet sich in Englischen Rechtstexten: so ist etwa der 3. Teil der Criminal Procedure Rules 2010 damit überschrieben.[4]

Bevor auf diese Funktion des Richters in den beiden Untersuchungsgebieten genauer eingegangen wird, möchte ich noch ein paar allgemeine Worte zur Rolle des Richters verlieren.

II. Rolle des Richters im inquisitorischen und adversatorischem System

Die Aufgaben des Richters im Strafverfahren lassen sich in drei Gruppen zusammenfassen: in ein ermittelndes, ein prozessuales und ein urteilendes Element.[5] Was die Ermittlungskomponente anbelangt unterscheidet sich der Angloamerikanische bereits hinsichtlich der Frage des Wahrheitsverständnisses kategorial vom Kontinentaleuropäischen Prozessmodell. Während in Kontinentaleuropa der Richter von Amts wegen nach der objektiven, der materiellen Wahrheit sucht, sind im angloamerikanischen Gerichtssaal die Parteien, d.h. Ankläger und Verteidiger für die Präsentation der Beweismittel zuständig. Der so festgestellte Sachverhalt nimmt für sich nicht in Anspruch, objektiv wahr zu sein, sondern gilt als solcher rein prozessual als Grundlage für den Urteils-

3 Vergleiche nur Nils Jansen/Reinhard Zimmermann, in: NJW 2009, 3401 (3406).

4 Criminal Procedure Rules 2010 (SI 2010 No. 60 as amended by the Criminal Procedure (Amendment) Rules 2010 [SI 2010 No. 1921]).

5 Vgl. dazu auch Christoph Safferling, Internationales Strafrecht, Berlin: Springer 2011, § 7 Rn 32 f.

spruch.[6] Die Prozessführung als solche liegt zwar in beiden System in den Händen des Richters; die Aufgabenstellung trägt aber insofern einen anderen Aspekt als der angelsächsische Richter Fairness durch Waffengleichheit herstellen soll, während sein kontinentaleuropäische Kollege die Verwirklichung der Grund- und Menschenrechte der beteiligten Personen, insbesondere des Angeklagten, gewährleisten soll. Das Urteil schließlich wird in Kontinentaleuropa von den Richtern, gegebenenfalls gemeinsam mit den Laienrichtern (Schöffen), gefällt und zwar sowohl hinsichtlich des Schuldspruchs wie auch hinsichtlich des Strafausspruchs. Demgegenüber entscheidet über die Schuld im angloamerikanischen Prozess die Jury und lediglich die Strafhöhe wird vom Richter festgelegt. Tabellarisch lässt sich das wie folgt darstellen:

	Kontinental	**Angloamerikanisch**
Ermittelndes Element	Materielle Wahrheit	Prozessuale Wahrheit
	Zuständig: Gericht	Zuständig: Parteien
	Amtsermittlungsgrundsatz	Beibringungsgrundsatz
Prozessuales Element	Grundrechtsschutz	Waffengleichheit
	Zuständig: Richter	Zuständig: Richter
Urteilendes Element	Richter (+ Schöffen)	Schuld: Jury (Geschworene)
		Strafe: Richter

Ein interessantes Konstrukt des angelsächsischen Prozessrechts stellt die Instruktion der Jury durch den Richter dar.[7] *Gerson Trüg* bezeichnet dies als „inquisitorisches Versatzstück“ im adversarischen System.[8] Bevor die Geschworenen zur Beratung entlassen werden, also nach den Schlussvorträgen der Parteien, erklärt der Richter die rechtlich relevanten Grundlagen des Falls, sowohl in materieller Hinsicht wie auch hinsichtlich des Beweisrechts[9]. Zweifelhaft ist dabei natürlich, wie sichergestellt werden soll, dass der Richter die Geschworenen nicht beeinflusst und ggf. die Beweiswürdigung mehr oder weniger

6 Dazu ausführlich Thomas Weigend, ‘Should We Search for the Truth, and Who Should Do it?’ in: North Carolina Journal of International Law and Commercial Regulation 36 (2011), S. 389

7 Instruktiv zum Jury-Prozess Dietmar Herz, in: NJW 1996, 973.

8 Gerson Trüg, Lösungskonvergenzen trotz Systemdivergenzen im deutschen und US-amerikanischen Strafverfahren: Ein strukturanalytischer Vergleich am Beispiel der Wahrheitsforschung, 1. Auflage Tübingen: Mohr Siebeck 2003, S. 374.

9 Christoph Safferling, Towards an International Criminal Procedure, Oxford: Oxford University Press, 2003, S. 210.

selbst anstellt. Zweifelhaft ist auch, wie empirische Untersuchungen belegen[10], ob die Geschworenen als juristische Laien die Instruktionen wirklich verstehen. Jedenfalls sollen durch die Instruktion willkürliche Verurteilungen unterbunden werden.

Ein interessanter Unterschied zwischen dem englischen und dem deutschen Richter ist das Selbstverständnis der richterlichen Autorität. Der Richter in England ist in aller Regel ein Individuum; er sitzt als Einzelrichter einem Prozess vor. Auch im Falle eines Kollegialorgans im Berufungsgericht etwa, wird stets der Name der Richter genannt. In Deutschland herrscht hier die „anonyme Mehrheit eines Richterkollegiums" vor.[11]

III. Fürsorgepflicht im deutschen Recht

Dem Grunde nach ist die Fürsorgepflicht des Gerichts im Strafprozessrecht allgemein anerkannt. Die Fragen der rechtlichen Herleitung (1) sowie der konkrete Inhalt der Fürsorgepflicht (2) und ihre Abgrenzung zu anderen Prozessprinzipien (3) sind bislang aber unbeantwortet.[12]

1) Meistens wird die prozessuale Fürsorgepflicht als terminologische Zusammenfassung einer Reihe von Nebenpflichten verstanden.[13] Anknüpfungspunkt im Gesetz sind dabei die verschiedenen Belehrungs- und Hinweispflichten, wie etwa § 265 StPO. Der Fürsorgegedanke beschränkt sich aber nicht auf positiv geregelte Pflichten[14], sondern bezieht auch nicht explizit gesetzlich niedergelegte Nebenpflichten mit ein.

Als verfassungsrechtliche Herleitung wird das Rechtstaatsprinzip, der Grundsatz des Vertrauensschutzes und das Fairnessgebot[15] angeführt, aber auch auf das Sozialstaatsprinzip wird verwiesen.[16]

2) Nach den Ausführungen des OLG Bamberg besteht „[die] Aufgabe [der prozessualen Fürsorgepflicht] darin, den Verfahrensbeteiligten die Wahr-

---

10 Vgl. Christoph Safferling, Towards an International Criminal Procedure, Oxford: Oxford University Press, 2003, S. 211 ff.

11 Vgl. Gustav Radbruch, Der Geist des Englischen Rechts, 4. Aufl. Göttingen: Vandenhoeck & Ruprecht 1958, S. 17.

12 Vergleiche Claus Roxin/Bernd Schünemann, Strafverfahrensrecht, 27. Auflage, München: Beck 2012, § 44 Rn. 26 ff.

13 Vgl. Karl Peters, Strafprozess, Heidelberg: C.F.Müller 1985, S. 199; KK - Gerd Pfeiffer/Rolf Hannich, 6. Auflage, München: Beck 2008, Einl. Rn. 32.

14 Zur Fürsorgepflicht in Bezug auf Art. 6 Abs. 3 lit. c EMRK: Daniela Demko, in: HRRS 2006, 250.

15 Nach OLG Bamberg, NStZ-RR 2012, 23 handelt es sich um einen Unterfall und eine Konkretisierung des Fairnessprinzips.

16 Claus Roxin/Bernd Schünemann, Strafverfahrensrecht, 27. Auflage München: Beck 2012, § 11 Rn. 11.

nehmung ihrer prozessualen Befugnisse zu ermöglichen."[17] Ein maßgebliches Ziel ist es außerdem „vor Überraschungsentscheidungen" zu schützen.[18] Dies wird auch vom EGMR immer wieder betont.[19] Teilweise wird auch die Verfahrensbeschleunigung als Ausprägung der prozessualen Fürsorgepflicht angesehen[20].

3) Wie sich nun die Fürsorgepflicht zu anderen Prinzipien verhält, ist in der Tat schwierig. Neben dem Verhältnismäßigkeitsprinzip und der allgemeinen Verfahrensfairness scheint hier kaum Raum für ein weiteres Rechtsprinzip, zumal wenn der Umfang unklar ist.[21] Diese Meinung teile ich nicht. Das gilt zumal für das Verhältnismäßigkeitsprinzip. Dieser rechtsstaatliche Grundsatz bezieht sich auf sämtliches hoheitliches Handeln und ist deshalb sehr allgemein. Sieht man außerdem die Fürsorgepflicht mit dem Leistungsaspekt des Sozialstaats verbunden, wird die grundsätzlich auf Eingriffsverwaltung gerichtete Verhältnismäßigkeit staatlichen Handelns schief. Ähnlich kritisch wäre ich hinsichtlich des Fairnessprinzips. Dieses ist in seiner Allgemeinheit ungeeignet konkrete Handlungsmaximen zu begründen. „Fairness" – ein dem deutschen Strafprozessrecht fremder, ja in die deutsche Sprache noch nicht einmal übersetzbarer Begriff – bezieht sich auf „Intuition" oder auf eine Gesamtbetrachtung des Verfahrens, wie es in der Regel nur ex post angestrengt werden kann.

Es scheint mir daher in jedem Falle sinnvoll, weitere oder andere Prozessprinzipien zu beschreiben, die sich gewiss auch auf Rechtsstaat, Verhältnismäßigkeit und Fairness beziehen, aber diese konkretisieren helfen und damit erst für die Praxis handhabbar machen.

In der hoheitlichen Zwangssituation eines gerichtlichen Verfahrens – und darum geht es hier ja vor allem – halte ich es für sehr angebracht von einer „Fürsorge" des Richters zu sprechen. Für das Gericht ergibt sich das schon aus der Pflicht der Verfahrensleitung nach § 238 Abs. 1 StPO. Der unabhängige und unparteiische Richter, der der Unschuldsvermutung verpflichtet ist, muss aktiv darauf hinarbeiten, dass die Beteiligten in optimaler Art und Weise ihre Rechte und Befugnisse ausüben können. Das zeigt sich in folgenden Punkten:

---

17 OLG Bamberg, NStZ-RR 2012, 23.

18 Erneut OLG Bamberg, NStZ-RR 2012, 23.

19 EGMR Abramyan/Russland, 9.10.2008, Appl. No. 10709/02, § 34; dazu auch Christoph Safferling, International Criminal Procedure, Oxford: Oxford University Press 2012, S. 247.

20 Grundlegende Überlegungen: Hans Kudlich, in: NJW-Beilage 2010, 86; speziell zu BtMG-Verfahren Jörn Patzak, in: Harald Hans Körner/Jörn Patzak/Mathias Volkmer (Hrsg.) Betäubungsmittelgesetz: Arzneimittelgesetz – Grundstoffüberwachungsgesetz, 7. Auflage München: Beck 2012, § 35 Rn. 303 ff.

21 LR/Hans-Heiner Kühne, 26. Auflage, Berlin: DeGruyter 2006, Einl Abschnitt I Rn. 121.

a. Wahrheitsfindung

Nach § 244 Abs. 2 StPO obliegt dem Gericht die Aufklärung des Sachverhalts. Diese Pflicht zur Wahrheitsfindung steht in einem engen Kontext zum Beweisantragsrecht in § 244 Abs. 3 bis 6 StPO. Die Amtsermittlungspflicht verpflichtet den Richter bei Beweisanträgen, das wahre Begehren des Antragstellers zu ermitteln, auf sachgerechte Anträge hinzuwirken und den Angeklagten insofern bei Fehlern nicht einfach „auflaufen“ zu lassen.[22]

b. Heilung von Verfahrensmängeln

Die Verantwortung für den Verfahrensablauf verpflichtet den Richter auch, Heilungsmöglichkeiten von Fehlern auszuschöpfen. Dazu kann es erforderlich sein, Teile des Verfahrens zu wiederholen, wie das etwa bei der Richterablehnung nach § 29 II 2 StPO gesetzlich vorgesehen ist[23].

c. Beschleunigungsgebot

Das Beschleunigungsgebot ist selbstverständlich in Art. 6 EMRK geregelt und besitzt schon wegen der Masse der Entscheidungen des EGMR in diesem Punkt und der jüngeren Gesetzgeberischen Tätigkeit in §§ 198-201 GVG ein hohes Maß an Eigenständigkeit. Trotzdem kann es auch als Ausfluss der gerichtlichen Fürsorgepflicht verstanden und im Zusammenhang mit der Verfahrensverantwortung des Richters gesehen werden.[24]

d. Hinweispflicht

Das Gericht ist auch verpflichtet, den Beteiligten den Verfahrensgang zu erklären und Hinweise zu geben. Schon erwähnt wurde die Hinweispflicht nach § 265 StPO: Änderung des rechtlichen Gesichtspunktes, wenn etwa nicht nur Diebstahl (§ 242 StGB), sondern auch Raub (§ 249 StGB) in Betracht kommt, weil sich in der Hauptverhandlung ergibt, dass der Täter Gewalt angewendet hat.

In einem anderen Fall fehlte der Hinweis auf das Fehlen einer „Erklärungsvollmacht“ des Verteidigers.[25] Eine solche Vollmacht ist erforderlich, um den Betroffenen in einem Ordnungswidrigkeitenverfahren von der Pflicht zur persönlichen Anwesenheit zu entbinden. Ein entsprechender Antrag des Verteidigers war vom Gericht mehrmals ohne Begründung zurückgewiesen worden. Somit war dem Betroffenen und seinem Verteidiger die Möglichkeit genommen, auf die Behebung des Mangels hinzuwirken.

---

22 BeckOK StPO - Lars Bachler, § 244 Rn. 31.

23 Aktuell zum NSU-Prozess http://www.spiegel.de/panorama/justiz/olg-muenchen-lehnt-befangenheitsantrag-von-zschaepe-anwaelten-ab-a-899142.html.

24 So etwa BGH NJW 2008, 3509, 3511; dazu Anm Carl-Friedrich Stuckenberg, in: JR 2009, 166; Peter Rieß, in: NStZ 2009, 229.

25 So der Fall OLG Bamberg, NStZ-RR 2012, 23.

4) Die Fürsorgepflicht kennt verschiedene Abstufungen. Ein Angeklagter, dem ein Strafverteidiger zur Seite steht, ist sicherlich weniger schutzwürdig als ein unverteidigter, rechtsunkundiger, unerfahrener oder unbemittelter Angeklagter.[26] Allerdings führt der anwaltliche Beistand nicht dazu, dass die prozessuale Fürsorge vom Gericht auf den Strafverteidiger übergeht. Von einem Strafverteidiger kann nur erwartet werden, dass er sicherstellt, dass sein Mandant seine Rechte verstanden hat, dass Fristen bekannt sind und ggf. Rügen wegen Verfahrensmängel erhoben werden.

5) Die Richtung der Fürsorgepflicht bezieht sich auf jede „Bedrohungssituation" für die Beteiligten am Verfahren. Fürsorge besteht auch gegenüber dem Tatopfer. So führte der BGH unlängst aus: „Das Gericht ist verpflichtet, bei seiner Entscheidung über den Umfang der Beweisaufnahme Opferschutzinteressen in seine Erwägungen einzubeziehen[27]. Das bedeutet auch, das Opfer vor einer rechtsstaatswidrigen Verteidigung des Angekl. zu schützen".[28]

6) Hinsichtlich des Inhalts der Fürsorgepflicht haben wir folgende Punkte ausgemacht: 3 (a) im Dienste der Wahrheitspflicht, (b) Heilung von Verfahrensmängeln, (c) Beschleunigung und (d) Hinweispflichten. Eine besondere Fürsorge besteht gegenüber dem unverteidigten Angeklagten, da ein Verteidiger grds. damit beauftragt ist, die Rechte des Angeklagten zu wahren. Die Fürsorge besteht aber nicht nur gegenüber dem Angeklagten, sondern gegenüber allen Prozessbeteiligten, denen im Verfahren ein Nachteil entstehen kann.

IV. Fürsorgepflicht im englischen Recht

„Fürsorge" ist in England kein beliebter Begriff. Das klingt nach „zu viel" Staat. Dabei ist die Freiheit vom Staat für den Engländer eine der wichtigsten Lebensqualitäten überhaupt, man denke nur an die nicht vorhandene Meldepflicht oder das Fehlen eines Personalausweises. Die Aufgabe des Staates ist es, für die öffentliche Sicherheit und Ordnung zu sorgen, und dabei soll es auch bleiben. Öffentliche Fürsorge entspricht nicht der Erwartungshaltung der englischen Bevölkerung. Hier herrscht benthamsche Ökonomie und Nüchternheit und nicht hegelscher Idealismus.[29]

Der Richter indes ist eine der Berührungspunkte des Individuums mit der staatlichen Macht. So zeigt sich hier gerade in der Aufgabe, das Individuum vor „zu viel" Staat zu bewahren, eine gewisse Schutzpflicht des Richters. In diesem Fall muss der Angeklagte in einem Strafverfahren vor ungerechtfertigten An-

---

26 Vgl. BayObLG NJW 1959, 2274.
27 BGH NJW 2005, 1519.
28 BGH NJW 2005, 2791.
29 Vgl. zu diesen philosophischen Konzepten auch Christoph Safferling, Vorsatz und Schuld, Tübingen: Mohr Siebeck 2008, S. 481 f.

schuldigungen und letztlich vor einer falschen Verurteilung geschützt werden. Die Einhaltung der sog. „Unschuldsvermutung“ ist demnach eine der noblen Aufgaben des englischen Richters, auch wenn es heute nicht mehr der Realität entspricht – und ihr wahrscheinlich auch nie entsprochen hat – dass der Angeklagte, wie Gustav Radbruch zu beobachten vorgibt, „wie ein Gentleman“ behandelt wird.[30]

Die Ziele des Strafprozesses werden zudem in den Criminal Procedure Rules 2010 zu Beginn genannt. Demnach müssen Strafverfahren „gerecht“ (justly) durchgeführt werden. Dazu gehört, was aus unserer kontinentalen Sicht gewissermaßen einer *petitio principii* gleichkommt, dass die Unschuldigen frei gesprochen und die Schuldigen verurteilt werden (Sec. 1.1(2)(a)). Dahinter verbirgt sich aber eine Normativierung des Strafverfahrens, das nun nicht mehr nur rein prozedural verstanden werden kann. Die historische Wahrheit gewinnt an Bedeutung. Diesem Grundsatz zum Durchbruch zu verhelfen, ist auch Aufgabe des Gerichts.[31] So heißt es in Sec. 1.3.: „The court must further the overriding objective, in particular when – exercising any power given to it by legislation (including these Rules)...“.

Der bloß zuschauende Richter entspricht nun demnach nicht mehr dem gewollten Richterbild in England. So lesen wir bei Lord Justice Judge im Fall *R. v. Jisl (and others)*: „Active, hands on, case management, both pre-trial and throughout the trial itself, is now regarded as an essential part of the judge’s duty“.[32]

Dies fand erstmals 2005 und nun 2010 in den Criminal Procedure Rules in Sec. 3.2.(1) einen gesetzlichen Niederschlag: „The court must further the overriding objective by actively managing the case“. – Auch hier wieder das Wort „further“.

Eines der wesentlichen Pflichten des Richters ist die Gewährleistung eines zügigen Prozesses. Die Liste an Pflichten von Sec. 3.2.(2) Criminal Procedure Rules entspricht genau dieser Agenda, wenn der Richter angehalten wird, die eigentlichen Streitpunkte des Falls zu benennen (Sec. 3.2(2) (a)), einen Fahrplan für den Prozess zu erstellen (Sec. 3.2.(2)(c)), daraufhin zu wirken, dass die Beweise in der kürzest möglichen Form präsentiert werden (Sec. 3.2.(2)(e)), und Gebrauch von technischen Mitteln zu machen, wodurch die Beweisaufnahme verkürzt werden könnte (Sec. 3.2.(h)).

Ein weiterer wichtiger Punkt unter den Zielen des Strafverfahrens, für dessen Erreichen auch der Richter zu sorgen hat, ist die Berücksichtigung der Angeklagtenrechte insbesondere nach Art. 6 EMRK; dies ergibt sich aus

30 Gustav Radbruch, Der Geist des Englischen Rechts, 4. Aufl. Göttingen: Vandenhoeck & Ruprecht 1958, S. 16.

31 Vgl. Duncan Atkonson & Tim Moloney, Blackstone’s Guide to the Criminal Procedure Rules, 2nd ed. Oxford: Oxford University Press 2011.

32 [2004] EWCA Crim 696.

Sec. 1.1.(2)(c). Auch hierin zeigt sich ein Zurücktreten der strengen Formalkriterien des Prozesses zugunsten einer stärker normativ ausgerichteten Sicht. Damit betont das Englisch Recht einmal mehr die Bedeutung der EMRK, wie schon im Human Rights Act (1998) und durch die Einrichtung des Supreme Courts am 1.10.2009. Die nachlassende Verurteilungsquote des Vereinigten Königsreichs durch den EGMR spricht dafür, dass das englische Recht mit den Herausforderungen durch die EMRK proaktiver umgeht als das deutsche Recht und damit EMRK-Verletzungen zu reduzieren vermag[33]. In Deutschland musste die Bindung des Richters an die EMRK und die Rechtsprechung des EGMR erst umständlich durch das BVerfG geklärt werden,[34] was nicht zuletzt einer gewissen Grundrechtsarroganz auf deutscher Seite geschuldet ist.

Wir finden also bereits einige der oben für das deutsche Recht gefundenen Aspekte hier für den Englischen Richter wieder: Es gibt die Pflicht, das Verfahren auf die wesentlichen Streitfälle zu konzentrieren und Verfahrensmängel zu unterbinden. Dazu muss der Richter eine zügige Verhandlung gewährleisten.

Ein wichtiger Aspekt im Rahmen der Fürsorgepflicht des deutschen Richters ist der Hinweise auf die Veränderung des rechtlichen Gesichtspunktes nach § 265 StPO. Eine solche Hinweispflicht ist im englischen Recht nicht erforderlich. Das liegt letztlich an dem rein binären System der Anklage und der Verurteilung: „guilty as charged“. Ist die „charge“ falsch, kann sie im Rahmen des Prozesses nur noch schwer geändert werden. Der Prozess funktioniert also nach einem Schwarz-Weiß-Schema: schuldig im Sinne der Anklage oder nicht.[35] Deckt sich die Anklage nicht mit dem Lebenssachverhalt, ist freizusprechen. Kann der Ankläger die Geschworenen demnach nicht davon überzeugen, dass der Angeklagte einen Mord begangen hat, ist das Verfahren zu Ende und ein neuerliches Verfahren wegen Totschlags scheitert am ne bis in idem-Grundsatz. Das ist vor dem Hintergrund einer funktionstüchtigen Strafrechtspflege natürlich ineffizient.[36]

Ergänzungen der Anklage sind daher im englischen Recht gestattet, aber nur, wenn dieses nicht zu Ungerechtigkeiten führen.[37] Jede Veränderung der Anklage wird zurückgewiesen, wenn darin eine „genuinely fresh charge“ enthal-

---

33 Vergleiche nur die Statistiken, abrufbar unter http://www.echr.coe.int/ECHR/EN/Header/Reports+and+Statistics/Statistics/Statistical+data.

34 BVerfGE 111, 307; dazu auch Christoph Safferling, Internationales Strafrecht, Berlin, Heidelberg: Springer 2011, § 13 Rn. 22 f.

35 Vgl. Gustav Radbruch, Der Geist des Englischen Rechts, 4. Aufl. Göttingen: Vandenhoeck & Ruprecht 1958, S. 16.

36 Dazu Christoph Safferling, International Criminal Procedure, Oxford: Oxford University Press 2012, S. 247.

37 John Sprack, A practical Approach to Criminal Procedure, 14. Auflage Oxford: Oxford University Press 2008, 15, 47.

ten ist, und das Wesen der Anklage dadurch modifiziert wird.[38] Eine solche Ergänzung muss außerdem in dem vorgebrachten Beweismaterial angelegt sein. In jedem Fall muss dem Anklagten angemessen viel Zeit zur Verfügung stehen, um auf die Veränderungen entsprechend reagieren zu können.[39]

Im internationalen Strafverfahrensrecht vor dem Internationalen Strafgerichtshof (IStGH) ist dieses Problem im Übrigen bereits aufgetaucht. In Regel 55 (2) der Regulation of the Court heißt es dazu:

> 2. If, at any time during the trial, it appears to the Chamber that the legal characterisation of facts may be subject to change, the Chamber shall give notice to the participants of such a possibility and having heard the evidence, shall, at an appropriate stage of the proceedings, give the participants the opportunity to make oral or written submissions. The Chamber may suspend the hearing to ensure that the participants have adequate time and facilities for effective preparation or, if necessary, it may order a hearing to consider all matters relevant to the proposed change.
>
> 3. For the purposes of sub-regulation 2, the Chamber shall, in particular, ensure that the accused shall:
>
> (a) Have adequate time and facilities for the effective preparation of his or her defence in accordance with article 67, paragraph 1 (b); and
>
> (b) If necessary, be given the opportunity to examine again, or have examined again, a previous witness, to call a new witness or to present other evidence admissible under the Statute in accordance with article 67, paragraph 1 (e).

Eine Hinweispflicht anderer Art wurde bereits zuvor erwähnt: Die Instruktion der Jury. Auch hier zeigt sich eine Verantwortung des Richters für die Richtigkeit des Urteils gegenüber dem Angeklagten. Willkürliche und überraschende Entscheidungen sollen durch die rechtliche Aufklärung des Richters unterbunden werden.

Wie sieht es nun aus bei der richterlichen Fürsorge für einen unverteidigten Angeklagten. Dieser Punkt ist aus zwei Gründen wichtiger als im deutschen Recht: (1) es gibt keine Fälle der notwendigen Verteidigung, dh. jeder darf sich selbst verteidigen und (2) die Beweispräsentation obliegt den Parteien[40].

Der Richter hat seine grundsätzliche Neutralität zu wahren, dh. er darf sich in die Beweispräsentation nicht einmischen. In diesem parteibezogenen Beweisverfahren spielen die Offenlegungspflichten eine wichtige Rolle. Nach der sog. disclosure of evidence müssen die Parteien mit offenen Karten spiele und dürfen keinen Überraschungsbeweise im Prozess präsentieren. In den Criminal Procedure Rules finden sich diese Vorschriften in Part 22. Die Einhaltung dieser sehr komplexen Vorschriften überwacht das Gericht. Die Verhinderung von Überraschungen im Prozess ist wenigsten mittelbar über die disclosure auch eine

38 John Sprack, A practical Approach to Criminal Procedure, 14. Auflage Oxford: Oxford University Press 2008, 15.48.

39 Schiemann in R Osieh [1996] 1 WLR 1260.

40 Christoph Safferling, Towards an International Criminal Procedure, Oxford: Oxford University Press 2003, S. 217.

Sache des Gerichts. Dabei steht aber weniger der Aspekt der Wahrheitsfindung im Vordergrund als die Fairness und die Verfahrensbeschleunigung[41].

Was die Richtung der „Fürsorge" angeht, so dient die Verfahrensleitung nicht nur dem Angeklagten und der Wahrung der Fairness ihm gegenüber. Der Richter schützt auch Zeugen vor unangemessenen Angriffen. Schlechte Erfahrungen hat das englische Recht vor allem im Rahmen des Kreuzverhörs gemacht, in dem ein wegen Vergewaltigung Angeklagter, der sich selbst verteidigt, sein vermeintliches Opfer tagelang in entwürdigende Befragung festgehalten hat, ohne dass es ein Richter gewagt hätte, einzugreifen[42]. Darauf hat die Politik reagiert und im Jahr 1999 im Youth Justice and Criminal Evidence Act eingeführt[43]: Ein unverteidigter Angeklagter darf bei Vorwurf eines Sexualdelikts kein Kreuzverhör mehr durchführen, es sei denn, das Gericht erlaubt dies explizit (Sec. 36 CPR). Auch ein Verteidiger steht in diesen Fällen unter der Aufsicht des Gerichts, welches eingreifen soll, wenn die Fragen an das vermeintliche Opfer diffamierende Wirkung haben können.

V. Zusammenfassung

Wir erkennen zwischen dem deutschen und dem englischen Richter auf der Handlungsebene eine ganze Reihe an Gemeinsamkeiten. Zwar wird im Englischen ein normativer Begriff wie die „Fürsorge" vermieden, aber im Rahmen des „case management" finden sich einige Parallelen zum deutschen Recht.

So überwacht der Richter die wechselseitige Information der Parteien und schützt die Beteiligten so vor Überraschungen. Er achtet auf die Konzentration des Prozessstoffs auf das Wesentliche und sorgt für die Verfahrensbeschleunigung. Er wacht auch über die Rechte von Opfer und Zeugen, indem er das Kreuzverhör limitiert bzw. kontrolliert.

Trotz dieser Ähnlichkeiten unterscheidet sich der deutsche Richter von seinem englischen Kollegen in einem wesentlichen Punkt: Der deutsche Richter ist von Amts wegen zu umfassender Aufklärung des Sachverhalts verpflichtet. Die Ermittlung der Wahrheit ist seine Verantwortung. Versagt er hier, kann sein Urteil mit der Aufklärungsrüge[44] angegriffen werden.

Dem englischen Richter ist eine solche Verantwortung fremd. Für die Erforschung des Sachverhalts ist er noch nicht einmal sekundär verantwortlich. Ver-

---

41 Christoph Safferling, International Criminal Procedure, Oxford: Oxford University Press 2012, S. 344 ff.

42 Nachweise im Guardian vom 7. November 1997, S. 7.

43 Vergleiche auch Funmi Johnson, Der Kampf um Gerechtigkeit: Was tut der Staat gegen Gewalt an Frauen, in: Tagungsdokumentation der internationalen Tagung „Stop Domestic Violence against Women", Wien: Jentzsch & Co GmbH 2008, S. 223.

44 Zu den Anforderungen BGH NStZ 1999, 45.

sagt der Prosecutor, wird ein Freispruch ergehen; versagt der defence counsel kann der Angeklagte mit der Rüge der ineffective assistance of counsel das Urteil angreifen und in der Revision ggf ein re-trial erreichen.[45] Dieser Unterschied in der Letztverantwortung für die Sachverhaltsaufklärung ist der Grund dafür, dass trotz einiger Lösungskonvergenzen oder Handlungsparallelen in den beiden Rechtskreisen die Verfahrensstruktur eine gänzlich andere ist. Jeder Vergleich muss das berücksichtigen. Auf der operativen Ebene können wir gleichwohl feststellen, dass sowohl der deutsche wie auch der englische Richter für die Verhandlungsleitung verantwortlich ist und dabei eine Verfahrensförderungspflicht hat, die nicht zuletzt für den Angeklagten wirkt. In Deutschland nennen wir das „Fürsorge“, in England „case management“.

45 S. Christoph Safferling, International Criminal Procedure, Oxford: Oxford University Press 2012, S. 56 mwN.

Inquisitorischer und adversatorischer Prozess und das Fair-Trial-Prinzip

Ken Eckstein

Der Fair-Trial-Grundsatz hat die jüngere Entwicklung des Strafprozessrechts in Europa maßgeblich beeinflusst.[1] Der Titel meines Beitrags setzt die Prozessmodelle in Beziehung zum Grundsatz des fairen Verfahrens. Aber welcher Art ist diese Beziehung?

Das Prinzip der Fairness kennzeichnet einen Wettkampf. Das Fair-Trial-Prinzip scheint also zum adversatorischen Verfahren zu gehören. Noch *Radbruch* konstatierte, das Wort „fair" lasse sich gar nicht ins Deutsche übersetzen, sondern beginne gerade, ein im Deutschen gebräuchliches Fremdwort zu werden.[2] Folgerichtig wird der Siegeszug des Fairness-Prinzips in den europäischen Prozessordnungen mit dem Vordringen angelsächsisch-adversatorischer Prozesselemente in Verbindung gebracht.[3]

Das ist aber nur die halbe Wahrheit. Denn für die Mitgliedstaaten des Europarats macht Art. 6 Abs. 1 Satz 1 EMRK das Fair-Trial-Prinzip zur Maxime ihrer Verfahrensordnungen. Das deutsche Bundesverfassungsgericht hat das Fair-Trial-Prinzip im Grundgesetz verankert.[4] Ein faires Verfahren müssen also auch inquisitorisch geprägte Prozessordnungen gewährleisten; ins adversatorische Lager wechseln müssen sie deshalb nicht.[5]

Was folgt daraus für die Unterscheidung zwischen inquisitorischem und adversatorischem Prozess und mit Blick auf die Prozessordnungen Zentralasiens? Ich will darauf in 5 Schritten antworten.

I. Adversatorisches und inquisitorisches Prozessmodell

Adversatorisch und inquisitorisch sind historisch idealisierende Attribute von Prozessmodellen. In der Realität existieren Mischformen. Dass diese Mischfor-

---

1 *Vogler* in: *Vogler / Huber* (Hrsg.), Criminal Procedure in Europe, Berlin 2008, S. 11.

2 *Radbruch*, Der Geist des Englischen Rechts, 4. Auflage, Göttingen 1958, S. 15, vgl. auch S. 16 f.

3 *Vogler* in: *Vogler / Huber* (Hrsg.), Criminal Procedure in Europe, Berlin 2008, S. 11. Dass (umgekehrt) Fairness zu Adversarietät führt, vermutet *Harding* in: *Eser / Rabenstein* (Hrsg.), Strafjustiz im Spannungsfeld von Effizienz und Fairness, Berlin 2004, S. 16.

4 BVerfGE 26, 66, 71.

5 *Summers*, Fair Trials, Portland 2007, S. 126 ff. diagnostiziert allerdings ein akkusatorisches Prozessverständnis in der Fair-Trial-Rechtsprechung des EGMR.

men sich einander annähern, wurde in jüngerer Zeit wiederholt diagnostiziert. Man spricht von einer Konvergenz der Systeme.[6] Art. 15 der russischen Strafprozessordnung bestimmt, dass das Verfahren streitig zu führen ist. Es herrscht sogenannte *Sostjazatel'nost'*. Dieser schillernde Begriff fungiert als Einfallstor für eine stärker adversatorische Ausrichtung des Strafverfahrens.[7]

Das adversatorische Prozessmodell zeichnet sich dadurch aus, dass Anklage und Verteidigung als Parteien die Beweise beibringen. Der Richter ist passiver und neutraler Schiedsrichter.[8] Außerdem können die Parteien über den Prozessgegenstand disponieren. Wenn der Beschuldigte der Anklage zustimmt, ist der Streit zwischen den Parteien erledigt, der Grund für den Prozess damit entfallen.[9] Kurioserweise werden allerdings gerade dem sogenannten „plea bargaining" inquisitorische Nebenwirkungen nachgesagt: Der Beschuldigte werde unter Druck gesetzt und dem Gericht wachse eine Überwachungsfunktion zu.[10]

Als typische Eigenschaften eines adversatorischen Prozesses gelten:

- die Möglichkeit auch der Verteidigung, durch Ermittlungsmaßnahmen den Sachverhalt zu erforschen
- das Recht der Verteidigung auf Konfrontation mit den Beweismitteln der Anklage
- ein starkes Recht auf den Beistand eines Verteidigers.[11]

Insofern kann auch das Vorverfahren adversatorisch ausgestaltet sein,[12] einfach dadurch, dass beide Parteien aufgerufen sind, die für sie günstigen Beweise zu sammeln.[13] Dass darüber hinaus Ermittlungs- und Anklagefunktion getrennt werden oder ein Ermittlungsrichter über Grundrechtseingriffe entscheidet – so dass Polizei, Staatsanwaltschaft, Ermittlungsrichter und Beschuldigter in Dreiecksverhältnisse zueinander treten –, ist allenfalls ein formales Indiz für

---

6 *Harding* in: *Eser / Rabenstein* (Hrsg.), Strafjustiz im Spannungsfeld von Effizienz und Fairness, Berlin 2004, S. 12 m.w.N. *Trüg* hat dem Phänomen eine Monographie gewidmet (Lösungskonvergenzen trotz Systemdivergenzen im deutschen und US-amerikanischen Strafverfahren, Tübingen 2003).

7 *Schestakowa* in: *Eser / Rabenstein* (Hrsg.), Strafjustiz im Spannungsfeld von Effizienz und Fairness, Berlin 2004, S. 41 ordnet den russischen Strafprozess als gemischtes Verfahren ein.

8 *Goldstein* Stanford Law Review 26 (1974) S. 1009 ff., 1016.

9 *Trüg* (Fn. 6) S. 16 f.

10 *Goldstein* Stanford Law Review 26 (1974) S. 1009 ff., 1020, 1022 f.

11 *Trüg* (Fn. 6) S. 25.

12 *Trüg* (Fn. 6) S. 26 m.w.N. A.A. *Haas*, Strafbegriff, Staatsverständnis und Prozessstruktur, Tübingen 2008, S. 422: kein Verfahren vor einem Gericht als unbeteiligtem Dritten.

13 Vgl. *Jörg / Field / Brants* in: *Fennell / Harding / Jörg / Swart* (Hrsg.), Criminal Justice in Europe. A Comparative Study, Oxford 1995, S. 47 f.

Adversarietät.[14] *Goldstein* hält Grundrechtsschutz durch einen Ermittlungsrichter sogar gerade umgekehrt für ein inquisitorisches Phänomen.[15]

Im inquisitorischen Prozessmodell in seiner ursprünglichen Form standen sich nur der Angeklagte und sein Richter gegenüber.[16] Mit der Trennung der Anklage- von der Entscheidungsfunktion ist, wie im adversatorischen Verfahren, ein Dreiecksverhältnis zwischen Beteiligten und Gericht entstanden. Der Prozessgegenstand steht aber nicht zur Disposition der Parteien und die Beweiserhebung bleibt Teil der Entscheidungsfunktion. Dadurch wächst dem erkennenden Richter eine aktive Rolle zu.[17] Dass der Sachverhalt von Amts wegen zu erforschen ist, erklärt *Radtke* in Deutschland zum Verfassungsgebot (Rechtsstaats- und Schuldprinzip, Art. 1 Abs. 1, Art. 20 Abs. 3 GG).[18]

Auch wenn dem adversatorischen Verfahren nachgesagt wird, es sorge durch Einbindung beider Parteien für größere Stofffülle,[19] ist es das inquisitorische Verfahren, das konsequent auf Wahrheitserforschung angelegt ist. Das Ziel des Strafverfahrens, Rechtsfrieden zu schaffen, setzt im inquisitorischen Prozess bestmögliche Erforschung der Wahrheit voraus. Im adversatorischen Verfahren sorgt dagegen die Einhaltung der Verfahrensregeln für Rechtsfrieden.[20]

Interessanterweise wird auch die Zulassung von Rechtsmitteln, scheinbar Ausdruck adversatorischen Prozessierens par excellence, als typisch für ein inquisitorisches Prozessmodell angesehen.[21]

---

14 *Schestakowa* in: *Eser / Rabenstein* (Hrsg.), Strafjustiz im Spannungsfeld von Effizienz und Fairness, Berlin 2004, S. 40 hält die richterliche Kontrolle von Grundrechtseingriffen für systemrelevant. Ein adversatorisches Verfahren ist aber auch ohne Grundrechtsschutz denkbar.

15 *Goldstein* Stanford Law Review 26 (1974) S. 1009 ff., 1023.

16 Vgl. nur *Radbruch* (Fn. 2) S. 17.

17 *Goldstein* Stanford Law Review 26 (1974) S. 1009 ff., 1018 f.

18 *Radtke* GA 2012 S. 187 ff., 189.

19 *Trüg* (Fn. 6) S. 27 m.w.N.

20 Vgl. *Jörg / Field / Brants* in: *Fennell / Harding / Jörg / Swart* (Hrsg.), Criminal Justice in Europe. A Comparative Study, Oxford 1995, S. 42 f., 51 (Wahrheitserforschung als – unmittelbare – Aufgabe inquisitorischen und – mittelbare – Folge adversatorischen Prozessierens). Zur Herstellung von Rechtsfrieden als Ziel des Strafverfahrens *Radtke* GA 2012 S. 187 ff., 187 (a.a.O. S. 190: prozedurale Gerechtigkeit als notwendige, aber nicht hinreichende Bedingung); *Eckstein* in: *Hoyer / Müller / Pawlik / Wolter* (Hrsg.), Festschrift für Friedrich-Christian Schroeder zum 70. Geburtstag, Heidelberg 2006, S. 777 ff., 795.

21 *Harding* in: *Eser / Rabenstein* (Hrsg.), Strafjustiz im Spannungsfeld von Effizienz und Fairness, Berlin 2004, S. 13; *Trüg* (Fn. 6) S. 18 f., 23; *Weigend* StraFo 2013 S. 45 ff., 49.

II. Historische Annäherung der Modelle: Der deutsche reformierte Prozess

In seiner klassischen Form war das inquisitorische Verfahren schriftlich und geheim. Urteilsgrundlage waren Akten. Der Grundsatz der Unmittelbarkeit der Beweisaufnahme galt also nicht.[22] Im 19. Jahrhundert setzte sich die Überzeugung durch, dass die Rechte des Beschuldigten besser geschützt werden mussten. Zum Schutz gegen staatliche Willkür wurden die Grundsätze der Öffentlichkeit, Mündlichkeit und Unmittelbarkeit eingeführt. Nach Deutschland gelangten diese Grundsätze zwar auf dem Umweg über Frankreich. Ihren Ursprung aber hatten sie im englischen adversatorischen Verfahren. Dort mussten die Parteien ihren Wettstreit unmittelbar, mündlich und unter den Augen der Öffentlichkeit austragen.[23]

Dieser Blick in die Vergangenheit zeigt, dass wichtige Verfahrensgrundsätze den Sprung über die Systemgrenze hinweg schaffen. Das erschwert es, real existierende Verfahrensordnungen als inquisitorisch oder adversatorisch zu charakterisieren. Die Unterscheidung zwischen inquisitorischem und adversatorischem Prozess verliert dadurch scheinbar an Bedeutung. Sie gewinnt aber auch eine neue analytische Bedeutung: Verfahrensregeln können zwar die Systemgrenzen überwinden. Es liegt aber nahe, dass sie bei dieser Grenzüberschreitung modifiziert und dem Grundcharakter des Prozesses angepasst werden. Für die systemgerechte Ausgestaltung von Verfahrensgrundsätzen bleiben die Prozessmodelle bedeutsam.

III. Moderne Annäherung der Modelle: Faires, die Menschenrechte achtendes Verfahren

Das Fair-Trial-Prinzip, Art. 6 Abs. 1 Satz 1 EMRK, gilt für alle Mitgliedstaaten des Europarats. Aber auch darüber hinaus verlangt Art. 14 Abs. 1 Satz 2 des UN-Pakts über bürgerliche und politische Rechte, dass in billiger, also fairer Weise verfahren wird. *Sanders* erklärt Fairness neben Demokratie und Effizienz zu einem der Grundwerte des Strafverfahrens.[24]

Welchen Inhalt das Fairnessprinzip hat, ist nicht abschließend geklärt. Als allgemeine Garantie einer Verfahrensgestaltung, die die Interessen der Parteien

---

22 *Mittermaier*, Das Deutsche Strafverfahren in der Fortbildung durch Gerichts-Gebrauch und Landes-Gesetzbücher und in genauer Vergleichung mit dem englischen und französischen Straf-Verfahren, Erster Theil, Heidelberg 1845, S. 167 f.

23 Vgl. *Mittermaier* (Fn. 22) S. 210 ff.

24 *Sanders* in: *Eser / Rabenstein* (Hrsg.), Strafjustiz im Spannungsfeld von Effizienz und Fairness, Berlin 2004, S. 206 f.

wahrt,[25] wird das Fair-Trial-Prinzip zum Auffangtatbestand für nicht anderweitig geregelte Sachverhalte.[26] *Hörnle* interpretiert Fairness als „dienendes Prinzip zur Ausbalancierung widerstreitender Interessen".[27] Inhaltsbestimmungen bleiben entweder abstrakt oder beispielhaft. *Jung* zählt auf:[28] Subjektstellung und Nemo-tenetur-Grundsatz, wirksame Verteidigung, Folterverbot. *Gaede* definiert Fairness als Teilhabe, als Recht des Angeklagten, in einem ergebnisoffenen Verfahren an der Erarbeitung des Urteils mitzuwirken.[29] Und *Rzepka* fasst unter den Oberbegriff Fairness alle Abwehrrechte, die dem Einzelnen im Strafverfahren zur Verfügung stehen, um seine Freiheit gegen den strafverfolgenden Staat zu verteidigen.[30]

Jedenfalls gilt das Fair-Trial-Prinzip für inquisitorische wie adversatorische Prozessordnungen. Wie sich das auswirkt, will ich an einigen Beispielen zeigen.

1. Opferschutz

In persönlicher Hinsicht räumen Art. 6 EMRK, 14 IPBPR, beim Wort genommen, nur dem Beschuldigten einen Anspruch auf Fairness ein. Das deutsche Verfahrensrecht bezieht aber darüber hinaus auch andere Beteiligte in den Schutzbereich des Fair-Trial-Grundsatzes ein.[31] Für das Opfer leitet beispielsweise *Walther* aus Art. 103 Abs. 1 GG einen Anspruch auf rechtliches Gehör ab; ein faires Verfahren sollen auch dem Opfer Art. 20 Abs. 3 und Art. 2 Abs. 1 i.V.m. Art. 1 Abs. 1 GG garantieren.[32] Der EGMR integriert die Interessen von Opfer, Zeugen und Allgemeinheit ebenfalls in seine Overall-Fairness-Prüfung.[33]

Dadurch wird der Anwendungsbereich des Fair-Trial-Prinzips erweitert. Das kann dazu führen, dass die Rolle des Opfers auch im adversatorischen Verfahren aufgewertet werden muss. Grundsätzlich steht Opferschutz im Verdacht, das Gleichgewicht zwischen den Parteien eines adversatorischen Verfahrens zu stören.[34] Doch das Opfer verdient Anerkennung durch Einbeziehung ins Verfah-

---

25 Löwe-Rosenberg, StPO, 26. Auflage, Berlin 2012, *Esser* Art. 6 EMRK (Art. 14 IPBPR) Rn. 177.

26 Löwe-Rosenberg, StPO, 26. Auflage, Berlin 2012, *Esser* Art. 6 EMRK (Art. 14 IPBPR) Rn. 188, 192.

27 *Hörnle* Rechtstheorie 35 (2004) S. 175 ff., 194.

28 *Jung* GA 2013 S. 90 ff., 93 f., 97.

29 *Gaede*, Fairness als Teilhabe – Das Recht auf konkrete und wirksame Teilhabe durch Verteidigung gemäß Art. 6 EMRK, Berlin 2007, S. 426.

30 *Rzepka*, Zur Fairness im deutschen Strafverfahren, Frankfurt am Main 2000, S. 321.

31 BVerfGE 38, 105, 112 ff.

32 *Walther* GA 2007 S. 615 ff., 617 ff.

33 EGMR (Große Kammer) Nr. 26766/05 und 22228/06, Entscheidung vom 15.12.2011, Al-Khawaja und Tahery gegen Großbritannien, § 118.

34 *Vogler* in: *Vogler / Huber* (Hrsg.), Criminal Procedure in Europe, Berlin 2008, S. 23.

ren und Transparenz des Verfahrens. Es kann beanspruchen, gehört zu werden.[35] In England wurde unter Berufung auf Opferinteressen die Anfechtung von Urteilen erleichtert.[36]

Ein Verbot, über das sexuelle Vorleben des Opfers Beweis zu erheben,[37] geht dagegen zu weit und untergräbt den Fairnessanspruch des Beschuldigten. Auf die schiefe Bahn gerät schon, wer wie *Walther* von der Vorstellung ausgeht, im Strafverfahren werde ein Konflikt zwischen Täter und Opfer ausgetragen.[38] Träfe das zu, wäre der In-dubio-pro-reo-Grundsatz fragwürdig und ein Freispruch geriete zur Niederlage für das Opfer. Der Freispruch vom Vorwurf der Vergewaltigung im Kachelmann-Prozess hat erst kürzlich deutlich gemacht, welches Ausmaß sekundärer Viktimisierung dem möglichen Opfer dann droht.

Kritiker halten es für schlechthin unzutreffend, den Opferschutz in den Fair-Trial-Grundsatz aufzunehmen; sie befürchten schon dadurch eine Entwertung des Beschuldigtenschutzes.[39] Dass Opfer- und Beschuldigtenschutz in einem Spannungsverhältnis zueinander stehen, liegt auf der Hand. Auch ist die Frage, ob das Opfer in den Schutzbereich des Fair-Trial-Grundsatzes fällt oder ob seine Interessen den Fair-Trial-Grundsatz beschränken, systematisch berechtigt. Die Gefahr abwägender Relativierung des Beschuldigtenschutzes bergen aber beide dogmatischen Konstruktionen. Und dass Opferschutz notwendig sein kann, erkennen auch kritische Stimmen an.

2. Unschuldsvermutung

Die Absätze 2 und 3 der Art. 6 EMRK, 14 IPBPR normieren konkrete Mindestvorgaben für ein faires Verfahren.[40] Im Spannungsfeld zwischen inquisitorischem und adversatorischem Verfahren ist die Garantie der Unschuldsvermutung aufschlussreich, Art. 6 Abs. 2 EMRK, Art. 14 Abs. 2 IPBPR.

Die Unschuldsvermutung scheint besser auf den passiven Richter eines adversatorischen Prozesses zu passen. Ein Richter, der über Prozessstoff urteilt, den die Parteien präsentieren, kann sich dabei von der Ausgangsvermutung der Unschuld leiten lassen. Doch auch im inquisitorischen Verfahren gilt bei unkla-

---

35 Dazu und zu den Gefahren weitergehenden Opferschutzes *Eckstein* in: *Hoyer / Müller / Pawlik / Wolter* (Hrsg.), Festschrift für Friedrich-Christian Schroeder zum 70. Geburtstag, Heidelberg 2006, S. 777 ff., 794 ff.

36 *Hörnle* ZStW 117 (2005) S. 801 ff., 827 m.w.N.

37 Zu einer solchen Regelung im Vereinigten Königreich *Sanders* in: *Eser / Rabenstein* (Hrsg.), Strafjustiz im Spannungsfeld von Effizienz und Fairness, Berlin 2004, S. 216 ff.

38 *Walther* GA 2007 S. 615 ff., 617, 621.

39 *Jung* GA 2013 S. 90 ff., 98.

40 Löwe-Rosenberg, StPO, 26. Auflage, Berlin 2012, *Esser* Art. 6 EMRK (Art. 14 IPBPR) Rn. 198.

rer Beweislage die Entscheidungsregel „in dubio pro reo". Diese Regel hat sich allerdings in der deutschen Strafprozessrechtsdogmatik von der Unschuldsvermutung gelöst und verselbstständigt.

Zur Sachverhaltserforschung verpflichtet, muss der Richter im inquisitorischen Verfahren Verdacht schöpfen und ermitteln, ohne zu vermuten, der Beschuldigte sei unschuldig. Dennoch bleibt die Unschuldsvermutung bedeutsam. *Goldstein* ordnet sie vermittelnd dem Akkusationsprinzip zu, also der Trennung von Anklage- und Entscheidungsfunktion.[41] Die Unschuldsvermutung verbietet es, eine Person als schuldig zu bezeichnen oder zu behandeln, ohne dass ihre Schuld im gesetzlich vorgesehenen Verfahren nachgewiesen wurde. Dadurch wird die Unschuldsvermutung beispielsweise zum Maßstab für die Begründung von Kostenentscheidungen, die Verdachtsmomente berücksichtigen. Außerdem verbietet die Unschuldsvermutung Ermittlungsmaßnahmen, die Beschuldigten oder Verdächtigen vermuteter Schuld wegen schwerere Grundrechtseingriffe zumuten als unverdächtigen Personen.[42]

3. Konfrontationsrecht

Die Verteidigungsrechte, die Art. 6 Abs. 3 EMRK aufzählt, sind zentrale Bestandteile eines fairen Verfahrens. Während die Offenlegung der Beweise (Art. 6 Abs. 3 lit. a EMRK) auch im adversatorischen Verfahren erst aus der Due-Process-Maxime folgen soll,[43] ist das Recht auf einen Verteidiger für adversatorisches Prozessieren essenziell.[44] Auch der Grundsatz der Waffengleichheit wurzelt im adversatorischen Verfahren. Anklage und Verteidigung sollen sich auf Augenhöhe gegenüberstehen.[45] Folgerichtig garantieren Art. 6 Abs. 3 lit. d EMRK und Art. 14 Abs. 3 lit. e IPBPR für den Zeugenbeweis das Recht der Verteidigung, Belastungszeugen zu befragen, sogenanntes Konfrontationsrecht,[46] und das Recht der Verteidigung, eigene Zeugen laden zu lassen. Passt diese Regelung auf ein inquisitorisches Verfahren, das die Unterscheidung zwischen Be- und Entlastungszeugen gar nicht kennt?

Das deutsche, inquisitorisch geprägte Verfahren hat sich mit dieser Regelung lange schwer getan. Wenn die Identität eines Informanten aus stichhaltigen Gründen geheim gehalten werden sollte, beispielsweise weil Leib und Leben bedroht waren, wurde der Informant im Ermittlungsverfahren von der Polizei

41 *Goldstein* Stanford Law Review 26 (1974) S. 1009 ff., 1017.

42 *Eckstein*, Ermittlungen zu Lasten Dritter, Tübingen 2013, S. 321 ff., 326 ff., 332 ff.

43 *Sanders* in: *Eser / Rabenstein* (Hrsg.), Strafjustiz im Spannungsfeld von Effizienz und Fairness, Berlin 2004, S. 213.

44 *Langbein*, The Origins of Adversary Criminal Trial, Reprint New York 2010, S. 106.

45 *Eckstein* (Fn. 42) S. 318 ff.

46 Löwe-Rosenberg, StPO, 26. Auflage, Berlin 2012, *Esser* Art. 6 EMRK (Art. 14 IPBPR) Rn. 773.

befragt. In der Hauptverhandlung wurde dann nur der Polizeibeamte vernommen, der den Informanten befragt hatte. Diesen Polizeibeamten konnte natürlich auch die Verteidigung befragen. Der BGH ließ diese Vorgehensweise zu, wenn der Aussage des Polizeibeamten nur geringer Beweiswert beigelegt wurde.[47]

Der EGMR dagegen verlangt, dass die Verteidigung grundsätzlich auch den Informanten selbst in Anwesenheit des Beschuldigten befragen kann. Beschränkungen dieses Konfrontationsrechts bedürfen sachlicher Rechtfertigung. Entstehende Nachteile für die Verteidigung müssen durch kompensierende Maßnahmen ausgeglichen werden. Sonst darf das Beweismittel jedenfalls nicht allein entscheidend für eine Verurteilung sein.[48] Der BGH hat sich dieser Sichtweise schließlich angeschlossen.[49] Er hat zunächst eine schriftliche Befragung des Informanten ermöglicht.[50] Später hat er die Bestellung eines Verteidigers durchgesetzt, der das Fragerecht ausüben kann, wenn der Beschuldigte selbst von der Vernehmung ausgeschlossen ist.[51] Neuerdings favorisiert der BGH die Videovernehmung des Informanten in der Hauptverhandlung (§ 247a StPO) unter optischer und akustischer Abschirmung. Dadurch bleibt die wahre Identität des Informanten geheim.[52] Auf dem Umweg über das Fair-Trial-Prinzip hat damit ein Element adversatorischen Prozessierens Eingang in das inquisitorisch geprägte deutsche Strafverfahren gefunden.

Begrifflich kann man innerhalb des inquisitorischen Verfahrens vom Grundsatz der Kontradiktion sprechen.[53] Auch der Beschuldigte muss auf alle Teile der Beweisaufnahme Einfluss nehmen können. Dass der Beschuldigte eigene Beweisanträge stellen kann (§§ 244 f. StPO), ist ebenfalls durch den Fair-Trial-Grundsatz garantiert.[54]

---

47 Grundlegend BGHSt 17, 382, 385 f.

48 EGMR Nr. 73047/01, Entscheidung vom 17.11.2005, Haas gegen Deutschland, NStZ 2007 S. 103 ff., 104 (wenn die Strafverfolgungsbehörden sich nicht hinreichend um Kompensation bemüht haben, darf das Beweismittel für die Verurteilung nicht einmal wesentlich sein).

49 Zusammenfassend BGHSt 51, 150, 154 ff.

50 BGH StV 1993 S. 171 f.

51 BGHSt 46, 93, 97 ff.

52 BGH NJW 2003 S. 74 ff.; BGH NStZ 2005 S. 43 f.; BGH NStZ 2007 S. 477 f.

53 Im Vorverfahren spricht man von Partizipation (*Jahn* ZStW 115 [2003] S. 815 ff.).

54 *Rzepka* (Fn. 30) S. 434.

4. Beweisverbote

Im adversatorischen Prozessmodell führt der Verstoß gegen Verfahrensregeln idealtypisch zum Beweisverbot.[55] Wahrheitserforschung durch Inquisition ist dagegen tendenziell beweisverbotsfeindlich. Der Fair-Trial-Grundsatz bewirkt auch insofern eine Angleichung.

So erklärte der EGMR beispielsweise die zwangsweise Verabreichung von Brechmitteln für unzulässig.[56] Die deutsche Rechtsprechung dagegen hatte diese Maßnahme vorher gebilligt.[57] Zu entscheiden hatte der EGMR über folgenden Fall: Der Beschuldigte stand im Verdacht, mit Drogen zu handeln. Als er von der Polizei gestellt wurde, verschluckte er mehrere kleine Plastiktüten mit Drogen. Daraufhin wurde der Beschuldigte in ein Krankenhaus gebracht. Dort verabreichte ihm ein Arzt mittels einer Nasensonde ein Brechmittel, so dass der Beschuldigte die Drogen erbrach. Der EGMR sah darin einen Verstoß unter anderem gegen das Fair-Trial-Prinzip.

Allerdings führt die Verletzung von Grund- und Menschenrechten nach Ansicht des EGMR nicht schlechthin zugleich zum Verstoß gegen den Fair-Trial-Grundsatz.[58] Nur Folter im Sinne von Art. 3 EMRK macht die Verwertung erlangter Beweise eo ipso unfair.[59]

5. Fürsorgepflicht

Die Rechte des Beschuldigten fürsorglich zu schützen, erscheint aus adversatorischer Perspektive als inquisitorischer Einfluss.[60] Es ist aber ein systemübergreifendes Gebot der Fairness, dass der Beschuldigte bei der Wahrnehmung seiner Rechte durch Belehrungen und Hinweise unterstützt wird.[61] Die

---

55 *Trüg* (Fn. 6) S. 384 Fn. 262 m.w.N. *Sanders* in: *Eser / Rabenstein* (Hrsg.), Strafjustiz im Spannungsfeld von Effizienz und Fairness, Berlin 2004, S. 207 führt Beweisverbote nicht auf das Prozessmodell zurück, sondern auf die Due-Process-Maxime.

56 EGMR (Große Kammer) Nr. 54810/00, Entscheidung vom 11.7.2006, Jalloh gegen Deutschland, NJW 2006 S. 3117 ff., 3122 ff. Dem EGMR folgend BGHSt 55, 121, 130.

57 OLG Bremen NStZ-RR 2000 S. 270 und KG NStZ-RR 2001 S. 204 f. – anders bei Gegenwehr und gewaltsamer Verabreichung. BVerfG NStZ 2000 S. 96 hat nicht in der Sache entschieden, sondern die Verfassungsbeschwerde als unzulässig verworfen.

58 Exemplarisch EGMR (Große Kammer) Nr. 4378/02, Entscheidung vom 10.3.2009, Bykov gegen Russland, NJW 2010 S. 213 ff.

59 EGMR (Große Kammer) Nr. 54810/00, Entscheidung vom 11.7.2006, Jalloh gegen Deutschland, NJW 2006 S. 3117 ff., 3123.

60 *Sanders* in: *Eser / Rabenstein* (Hrsg.), Strafjustiz im Spannungsfeld von Effizienz und Fairness, Berlin 2004, S. 219.

61 *Rzepka* (Fn. 30) S. 348. Ausführlich *Gaede* (Fn. 29) S. 120 f., 257 f., 318, 592 m.w.N. – vom EGMR bisher offen gelassen.

Fürsorgepflicht des Gerichts gilt also grundsätzlich auch im adversatorischen Verfahren.[62]

IV. Verbleibende Unterschiede

Natürlich werden dadurch nicht alle Unterschiede zwischen adversatorisch und inquisitorisch geprägten Verfahren eingeebnet. Das Ausmaß, in dem der Beschuldigte als Partei Verantwortung trägt, variiert.

Außerdem unterscheiden sich die tatsächlichen Voraussetzungen, von denen es abhängt, ob das Strafverfahren in seiner gesetzlich festgelegten Form seine Funktion erfüllen kann. Das inquisitorische Verfahren ist stärker auf die Professionalität der Richter angewiesen. Im adversatorischen Verfahren steht dem die Abhängigkeit von einer starken Verteidigung gegenüber.[63] Historisch betrachtet, hat erst das Recht auf einen Verteidiger die Entwicklung hin zum adversatorischen Prozess ermöglicht.[64]

Es ist also trotz aller Annäherung nicht egal, welchen Charakter eine Verfahrensordnung hat. In Erinnerung an eine übermächtige Staatsgewalt lag es in den Ländern der ehemaligen Sowjetunion nahe, das inquisitorische System aufzugeben. Dass das eine funktionierende Verteidigung voraussetzt, ist allerdings die Kehrseite der Medaille.

V. Prozessmodell und Staatsverständnis

Auf eine höhere Ebene gehoben, zeigt sich der Zusammenhang zwischen Prozessmodell und Staatsverständnis, wie ihn *Damaška* herausgearbeitet hat.[65] Unterschiede im Detail führt *Hörnle* auf kulturelle Faktoren zurück, auf Geschichte und Geistesgeschichte eines Landes.[66]

Ein reactive state, der die Freiheit seiner Bürger nur im Notfall beschränkt, organisiert auch das Strafverfahren nach dem Grundsatz der Eigenverantwortung. Ergebnis ist ein adversatorischer Verfahrenscharakter. Die koordinierte Struktur der Machtausübung durch Funktionsträger mit autonomen Kompetenzen wirkt als Korrektiv. Proactive states dagegen wollen Gefahrenlagen voraus-

---

62 Näher dazu der Tagungsbeitrag von *Safferling*.

63 *Eser* in: *Kühne* (Hrsg.), Festschrift für Koichi Miyazawa, Baden-Baden 1995, S. 561 ff., 564 f.; *Hörnle* ZStW 117 (2005) S. 801 ff., 833.

64 *Langbein*, The Origins of Adversary Criminal Trial, Reprint New York 2010, S. 20, 28, 61, 106, 253, 258, 277 – im älteren streitigen Verfahren ohne Verteidiger fungierte der Beschuldigte als Informationsquelle, aus der das Gericht schöpfte.

65 *Damaška* ZStW 87 (1975) S. 713 ff.

66 *Hörnle* ZStW 117 (2005) S. 801 ff., 806.

eilend entgegenwirken, auch wenn das Freiheiten beschränkt. Sie entscheiden sich für inquisitorische Spielarten des Strafverfahrens. Hierarchische Strukturen legen dieser Machtfülle Fesseln an.[67]

Die Ironie dabei ist, dass dieser Zusammenhang sich nicht einfach umkehren lässt. Die Entscheidung für einen adversatorischen Charakter des Strafverfahrens ändert nichts am Gesamtcharakter des Staatswesens. Diese Erkenntnis klingt banal, ist aber elementar. Denn wenn ein starker, proaktiver Staat durch eine adversatorische Prozessstruktur Freiräume schafft, wenn die Parteien aber nicht in der Lage sind, diese Freiräume gleichberechtigt auszufüllen, wird es unter der Hand der Staat sein, der in diese Lücke vorstößt. Damit ist dann nichts gewonnen. Vielmehr wird die sachgerechte Kontrolle der Staatsgewalt erschwert.

Bei der Entscheidung, welchen Charakter eine Strafprozessordnung de lege ferenda haben soll, ist daher das hergebrachte Prozessmodell erste Wahl, soweit und solange es dem Staatscharakter entspricht. Innerhalb dieses Modells müssen Rechtsstaatlichkeit und Fairness des Verfahrens hergestellt werden.

VI. Fazit

Bei der Wahl des Prozessmodells sollten gewachsene Traditionen beachtet werden. Nur dann entspricht das Strafverfahren dem Zustand der Gesellschaft.

Ein adversatorischer Strafprozess ist kein Allheilmittel gegen die Gefahr staatlichen Machtmissbrauchs. Kontrolle staatlicher Macht muss durch Achtung der Menschenrechte, Rechtsstaatlichkeit und ein faires Verfahren sichergestellt werden. Auch auf ein inquisitorisches Verfahren muss der Beschuldigte als Subjekt durch Beteiligungs- und Verteidigungsrechte Einfluss nehmen können.

Ob die Strafprozessordnungen der zentralasiatischen Staaten die Anforderungen des Fair-Trial-Prinzips erfüllen und inwieweit Reformbedarf besteht – das müssen weitere Forschungen zeigen.

---

67 *Damaška* ZStW 87 (1975) S. 713 ff., 722 ff., 732 ff.; *Trüg* (Fn. 6) S. 14 ff. m.w.N.

Autorenverzeichnis

Prof. Dr. Anatolij Barabash	Juristisches Institut der Sibirischen Föderalen Universität in Krasnojarsk
Prof. Dr. Michael Bohlander	Durham University
PD Dr. Ken Eckstein	Philipps Universität Marburg
Prof. Dr. Dr. h.c. mult. Albin Eser	Max Planck Institut für ausländisches und internationales Strafrecht, Freiburg
Dr. Shohrud Fayziev	Juristisches Institut Taschkent
Prof. Dr. Leonid Golovko	Moskauer Staatliche Universität
Prof. Dr. Martin Heger	Humboldt Universität zu Berlin
Prof. Dr. Zainiddin Iskandarov	Tadschikische Nationale Universität
Dr. Manuchehr Kudratov	Institut für Ostrecht München
Prof. Dr. Kayrat Osmonaliev	Nationale Universität der Republik Kirgisien
Prof. Dr. Alexsandr Smirnov	Verfassungsgericht der Russischen Föderation
Prof. Dr. Christoph Safferling	Philipps Universität Marburg
Prof. Dr. Dres. h.c. Friedrich-Christian Schroeder	Institut für Ostrecht München
Prof. Dr. Carl-Friedrich Stuckenberg	Rheinische Friedrich-Wilhelms-Universität Bonn
Prof. Dr. Bernd Schünemann	Ludwig-Maximilians- Universität München
Prof. Dr. Arndt Sinn	Universität Osnabrück

Studien des Instituts für Ostrecht München

Begründet von Professor Dr. Reinhart Maurach
Herausgegeben von Professor Dr. Friedrich-Christian Schroeder,
Dr. h.c. (Breslau), Regensburg

Band 41 Manfred Gratzl: Die Reform der tschechischen Strafprozeßordnung nach 1989. Im Spannungsfeld von Rechtsstaatlichkeit, Verfahrensökonomie und Effizienz. 2002.

Band 42 Thomas Paintner: Die Insolvenz des Unternehmers in Polen. 2003.

Band 43 Niels von Redecker (Hrsg.): Deutsch-Estnische Rechtsfragen. 2003.

Band 44 Niels von Redecker: Die polnischen Vertreibungsdekrete und die offenen Vermögensfragen zwischen Deutschland und Polen. 2003. 2., durchgesehene Auflage 2004.

Band 45 Niels von Redecker: Das polnische Beamtenrecht. Entwicklung und Stand beim Beitritt Polens zur Europäischen Gemeinschaft. 2003.

Band 46 Cornelia Stefanie Wölk: Das Deliktsrecht Rußlands nach dem neuen Zivilgesetzbuch. 2003.

Band 47 Petr Bohata: Untersuchungshaft im deutschen und tschechischen Recht. 2003.

Band 48 Attila Széchényi: Das neue ungarische Strafprozessrecht im Spannungsverhältnis zwischen Rechtsstaatsprinzip, Verfahrensökonomie und Effizienz. 2003.

Band 49 Agnes Balawejder: Das polnische Telekommunikationsrecht. Umsetzungsbemühungen und -stand des telekommunikationsrechtlichen acquis communautaire im polnischen TK-Recht vor dem Unionsbeitritt Polens. 2004.

Band 50 Sven I. Oksaar / Niels von Redecker (Hrsg.): Deutsch-Estnische Rechtsvergleichung und Europa. 2004.

Band 51 Friedrich-Christian Schroeder (Hrsg.): Justizreform in Osteuropa. 2004.

Band 52 Herbert Küpper: Kollektive Rechte in der Wiedergutmachung von Systemunrecht. Teil I und Teil II. 2004.

Band 53 Sören Langner: Der GmbH-Geschäftsführer im tschechischen Recht. Organstellung und Anstellung im Rechtsvergleich. 2005.

Band 54 Herbert Küpper: Einführung in die Rechtsgeschichte Osteuropas. 2005.

Band 55 Anja Spitzweg: Das russische föderale Gesetz „Über Investmentfonds". 2007.

Band 56 Herbert Küpper: Die ungarische Verfassung nach zwei Jahrzehnten des Übergangs. Einführung mit Textübersetzung. 2007.

Band 57 Axel Boës: Die Gesellschaft mit beschränkter Haftung im russischen und deutschen Recht. 2007.

Band 58 Katrin Heinritz: „Defekte Demokratisierung" – ein Weg zur Diktatur? Turkmenistan und die Republik Sacha (Jakutien) in der Russischen Förderation nach dem Ende der Sowjetunion. 2007.

Band 59 Stefan Hülshörster: Recht im Umbruch. Die Transformation des Rechtssystems in der Ukraine unter ausländischer Beratung. 2008.

Band 60 Carsten Dewald-Werner: Versicherungsmarkt und Versicherungsaufsicht in der Russischen Föderation. 2008.

Band 61 Oleksiy Feliv: Die Hypothek im deutschen und ukrainischen Recht. Der systematische Vergleich des Hypothekenrechts in Deutschland und der Ukraine einschließlich der rechtstheoretischen Grundlagen und der Ausblicke für das gemeinsame Hypothekenrecht. 2009.

Band 62 Christoph Kurzböck: Die Abwicklung deutsch-tschechischer Erbfälle. 2010.

Band 63 Friedrich-Christian Schroeder / Herbert Küpper (Hrsg.): Die rechtliche Aufarbeitung der kommunistischen Vergangenheit in Osteuropa. 2010.

Band 64 Herbert Küpper / Wolfgang Brenn (Hrsg.): Rechtstransfer und internationale rechtliche Zusammenarbeit. Deutsche und japanische Erfahrungen bei der Kooperation mit Osteuropa und Zentralasien. 2010.

Band 65 Daniela Horner / Dragan Bataveljić: Grundeigentum und Registrierung von Liegenschaften in Serbien. Eigentumsschutz in der Praxis. 2010.

Band 66 Nail Mammadov: Die Straffreistellungsgründe im russischen und aserbaidschanischen Strafrecht im Vergleich zur deutschen Strafrechtsdogmatik. 2010.

Band 67 Matthias Farian: Dingliche Nutzungsrechte an fremden Grundstücken im russischen Recht. 2010.

Band 68 Manuchehr Kudratov: Die Straftatausschließungsgründe nach tadschikischem Strafrecht. Eine Analyse aus deutscher Perspektive. 2011.

Band 69 Michael Holland: Die Staatsanwaltschaft im russischen Strafprozess. 2012.

Band 70 Herbert Küpper: Ungarns Verfassung vom 25. April 2011. Einführung – Übersetzung – Materialien. 2012.

Band 71 Friedrich-Christian Schroeder / Manuchehr Kudratov (Hrsg.): Das strafprozessuale Vorverfahren in Zentralasien zwischen inquisitorischem und adversatorischem Modell. 2012.

Band 72 Tina de Vries (Hrsg.): Mediation als Verfahren konsensualer Streitbeilegung. Die deutsche, polnische und ukrainische Perspektive. 2012.

Band 73 Monika Lipińska: Die Sexualstraftaten im polnischen Strafkodex im Vergleich zum deutschen Strafgesetzbuch. 2013.

Band 74 Mirona Marisch: Das System der Arbeitnehmervertretung und des Sozialen Dialogs im rumänischen Recht im Vergleich zum deutschen Recht. 2013.

Band 75 Friedrich-Christian Schroeder / Manuchehr Kudratov (Hrsg.): Die strafprozessuale Hauptverhandlung zwischen inquisitorischem und adversatorischem Modell. Eine rechtsvergleichende Analyse am Beispiel des deutschen und des zentralasiatischen Strafprozessrechts. 2014.

www.peterlang.com

www.ingramcontent.com/pod-product-compliance
Ingram Content Group UK Ltd.
Pitfield, Milton Keynes, MK11 3LW, UK
UKHW021849290926
8980IPUK00005B/738